基本からわかる

クラフトバンド&PPバンドのバッグ・かご

松田裕美

Gakken

はじめに

この本を手に取ってくださり、ありがとうございます。

クラフトバンド手芸とPPバンド手芸は、身近な道具で手軽に始められ、どなたでもすぐに楽しむことができます。最初は「自分にもできるかな?」と不安に思うかもしれませんが、一つ、また一つと作品を作っていくうちに、どんどん楽しくなってきます。実用的なものばかりを紹介していますので、完成すればすぐにお使いいただけます。作品を作ることで、日々の生活がもっと楽しく、もっと特別なものに感じられるはずです。

初めての方でもかんたんに作れ、ステップアップできる内容にいたしました。また色選びの参考にしていただけるカラーバリエーションもたくさん掲載しましたので、ぜひ一緒に作ってみましょう。

この本がクラフトバンドとPPバンドの楽しさを広げるきっかけになれば嬉しいです。
さあ、手を動かして素敵な作品を作り始めましょう。

一般社団法人クラフトバンドエコロジー協会
代表理事 松田裕美

はじめに —— 3

クラフトバンド

使用する材料 —— 7
必要な道具 —— 8
基本のテクニック —— 9
基本の編み方 —— 10

PPバンド

使用する材料と
必要な道具 —— 49
基本のテクニック —— 50
基本の編み方 —— 51

クラフトバンド色見本 —— 103
PPバンド色見本 —— 109

クラフトバンド

No (01)

クロスかがりの
バッグ P.13
作り方 —— P.21

No (02)

入れ子式収納かご P.14
作り方 —— P.24

No (03)

ファイルボックス P.15
作り方 —— P.28

No (04)

ふた付き
ピクニックバスケット P.16
作り方 —— P.30

No (05)

ワンハンドルの
ねじり模様のかご P.17
作り方 —— P.33

No (06)

ひし形模様のお買い物
バッグとブレードコード
のタッセル P.18
作り方 —— P.35

No (07)

丸底の
持ち手付きかご P.19
作り方 —— P.40

No (08)

四つだたみ編みの
シンプルコースター P.20
作り方 —— P.43

No (09)

四つだたみ編みの
縁ラインバッグ P.20
作り方 —— P.45

PPバンド

No (10)

PPバンドの基本がわかるシンプルバッグ P.52
作り方 — P.65

No (11)

編み目模様のかご P.53
作り方 — P.69

No (12)

花柄のミニショルダーバッグ P.54
作り方 — P.71

No (13)

ギザギザの小さなかご P.55
作り方 — P.76

No (14)

ダイヤ柄の大きなバッグ P.56
作り方 — P.79

No (15)

ストレージバスケット P.57
作り方 — P.81

No (16)

ブロック柄のミニバッグ P.58
作り方 — P.85

No (17)

ツートンカラーのハート型ミニかご P.59
作り方 — P.86

No (18)

V字模様のバッグ P.60
作り方 — P.89

No (19)

5色のあじろ編みバッグ P.61
作り方 — P.92

No (20)

六角底のかご P.62
作り方 — P.94

No (21)

ガーデニングバッグ P.63
作り方 — P.96

No (22)

トライアングルカットの肩掛けバッグ P.64
作り方 — P.99

クラフトバンド

再生紙や天然パルプでできた手芸用の紙紐《かみひも》で
温かみがあり、手触りのいい作品が作れます。

使用する材料

この本ではM's Factoryで取り扱っている材料を使用しています
（クラフトバンドの色見本はP.103〜108）。

（クラフトバンド）

牛乳パックや古紙などの再生紙や天然パルプから作られる手芸用の紙紐です。米袋の紐に使われるほど丈夫でカラーバリエーションも豊富！
柔らかくて扱いやすいので、かご作りが初めてという方にもおすすめです。こより状の12本の紙紐を平らに貼り合わせた「12本幅」を基本とし、その他にもさまざまな幅や種類のクラフトバンドがあります。

12本幅のクラフトバンドの種類

M's Factoryで取り扱っているクラフトバンドは同じ12本幅でも広い幅と狭い幅の2種類があり、この本では広い幅を★★★、狭い幅を★★と表示しています。★★★と★★では紐幅に1mm程度の差があります。

実物大

【幅★★★】

約1.5〜1.6cm

【幅★★】

約1.3〜1.4cm

★★★と★★で編んだかごの仕上がりサイズの違い

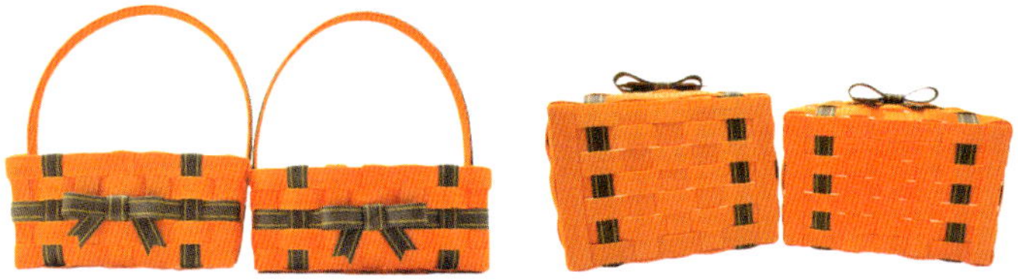

【幅★★★】　【幅★★】　【幅★★★】　【幅★★】

※同じ種類・幅表示の材料でも、色により紐幅に多少の差があります。

たった1mmの差でも10段編むと1cmの差が出てしまうため、★★のレシピを★★★のクラフトバンドで編むと紐の長さが足りなくなることがあります。
レシピ指定の幅以外の紐で制作する場合は、材料の紐をレシピの寸法よりも少し長めにカットするなどして調整してください。

（その他の材料）

※作品によって使用する場合があります。

エコループ

スリムループ

● ブレードコード

1本幅のクラフトバンドが五つ編みされた紙紐。

● クラフトバンド　ハード

縒《よ》りが太く厚みがあって硬い紙紐。丈夫に仕上げたい作品の制作に使います。

● ループ

クラフトバンドと同じ素材で作られた紙紐。それぞれ太さや形状が異なります。

必要な道具

作品を編むときに使う主な道具です（＊マークはM's Factory取り扱いアイテム）。
その他の道具は、各レシピページ（作り方）の記載に沿って準備してください。

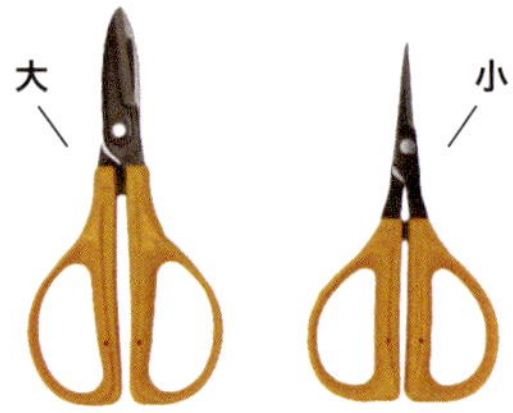

- **クラフト軽量ハサミ＊**
通常のハサミよりも切れ味がよい手芸用のハサミ。クラフトバンドをカットするときに使います。

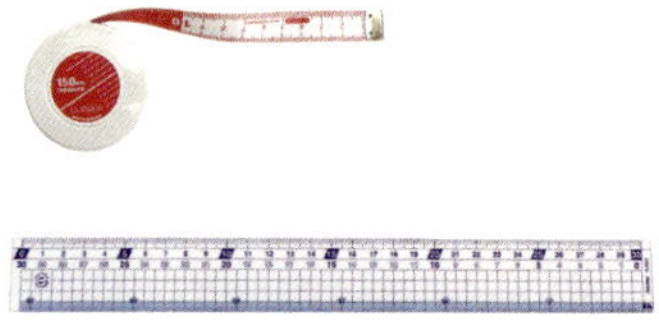

- **メジャー＊、定規**
クラフトバンドの長さやかごのサイズを測るときに使います。定規は紐を垂直に立ち上げるときにも使います。

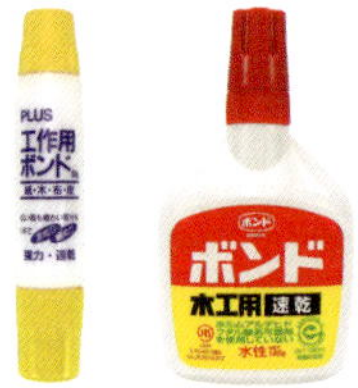

- **木工用ボンド＊**
クラフトバンドを貼り合わせるときに使う接着剤です。すぐに接着できる速乾タイプがおすすめです。

- **PPバンド＊**
荷造り用のポリプロピレン製バンド。クラフトバンドを割くときに使います。摩耗するので複数枚用意しましょう。

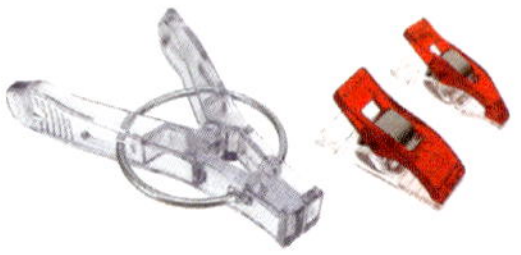

- **洗濯バサミ、仮止めクリップ＊**
クラフトバンドの固定や接着箇所を押さえておくときに使います。細かいところは仮止めクリップが便利です。

- **マスキングテープ＊**
クラフトバンドの位置や編み目を仮止めするときなどに使います。セロハンテープでもOK。

- **キリフキ**
隙間を詰めるときや成形をするときに使います。

- **鉛筆**
クラフトバンドに印を付けるときに使います。

（あると便利な道具）

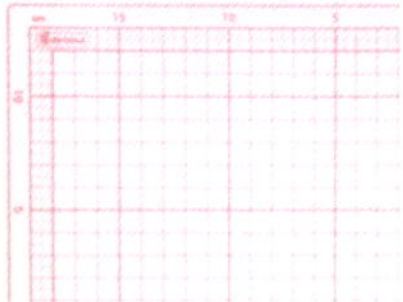

- **方眼ボード＊**
作品の底を編むときに、紐を直角に揃えられます。

- **文鎮＊**
作品の底を編むときに、紐を押さえるのに役立ちます。

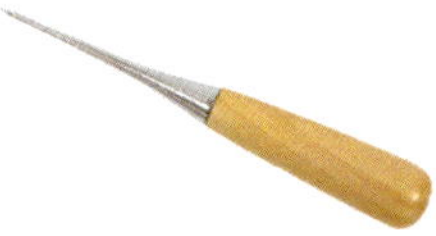

- **目打ち**
編み目の隙間を広げるときなどに使います。

- **ラジオペンチ**
細かい部分をつかんだり加工したりするときに便利です。

基本のテクニック

制作しやすくなり、きれいに仕上げられるテクニックです。

クラフトバンドの割き方

クラフトバンドはレシピ指定の幅数に割いて使います。

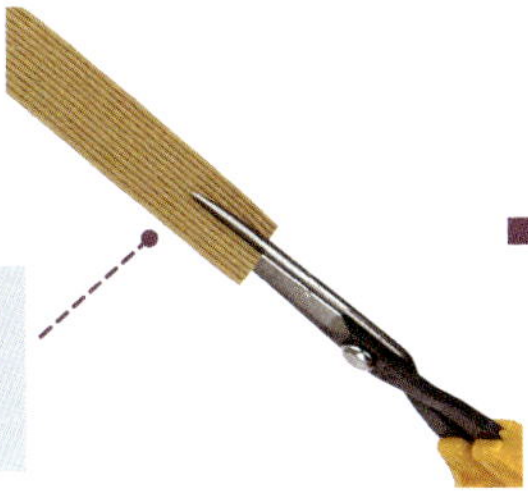

必要な幅に合わせて、クラフトバンドの端にハサミで切り込みを入れます。

切り込みにPPバンドを差し込み、PPバンドをスライドさせてクラフトバンドを割きます。

巻きぐせのとり方

クラフトバンドの巻きぐせが強い場合は、指やペンなどでカーブと反対側にしごいてまっすぐにします。

ボンドの付け方

ボンドはクラフトバンド全体に付けましょう。ボンドの量が少ないとはがれることがあります。

※P.21～47の作り方で「貼る」となっている箇所は、すべてボンドを使用。

洗濯バサミの留め方

編むときに編み紐が浮き上がらないように、縦紐と編み紐を洗濯バサミで一緒に押さえます。

編み紐の継ぎ足し方

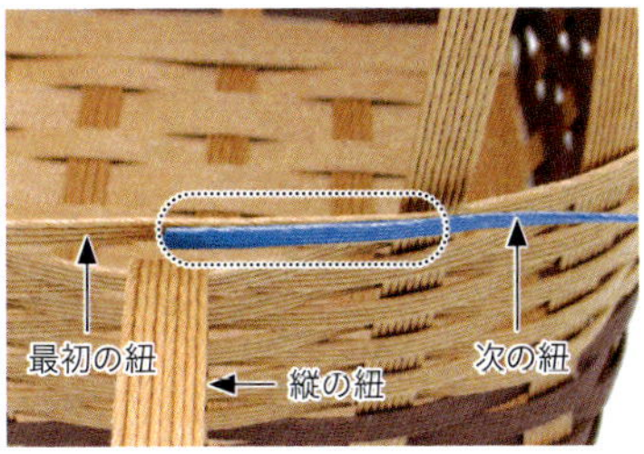

クラフトバンドを継ぎ足すときは、つなぎ目が縦の紐に隠れるように、次の紐とボンドで貼り合わせてつなぎます。

突き合わせに貼る

突き合わせとは、クラフトバンドの端と端を重ねずにぴったりと付けることをいいます。突き合わせに貼るときは、微調整をしながらカットして貼り合わせます。

先端をカットする

クラフトバンドを編み目に通すときは、先端を斜めやV字にカットして角を落としておくと編み目にひっかからずに通しやすくなります。

キリフキをする

クラフトバンドは水を掛けると柔らかくなり、隙間を詰めたり成形したりしやすくなります。乾くとしっかりと硬くなります。※作り方の指定の箇所で使用。

基本の編み方

この本でよく使う編み方を解説します。

●平編み

●追いかけ編み

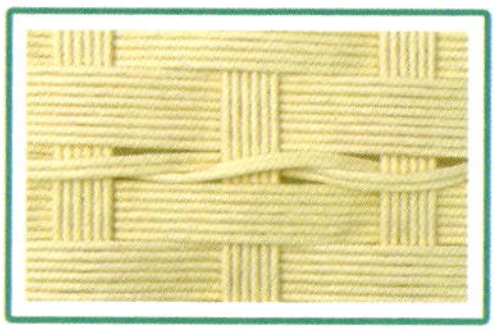

●ねじり編み

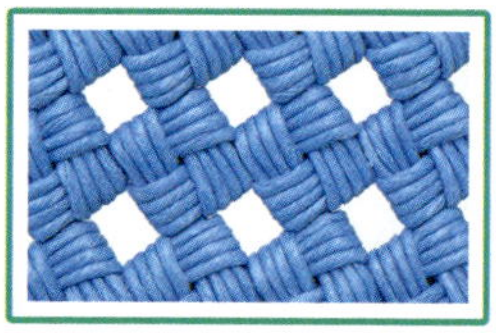

●四つだたみ編み

平編み　1段ごとに交互に編む、クラフトバンドの基本的な編み方。

1段目は底と井桁《いげた》になる位置からスタートする。編み紐を縦紐の裏に洗濯バサミで留め（ボンドは付けない）、右方向に交互に編む。

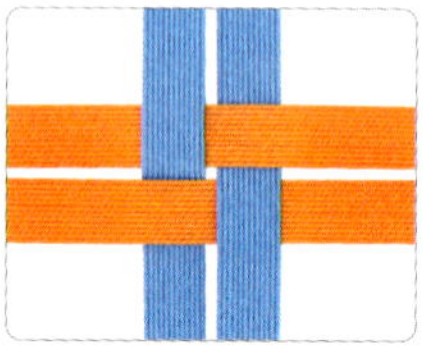

井桁とは…井の字のように組み、紐が互い違いになる状態のこと。

✕ | NG

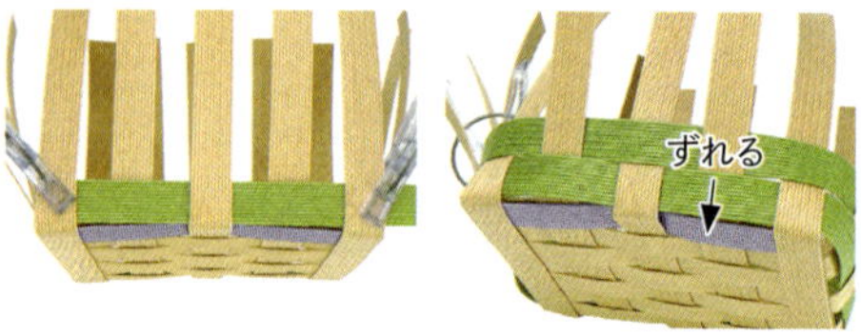

スタート位置を間違えて井桁になっていない
紐同士がかみ合わずに編み紐がずれる。見た目が悪い上に強度も低く、作品が長持ちしない。

角は1段目のみ軽く折り目を付け、所どころ洗濯バサミで編み紐を押さえながら編み進める。

※作品によっては全段折り目を付けて編む場合もあります。

1周し、編み始め（●）の右隣の縦紐に合わせて余分をカットする。

編み終わりにボンドを付け、編み始めの裏に入れる。このとき縦紐にボンドが付くと最後に編み紐の隙間を詰めることができなくなるので注意する。

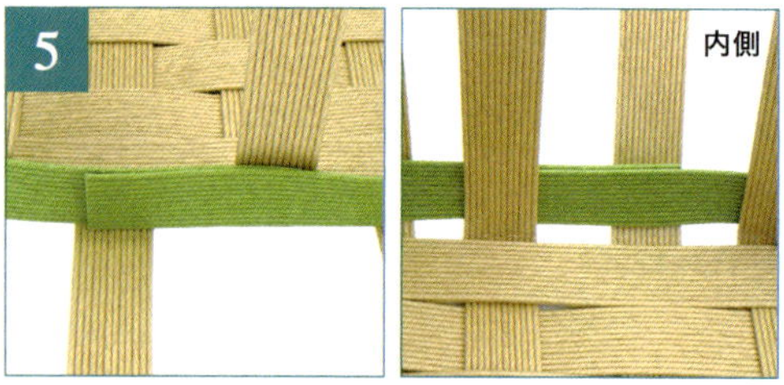

編み終わりと編み始めを貼り合わせる。内側・外側ともに、つなぎ目は縦紐に隠れ、見えなくなる。

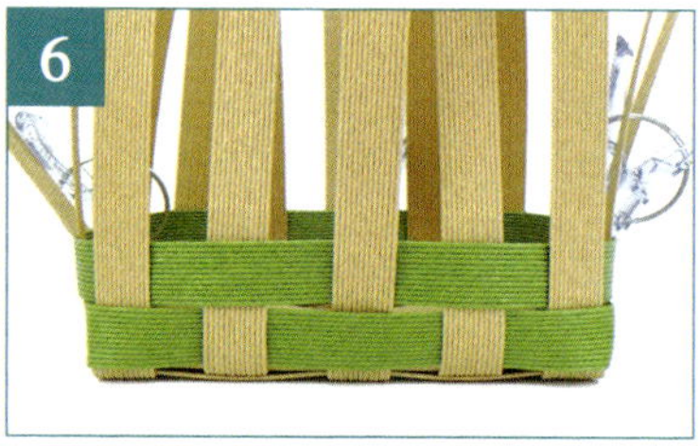

編み紐のスタート位置を変え、下段と編み目が交互になるように2段目を編む。

Point

紐のつなぎ目を隠さずに始末をすると、見た目も悪く、物が引っかかることがあるため、使いづらくなります。編み紐の始末は必ずつなぎ目を隠しましょう。

追いかけ編み　2段同時に交互に編む編み方。細い紐で編むときによく使います。

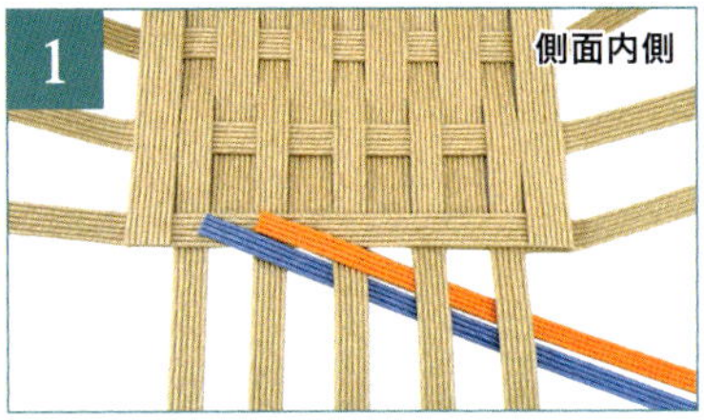

編み紐2本の先端を、写真のようにずらして側面に貼る（正面の1段目が底と井桁になるように貼る）。

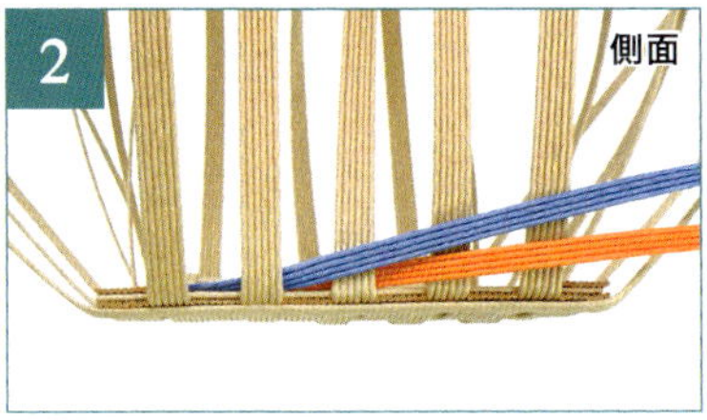

2本の紐を外側に出す。

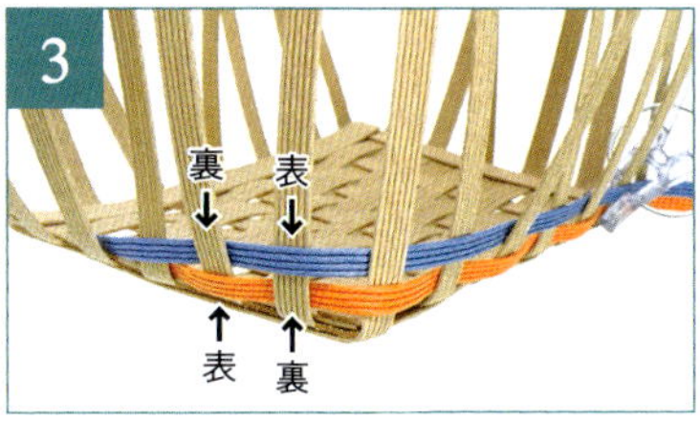

下側の紐から表・裏…と交互に編み、追いかけるように上側の紐で裏・表…と交互に編む。

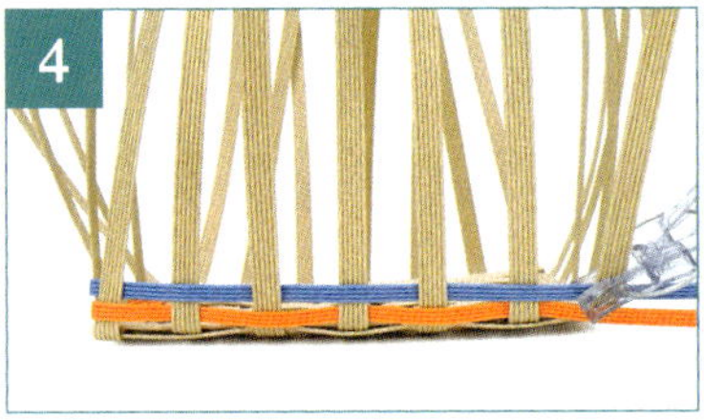

2本で同時に編むので1周＝2段になる。

Point

広がったりすぼまったりしやすいので、立ち上げた紐をまっすぐ伸ばしてゆがまないように編みましょう。

編み紐1本で編む場合

1本の編み紐を中心で折り、立ち上げた紐に掛けて追いかけ編みをする。

ねじり編み　2本の紐を交差させながら編む編み方。

1本の編み紐を中心で折り、縦の紐に掛ける。

※追いかけ編みの1と同様に、2本の紐をずらして貼る場合もあります。

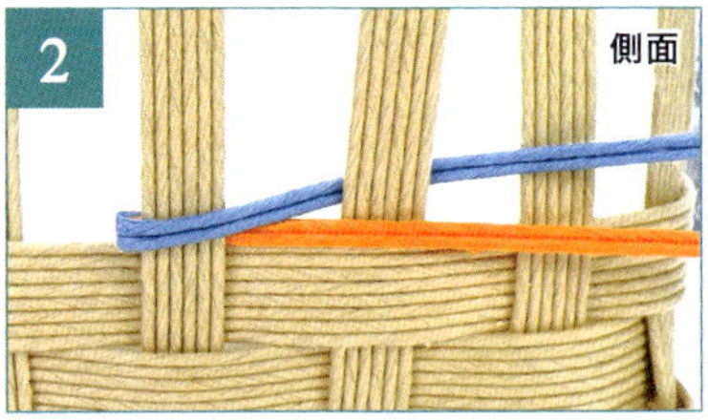

手前の紐を後ろの紐と交差させて右隣に掛ける。

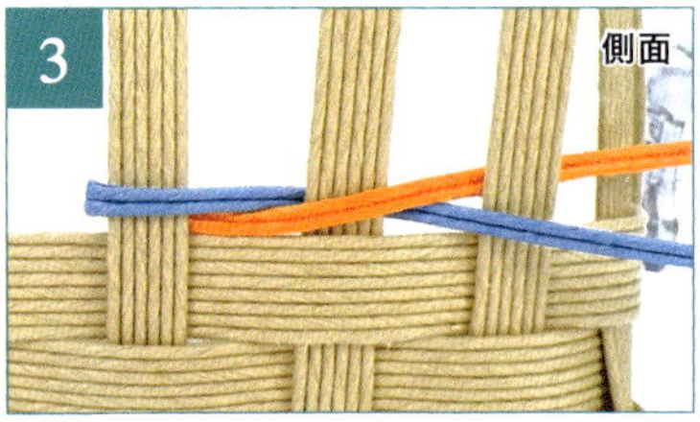

手前の紐を後ろの紐と交差させて右隣の縦の紐に掛ける。

紐がねじれないように2・3を繰り返す。

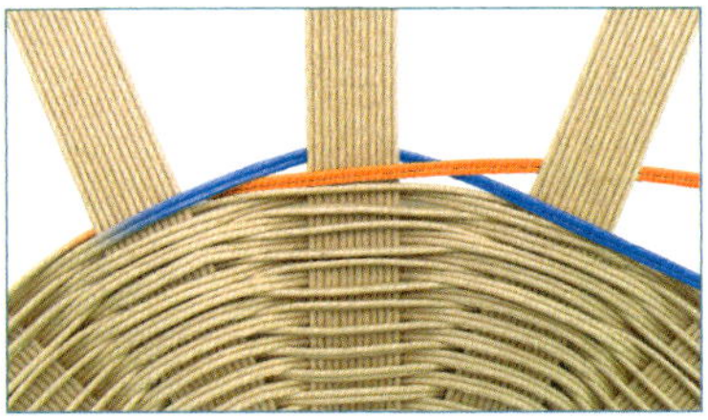

楕円底や丸底でねじり編みをする場合も同様に編む。

ねじり編みの種類について

ねじり編みには、「右上がり」と「右下がり」の2種類があります。
この本では基本的に右上がりのねじり編みを使うため、このページでは右上がりのねじり編みの編み方を解説しています。

四つだたみ編み　丈夫で強度がある編み方。「基本編み」と「逆編み」の２種類があります。

基本編み

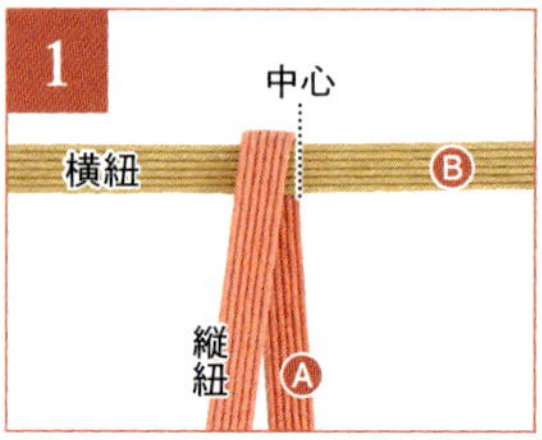

横紐の中心に、中心で折った縦紐を掛ける。

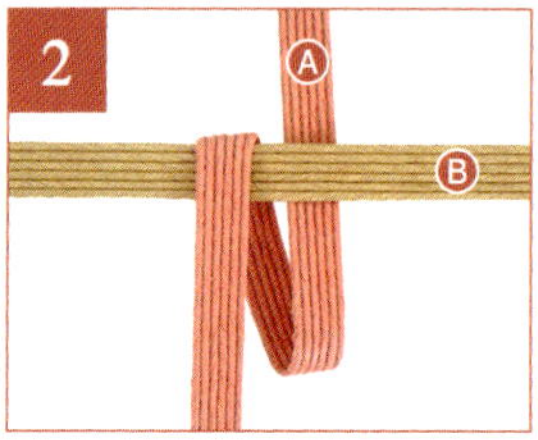

Aを手前に曲げ、Bの後ろに通して輪を作る。

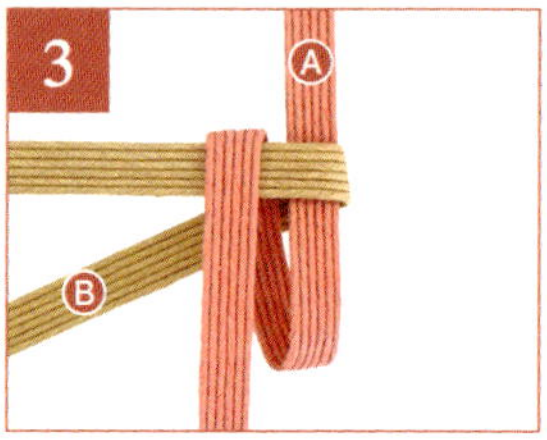

Bを後ろに折る（輪の後ろを通る）。

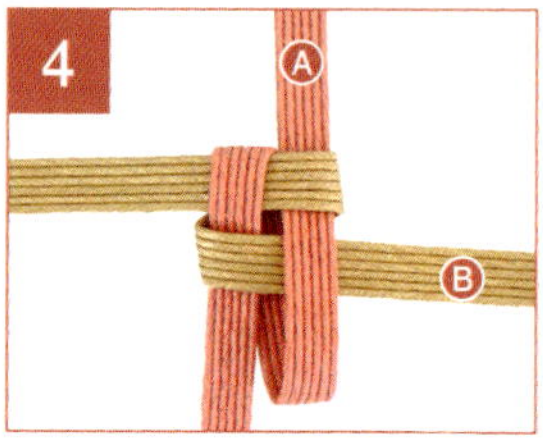

Bを手前に折り、Aの輪に通す。

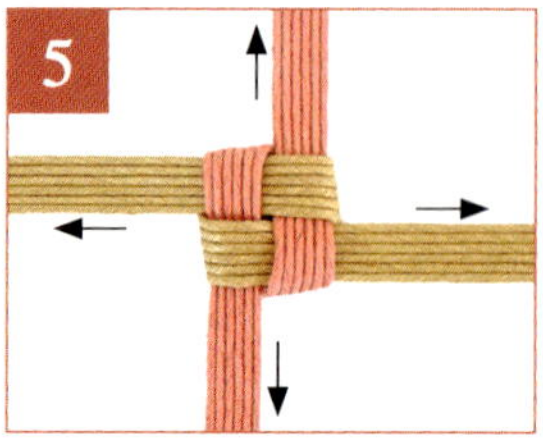

それぞれ矢印の方向に引き締める。形よく整えて1コマの完成。

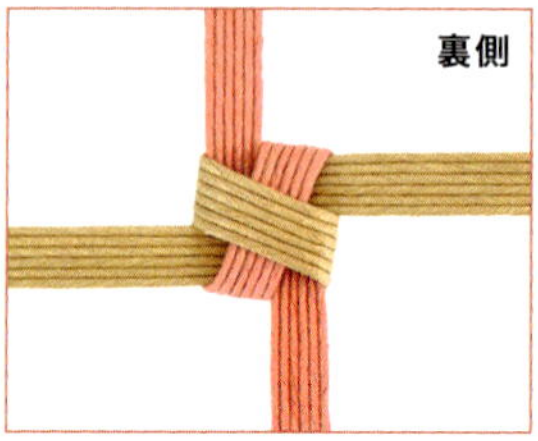

基本編みの裏目。

Point

「基本編み」と「逆編み」は裏目の斜めの向きが異なります。
編み方の違いは**手順3**（逆編みの**手順2**）のみです。

逆編み

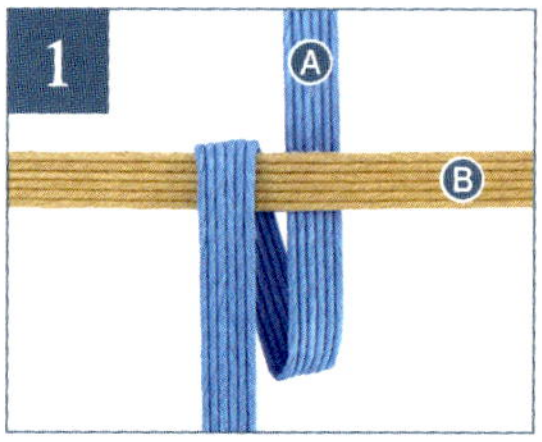

基本編みの1・2と同様にAの輪を作る。

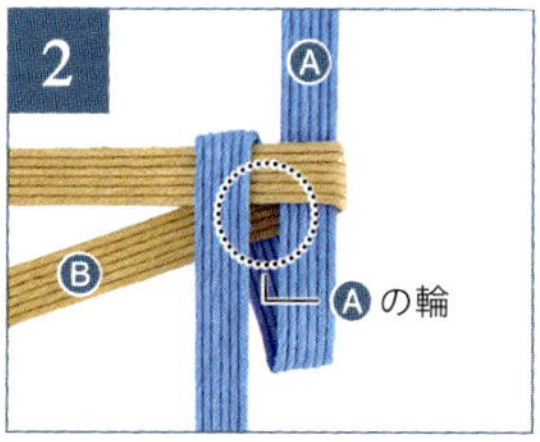

Bを後ろに折り、Aの輪に通す。

Bを手前に折り、Aの輪に通して引き締める。形よく整えて1コマの完成。

逆編みの裏目。

逆編みを使うタイミング

四つだたみ編みを編むときに、すべての列を「基本編み」で編むと1列目の裏目の向きが他の列と揃いません（図-A）。
最初の1列のみ「逆編み」で編むことで裏目の向きを揃えることができます（図-B）。
最初の1列目以外は基本的に「基本編み」を使います。

図-A

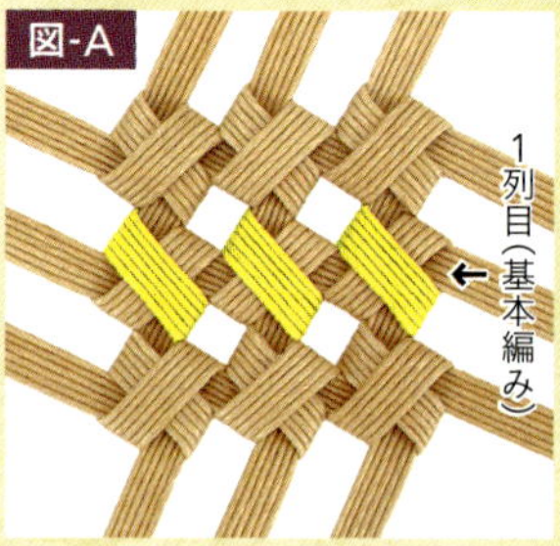

図-B

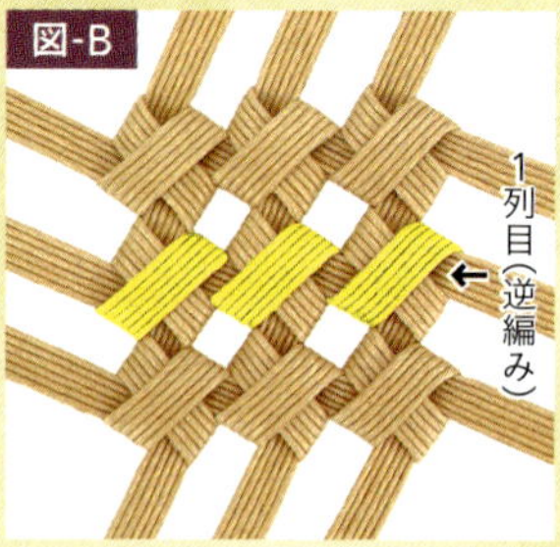

No (01) シンプルで普段使いにちょうどいい

クロスかがりのバッグ

作り方 → P.21

使用した材料 | クラフトバンド★★★

上(左)

バニラクリーム
ハーフライン〈モスグリーン〉
モスグリーン

上(右)

スカイ
ハーフライン〈ブラック〉
ブラック

右上

パステルまろん
ハーフライン〈ネイビー〉
ネイビー

No (02) 用途で３つのサイズのケースを組み合わせられる

入れ子式収納かご

作り方 ⟶ P.24 使用した材料 | クラフトバンド★★★

上
スノーホワイト
パステルグリーン

右・P.6
ブラック
バーニーズ

右
パステルまろん
ハーフライン〈ブラウン〉

No (03)

ノートやA4サイズのファイルの収納に

ファイルボックス

作り方 → P.28

使用した材料 | クラフトバンド★★

上(左)

ビスケット
【ステッチ】藤紫

上(右)

【色止め加工】チーズケーキ
【ステッチ】弥生

右上

グリーンティー
【ステッチ】パステルクッキー

No
(04) 好きなものを詰め込んでお出かけ ふた付きピクニックバスケット

作り方 → P.30

使用した材料 | クラフトバンド★★★・ハード

上・表紙
モスグリーン
【ハード】モスグリーン
からし

右・P.6
バニラクリーム
【ハード】バニラクリーム
アクアブルー

右
キャラメル
【ハード】キャラメル
ライトチョコ

No

(05) 取っ手が付いて持ち歩きに便利
ワンハンドルのねじり模様のかご

作り方 → P.33

使用した材料 | クラフトバンド★★・スリムループ

下(手前)

ピーチツリー
ムースピンク
スリムループ スノーホワイト

下(奥)・P.2

カフェモカ
パステルクッキー
スリムループ パステルバニラ

右上

【色止め加工】四ツ葉
マスタード
スリムループ ライトチョコ

No
(06) アクセントのタッセルがおしゃれ ひし形模様のお買い物バッグとブレードコードのタッセル

作り方 → P.35

使用した材料 | クラフトバンド★★★・ブレードコード

上

● **バッグ**
パールグレー
ブレードコード パステルグレー

● **タッセル**
ブレードコード パステルグレー
ブレードコード インディゴブルー
パールグレー

右・P.1(上)

● **バッグ**
ブラックミックス
ブレードコード スペシャルブラック

● **タッセル**
ブレードコード スペシャルブラック
ブレードコード クラフト
クラフト

右・P.6

● **バッグ**
パステルまろん
ブレードコード モカチョコ

● **タッセル**
ブレードコード クラフト
ブレードコード マロングラッセ
クラフト

No (07)

ころんとしたフォルムがかわいい

丸底の持ち手付きかご

作り方 → P.40

使用した材料 | クラフトバンド★★・エコループ(ループ)・ブレードコード

上(左)・表紙・P.6

カフェモカ
オリエンタルレッド
パステルクッキー
エコループ ココア
ブレードコード オリエンタルレッド

上(右)

リッチココア
スペシャルブラック
パステルばにらあいす
エコループ ブラック
ブレードコード スペシャルブラック

右・裏表紙

パステルクッキー
マロングラッセ
ムースピンク
ループ マロングラッセ
ブレードコード マロングラッセ

しっかりとした
編み方で
長く使える

No (08)

四つだたみ編みのシンプルコースター

作り方 → P.43

使用した材料 | クラフトバンド★★

上(左)

ハーフライン〈オリエンタルレッド〉

上(右)

ハーフライン〈モカチョコ〉

右

ハーフライン〈インディゴブルー〉

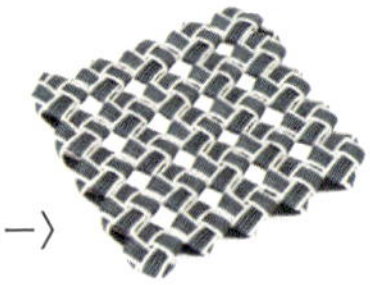

No (09)

四つだたみ編みの縁ラインバッグ

作り方 → P.45

使用した材料 | クラフトバンド★★★

上・表紙

からし
ライトチョコ

右・表紙・P.6

トリプルライン〈ダークグレー〉
ブラック

右

プルシャンブルー
ライトチョコ

No (01) クロスかがりのバッグ

Photo → P.18

材料：クラフトバンド★★★

材料と寸法

横紐①	78cm×5本（12本幅）	パステルまろん
横紐②	28cm×4本（12本幅）	パステルまろん
始末紐	14cm×2本（12本幅）	パステルまろん
縦紐①	64cm×9本（12本幅）	パステルまろん
縦紐②	64cm×2本（12本幅）	ハーフライン〈りんご〉
補強紐	28cm×2本（12本幅）	パステルまろん
編み紐	92cm×12本（12本幅）	パステルまろん
縁紐	94cm×2本（12本幅）	パステルまろん
持ち手紐①	50cm×2本（12本幅）	ハーフライン〈りんご〉
持ち手紐②	30cm×2本（12本幅）	ハーフライン〈りんご〉
持ち手紐③	48cm×2本（12本幅）	ハーフライン〈りんご〉
持ち手巻き紐	590cm×2本（2本幅）	りんご
飾り紐	90cm×4本（3本幅）	りんご

必要な長さ

パステルまろん	24m54cm
ハーフライン〈りんご〉	3m84cm
りんご	6m80cm

完成サイズ

Point

材料のクラフトバンドで12本幅以外のものは指定の幅数に割いて使います。詳しくはP.9の「クラフトバンドの割き方」をご覧ください。

作り方

＊＝わかりやすいように紐の色を変えて説明しています。

1

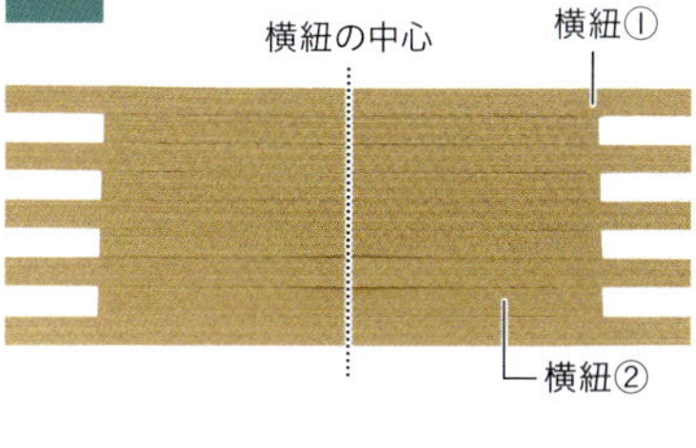

横紐①②を交互に並べ、中心を合わせる。

2

両端に始末紐をボンドで貼る。＊

3

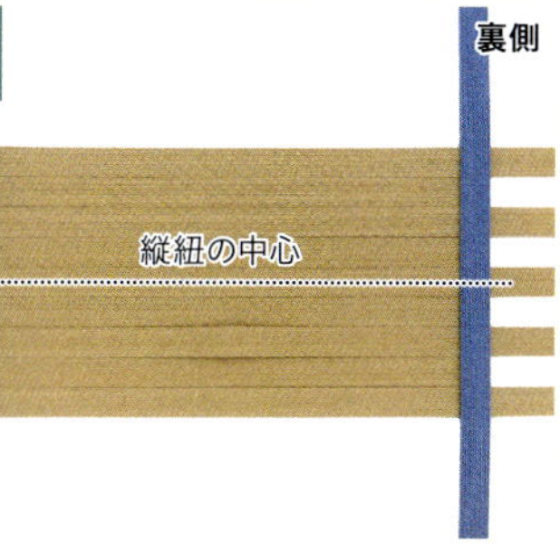

裏返す。縦紐①2本の中心を合わせて始末紐の裏側に貼る。＊

4

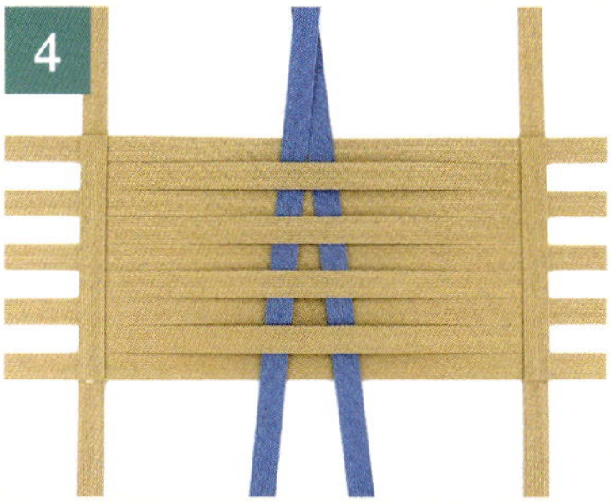

表に返す。縦紐①2本を交互に差し込む。＊

5

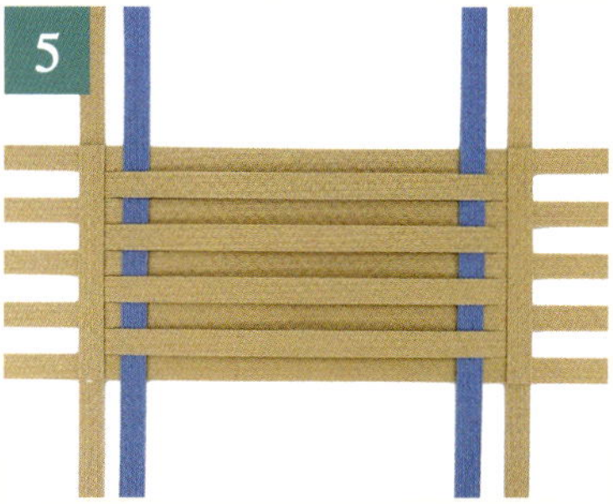

交互に差し込んだ縦紐①を左右に開く。

6

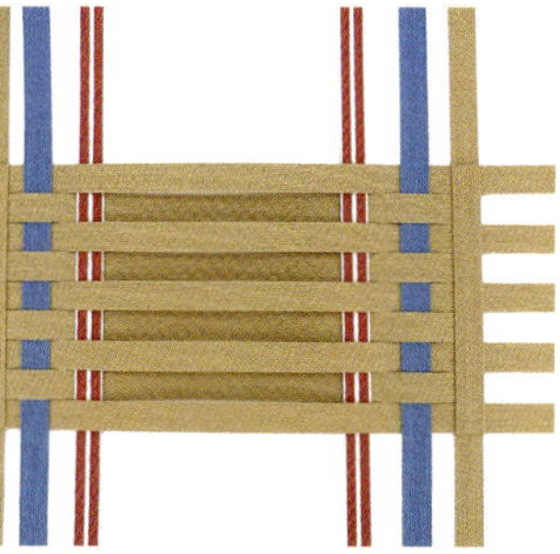

縦紐②2本を4とは逆に交互に差し込み、左右に開く。

7

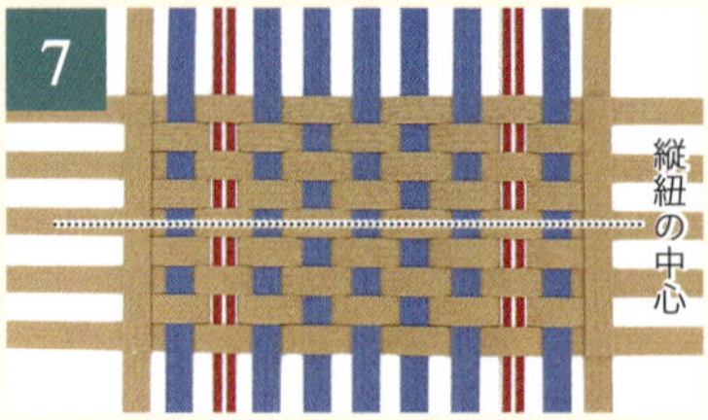

残りの縦紐①5本を交互に差し込む。縦紐の中心を合わせ、間隔を均等にする。＊

8

上下に補強紐を貼る。＊

9

紐を立ち上げる。

10

編み紐を左端から4本目の縦紐の裏にクリップで留め、右方向に交互に編む。＊

11

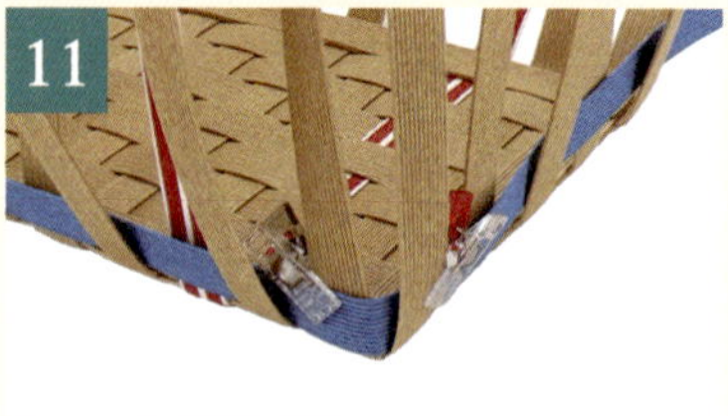

角は1段目のみ軽く折り目を付けて編み進める。

12

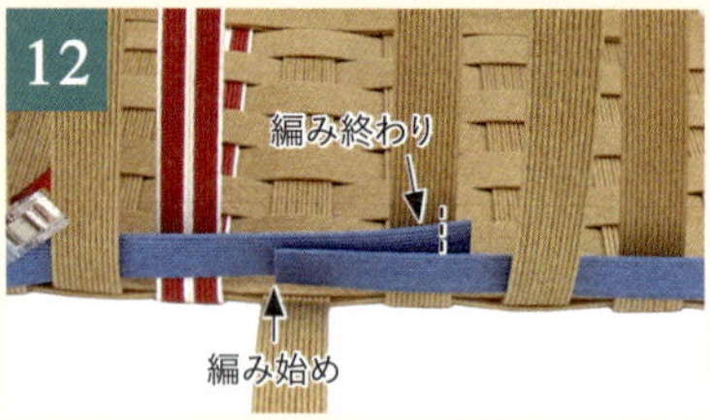

編み終わりはつなぎ目が隠れる位置で余分をカットし、編み始めの裏にボンドを付けて貼る。

13

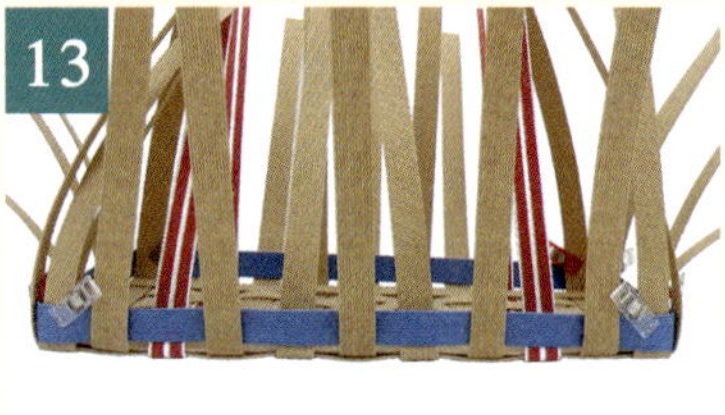

1段目を編んだところ。

14

下段と編み目が交互になるようにスタート位置を変え、編み紐で2段目を編む。＊

15

編み紐で隙間を詰めながら計12段編む。高さを揃え、形を整える。

16

縦紐②を残し、外側から出ている紐を内側に折る。

17

折った紐の余分をカットし、上から3段目に差し込む。

18

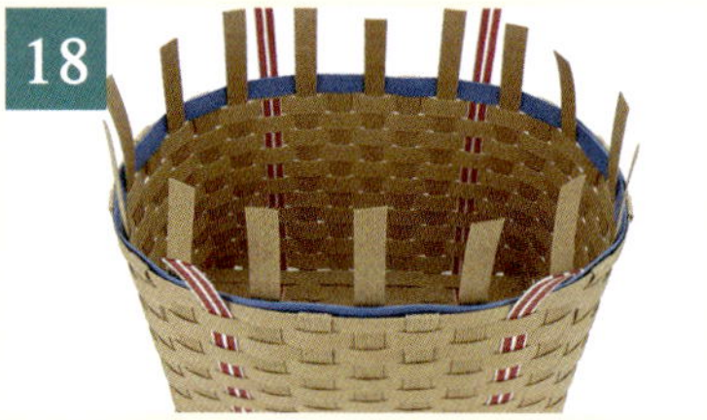

縁紐を内側から出ている紐と最上段の間に差し込む。縁紐の両端は側面で紐の内側に隠れるようにする。＊

19

内側から出ている紐を外側に折り、余分をカットして上から3段目に差し込む。

20

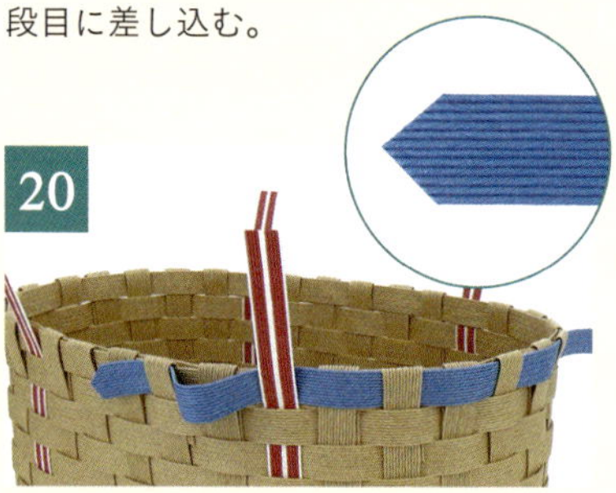

縁紐の先端をV字にカットし、最上段の外側に交互に通す。＊

21

1周通し、先端が編み目の内側に隠れるように余分をカットして差し込み、始末する。

持ち手紐①を残した紐の内側に上から3段目まで差し込み、紐を貼り合わせる。＊

持ち手紐②を残した紐と突き合わせに貼る。＊

持ち手紐③にボンドを付け、上から2段目に差し込む。＊

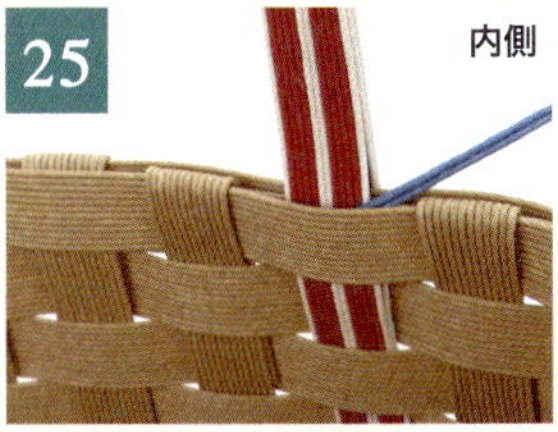

持ち手巻き紐の先端にボンドを付け、持ち手の根元の内側に差し込んで固定する。＊

持ち手巻き紐を隙間なく巻く。

反対側まで巻く。

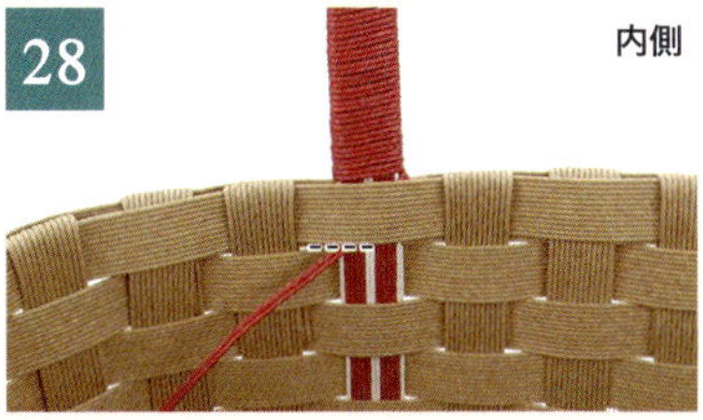

巻き終わりはボンドを付けて根元の内側に差し込み、余分をカットする。背面も同様に持ち手を付ける。

飾り紐の中心を持ち手の根元に貼る。＊

右の紐を縦紐②の前へ斜めに掛け、内側に差し込む。

内側に向きを変える。縦紐②の前へ斜めに掛け、外側に出す。

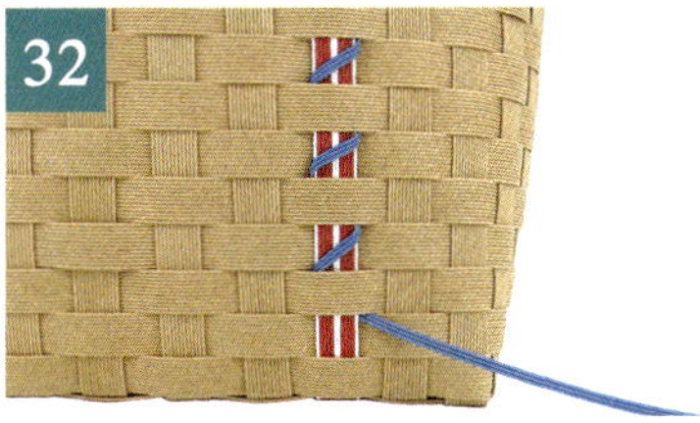

30・31を下から2段目まで繰り返す。

縦紐②の前へ斜めに掛け、ボンドを付けて縦紐②の後ろに左から差し込む。余分をカットする。

左の紐を30〜33と対称に編む。

内側から見たところ。

反対側と背面も29〜34と同様に飾り紐で編む。

完成！

No
(02) 入れ子式収納かご

Photo → P.14

材料：クラフトバンド★★★

材料と寸法

【大】

横紐①	21㎝×2本(6本幅)	ダークグレー
横紐②	52㎝×7本(9本幅)	ダークグレー
横紐③	21㎝×6本(12本幅)	ダークグレー
始末紐	19㎝×2本(9本幅)	ダークグレー
縦紐	50㎝×9本(9本幅)	ダークグレー
補強紐	21㎝×2本(6本幅)	ダークグレー
編み紐①	85㎝×2本(12本幅)	パステルまろん
編み紐②	85㎝×3本(12本幅)	ダークグレー
縁紐	86㎝×2本(12本幅)	ダークグレー
縁飾り紐	135㎝×4本(2本幅)	パステルまろん

必要な長さ

ダークグレー	14m47㎝
パステルまろん	3m5㎝

完成サイズ

作り方

＊＝わかりやすいように紐の色を変えて説明しています。

【大】を作る

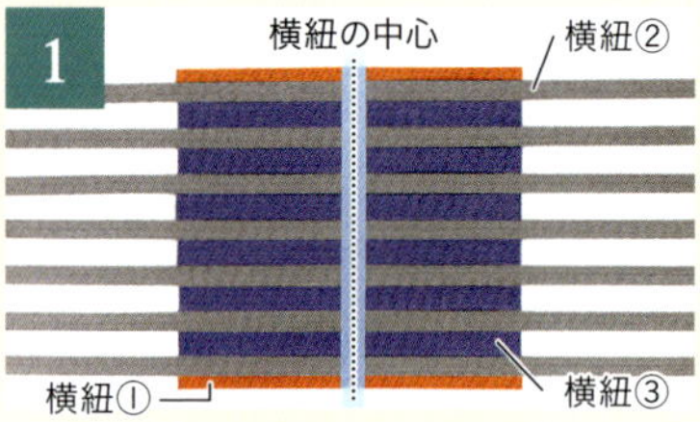

横紐①②③を写真のように並べ、中心を合わせる。＊

両端に始末紐をボンドで貼る。＊

裏返す。縦紐2本の中心を合わせて、始末紐の裏側に貼る。＊

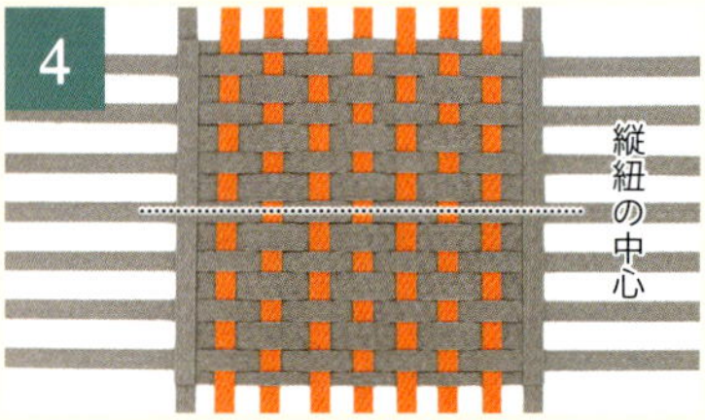

表に返す。残りの縦紐7本を交互に差し込む。縦紐の中心を合わせ、間隔を均等にする。＊

上下に補強紐を貼る。＊

紐を立ち上げる。編み紐①を左端から2本目の縦紐の裏にクリップで留め、右方向に交互に編む。

角はしっかりと折り目を付けて編み進める。

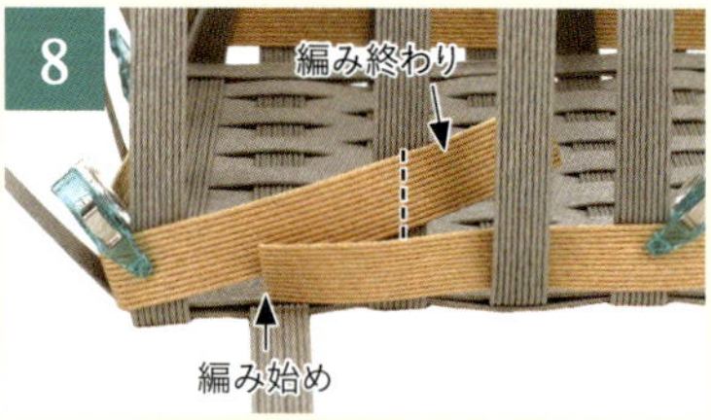

編み終わりはつなぎ目が隠れる位置で余分をカットし、編み始めの裏に貼る。

下段と編み目が交互になるようにスタート位置を変え、編み紐①で2段目を編む(角は全段折り目を付ける)。

10

編み紐②で隙間を詰めながら、6～9と同様に3段編む（計5段）。高さを揃え、形を整える。

11

外側から出ている紐を内側に折る。

12

折った紐の余分をカットし、上から3段目に差し込む。

13

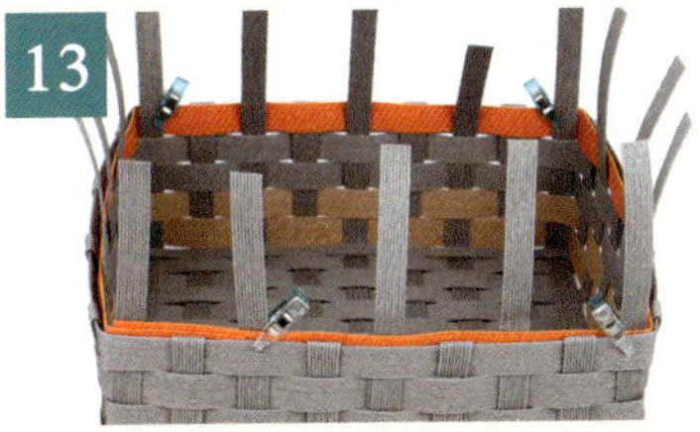

縁紐を内側から出ている紐と最上段の間に差し込む。縁紐の両端は側面で紐の内側に隠れるようにする。＊

14

内側から出ている紐を外側に折り、余分をカットして上から3段目に差し込む。

15

縁紐の先端をV字にカットし、最上段の外側に交互に通す。＊

16

1周通す。先端が編み目の内側に隠れるように余分をカットして差し込み、始末する。

17

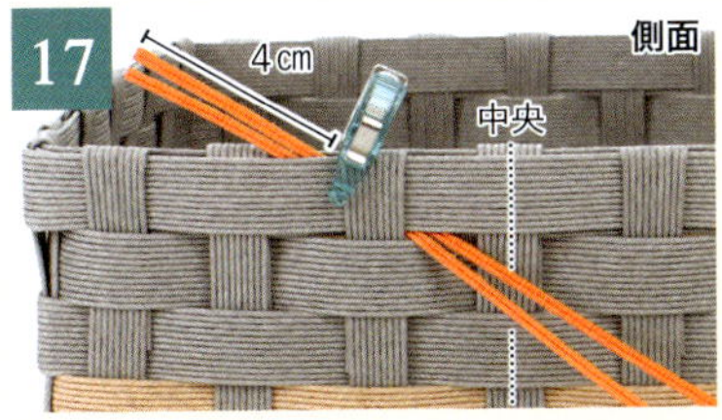

縁飾り紐2本の先端4cmを、最上段と外側の縁紐の間へ斜めに下から通し、クリップで留める。＊

18

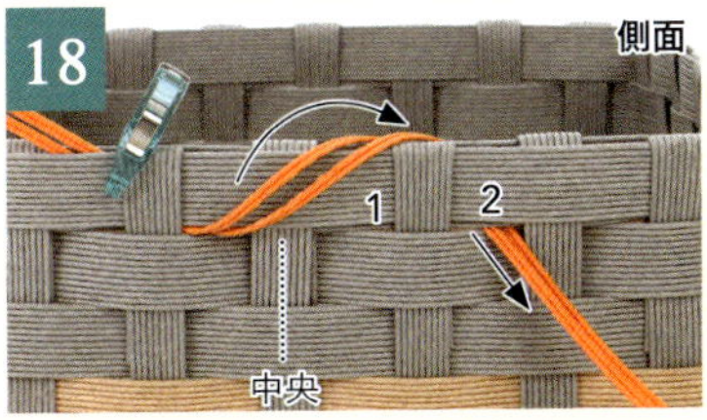

2つ先の内側から差し込み、外側に出す。

19

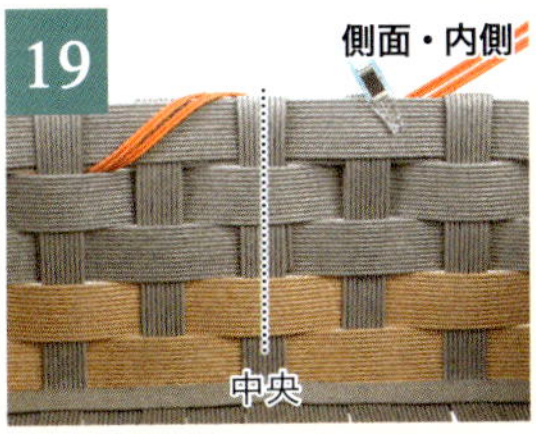

18を内側から見たところ。

20

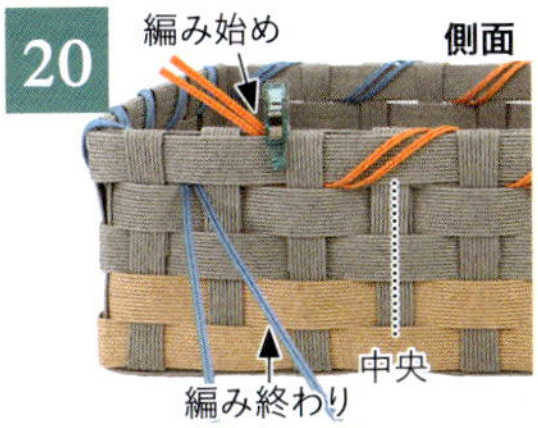

18を繰り返し、1周する。＊

21

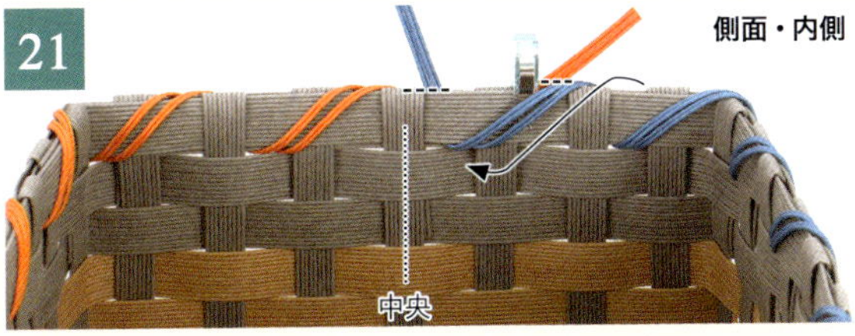

最上段と内側の縁紐の間へ斜めに下から通す。編み始めと編み終わりの紐にボンドを付け、縁の間に固定する。それぞれ余分をカットする。

22

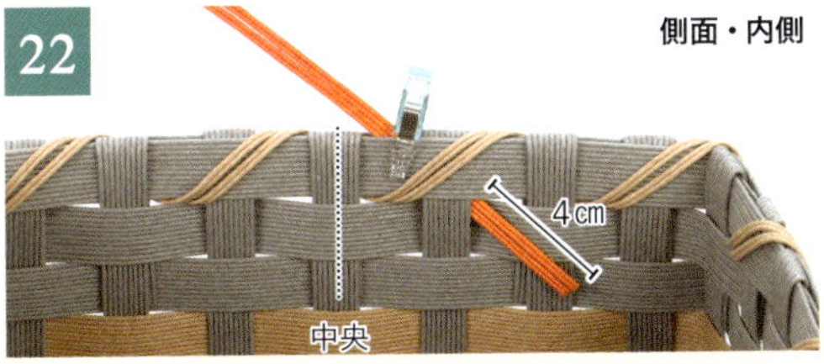

反対側の側面内側に向きを変える。縁飾り紐2本の先端4cmを、最上段と内側の縁紐の間へ斜めに上から通し、クリップで留める。＊

23

外側に向きを変える。

24

縁飾り紐を井桁に組み、右下から内側に通す。※井桁＝4本の紐が互い違いに重なる状態。

内側で井桁に組む。

24・25を繰り返し、1周する。＊

最上段と内側の縁紐の間へ斜めに上から通す。編み始めと編み終わりの紐を縁の間に貼る。それぞれ余分をカットする。

【大】の完成！

材料と寸法

【中】

横紐①	19㎝×2本(6本幅)	ダークグレー
横紐②	59㎝×3本(9本幅)	ダークグレー
横紐③	19㎝×2本(12本幅)	ダークグレー
始末紐	8㎝×2本(9本幅)	ダークグレー
縦紐	48㎝×7本(9本幅)	ダークグレー
補強紐	19㎝×2本(6本幅)	ダークグレー
編み紐①	60㎝×2本(12本幅)	パステルまろん
編み紐②	60㎝×5本(12本幅)	ダークグレー
編み紐③	60㎝×3本(4本幅)	パステルまろん
縁紐	60㎝×2本(12本幅)	ダークグレー
縁飾り紐	100㎝×4本(2本幅)	ダークグレー

必要な長さ

ダークグレー	11m25㎝
パステルまろん	1m80㎝

完成サイズ

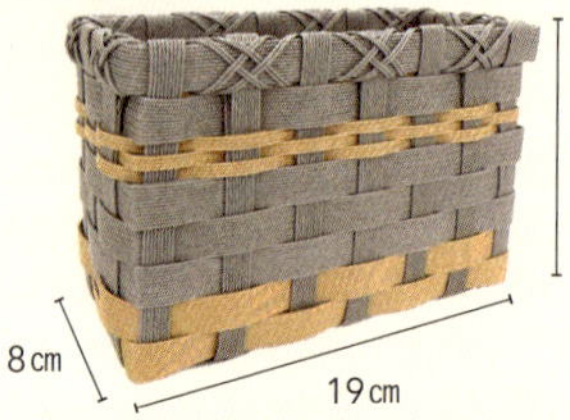

作り方

＊＝わかりやすいように紐の色を変えて説明しています。

【中】を作る

【大】1～5(P.24)を参考にして、底を編む。

【大】6～10(P.24～25)を参考にして、10段編む。

【大】11～16(P.25)を参考にして、縁まで編む。

【大】17～21(P.25)を参考にして、縁飾り紐を巻く。

【大】22～27(P.25～26)を参考にして、縁飾り紐を巻く。

【中】の完成！

材料と寸法

【小】

横紐①	19㎝×2本(6本幅)	ダークグレー
横紐②	38㎝×3本(9本幅)	ダークグレー
横紐③	19㎝×2本(12本幅)	ダークグレー
始末紐	8㎝×2本(9本幅)	ダークグレー
縦紐	27㎝×7本(9本幅)	ダークグレー
補強紐	19㎝×2本(6本幅)	ダークグレー
編み紐①	60㎝×2本(6本幅)	パステルまろん
編み紐②	460㎝×1本(3本幅)	ダークグレー
編み紐③	60㎝×1本(6本幅)	ダークグレー
持ち手紐①	35㎝×1本(9本幅)	ダークグレー
持ち手紐②	19㎝×1本(9本幅)	ダークグレー
持ち手紐③	29㎝×1本(9本幅)	ダークグレー
持ち手巻き紐	230㎝×1本(3本幅)	ダークグレー
縁紐	60㎝×2本(6本幅)	ダークグレー

必要な長さ

ダークグレー ……………… 12m88cm
パステルまろん ……………… 60cm

完成サイズ

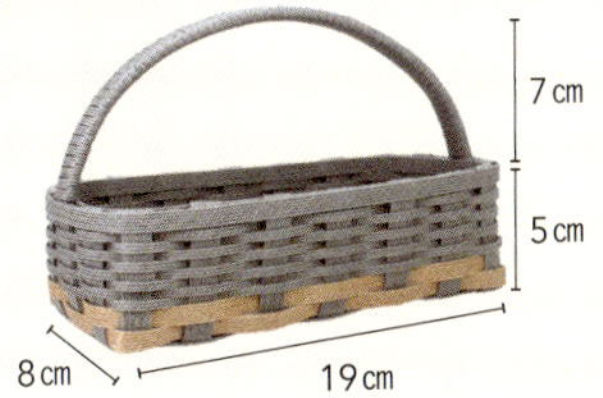

作り方

＊＝わかりやすいように紐の色を変えて説明しています。

【小】を作る

1

【大】1〜5(P.24)を参考にして、底を編む。

2

【大】6〜9(P.24)を参考にして、編み紐①で2段編む。

3

編み紐②を中心で折り、側面の左端の紐に掛け、クリップで留める。＊

4

下側の紐から表・裏…と交互に編み、追いかけるように上側の紐で裏・表…と交互に編む(追いかけ編み・P.11)。

5

追いかけ編みを4周編む。

6

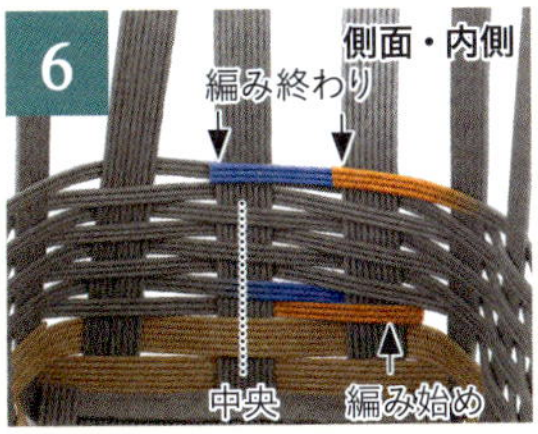

編み終わりは余分をカットし、内側に貼る。＊

7

編み紐③で交互に最上段を編む。＊

8

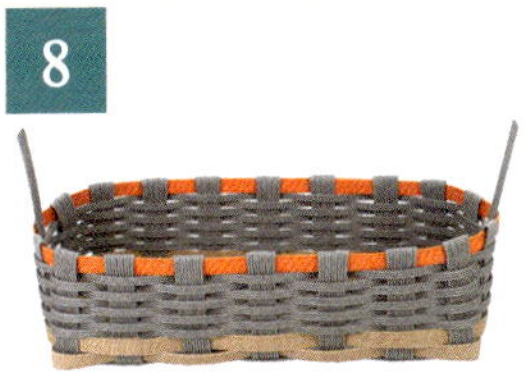

側面中央の紐を残し、最上段を包むように紐を前後に折り、下段に差し込む。

9

持ち手紐①を残した紐の内側に下から2段目まで差し込み、紐を貼り合わせる。＊

10

反対側も同様に差し込む。

11

持ち手紐②を残した紐と突き合わせに貼る。＊

12

持ち手紐③を外側に重ねて貼る。＊

13

持ち手巻き紐の先端にボンドを付け、持ち手の根元の内側に貼る。＊

14

反対側まで隙間なく巻き、巻き終わりは余分をカットして根元の内側に貼る。

15

縁紐の先端を丸くカットし、最上段の内側と外側に貼る。＊

16 \ Finish /

【小】の完成！
※【大】に【中】と【小】が入ります。

No (03) ファイルボックス

Photo → P.15

材料：クラフトバンド★★

材料と寸法

横紐①	73㎝×5本（12本幅）	ビスケット
横紐②	25㎝×4本（10本幅）	ビスケット
始末紐	12㎝×2本（12本幅）	ビスケット
縦紐	60㎝×11本（12本幅）	ビスケット
補強紐	25㎝×2本（12本幅）	ビスケット
編み紐①	80㎝×1本（12本幅）	ビスケット
編み紐②	80㎝×2本（12本幅）	【ステッチ】桃香
編み紐③	80㎝×23本（6本幅）	ビスケット
縁紐①	75㎝×1本（12本幅）	ビスケット
縁紐②	78㎝×1本（2本幅）	ビスケット
縁紐③	80㎝×1本（12本幅）	ビスケット
縁紐④	150㎝×1本（6本幅）	ビスケット
底補強紐	12㎝×4本（6本幅）	ビスケット

必要な長さ

ビスケット	26m46㎝
【ステッチ】桃香	1m60㎝

完成サイズ

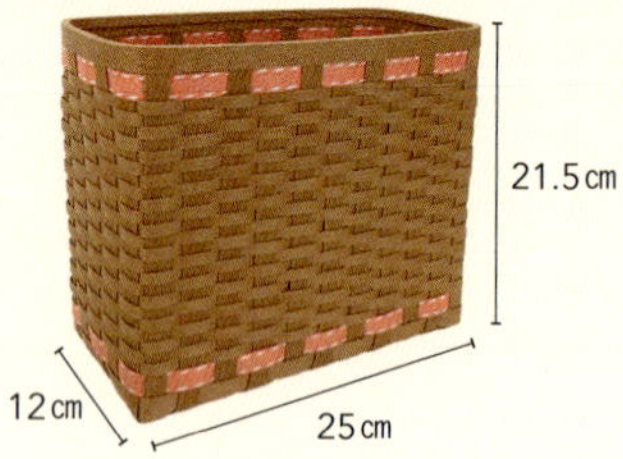

作り方

＊＝わかりやすいように紐の色を変えて説明しています。

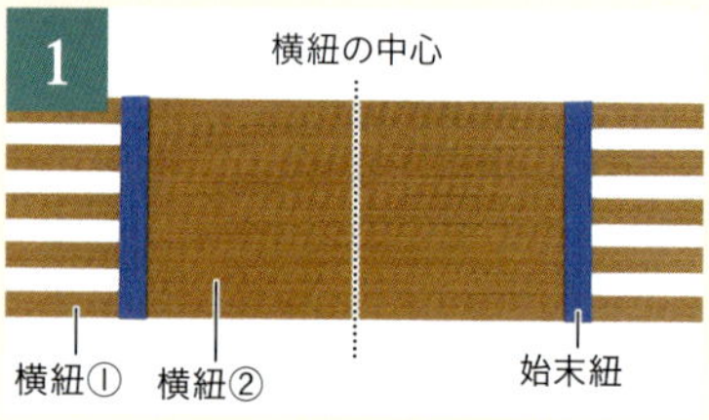

横紐①②を交互に並べ、中心を合わせる。両端に始末紐をボンドで貼る。＊

裏返す。縦紐2本の中心を合わせて、始末紐の裏側に貼る。＊

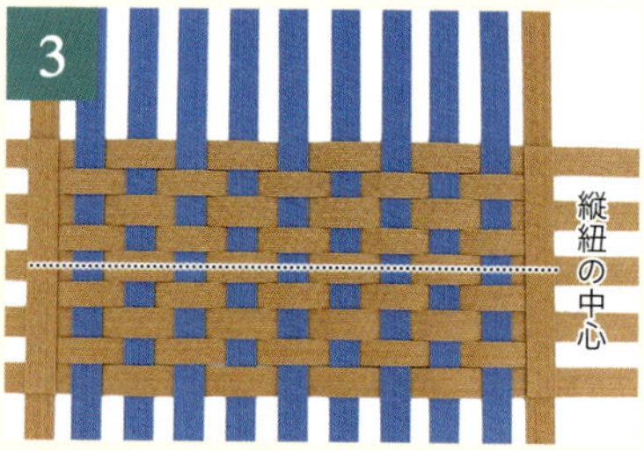

表に返す。縦紐9本を交互に差し込む。縦紐の中心を合わせ間隔を均等にする。＊

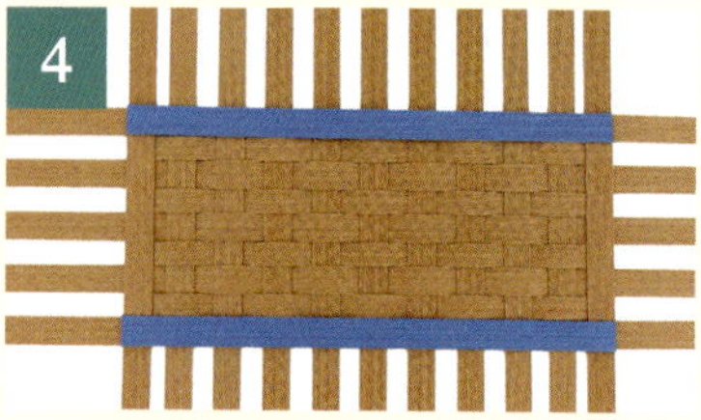

上下に補強紐を貼る。＊

紐を立ち上げる。編み紐①を左端から4本目の縦紐の裏にクリップで留め、右方向に交互に編む。＊

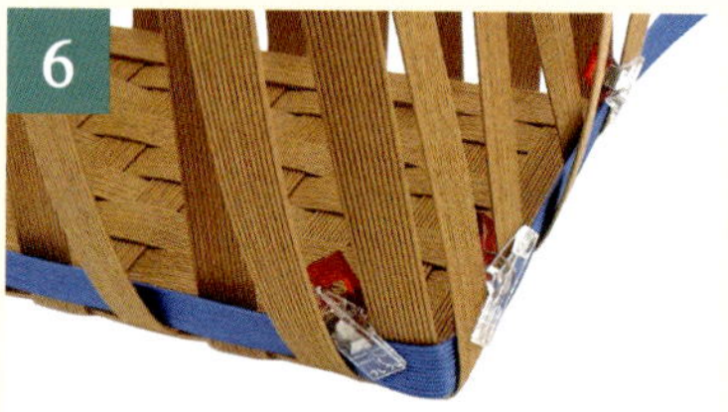

角はしっかりと折り目を付けて編み進める。

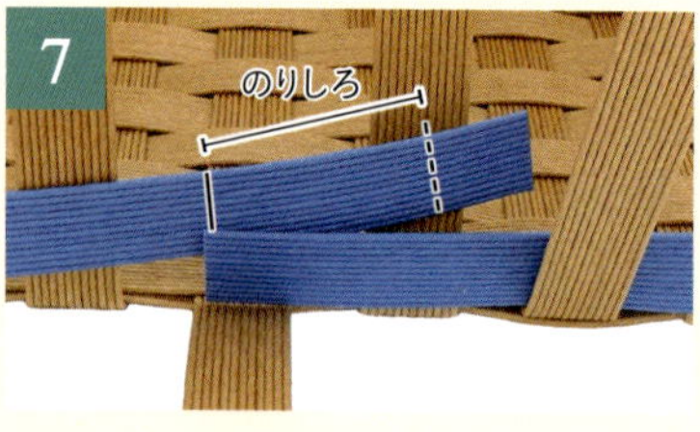

1周編む。編み終わりはつなぎ目が隠れる位置で余分をカットし、のりしろの左端に印を付ける。

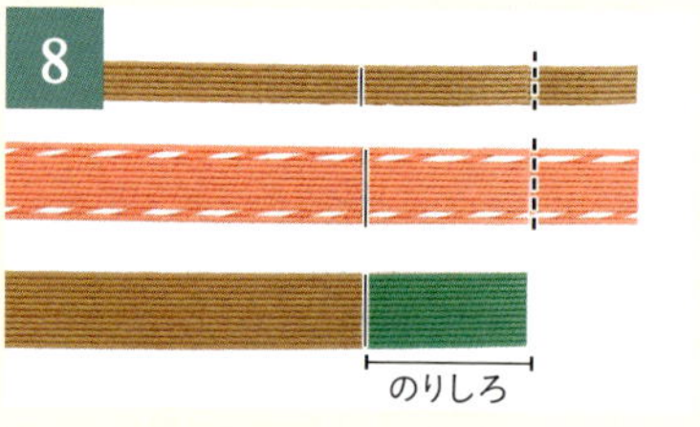

7の編み紐①を1度外す。すべての編み紐②③の長さを編み紐①に揃えてカットし、同じ位置に印を付ける。＊

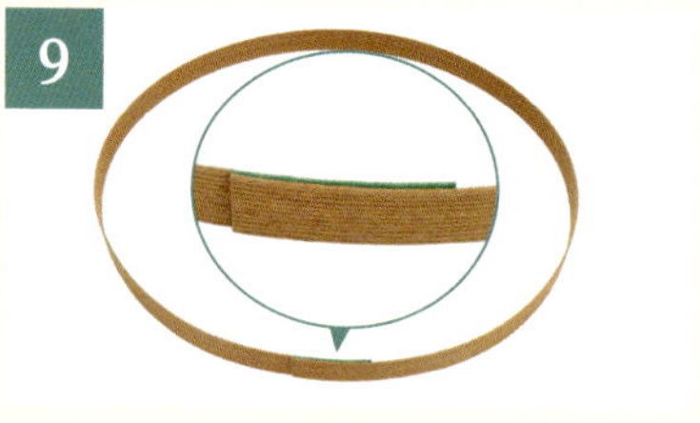

編み紐①ののりしろにボンドを付けて輪にする。すべての編み紐②③を同様に輪にする。

10

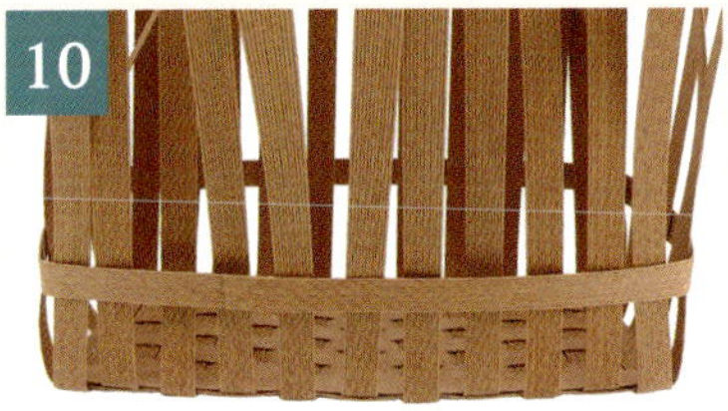

輪にした編み紐①に、立ち上げた紐をすべて通す。

11

左端から2本目の縦紐から1本飛ばしに紐を輪の外側に出す。つなぎ目は紐の内側に隠れるようにする。

12

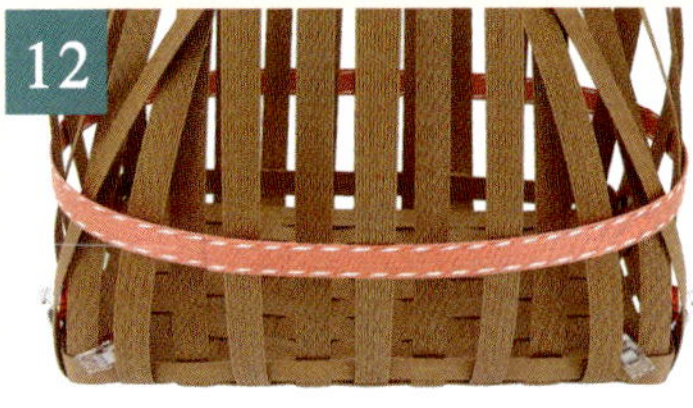

輪にした編み紐②に、立ち上げた紐をすべて通す。

13

1段目で内側だった紐を輪の外側に出し、1段目と隙間を詰める。

14

編み紐③②を同様に編み、高さを揃える。角は全段折り目を付け、形を整える。

15

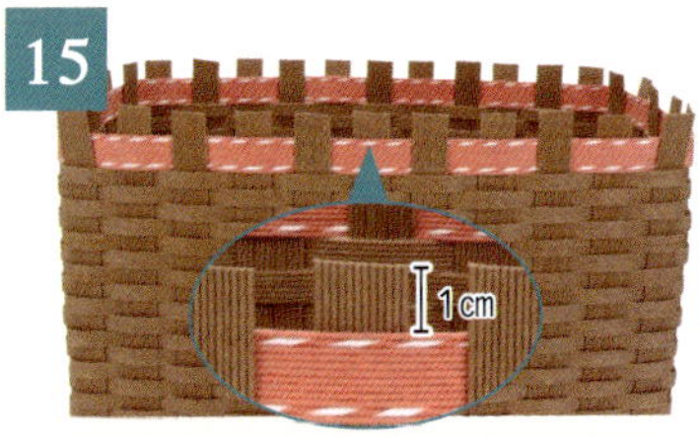

紐を最上段から1cmにカットし、最上段の編み紐②に貼る。

16

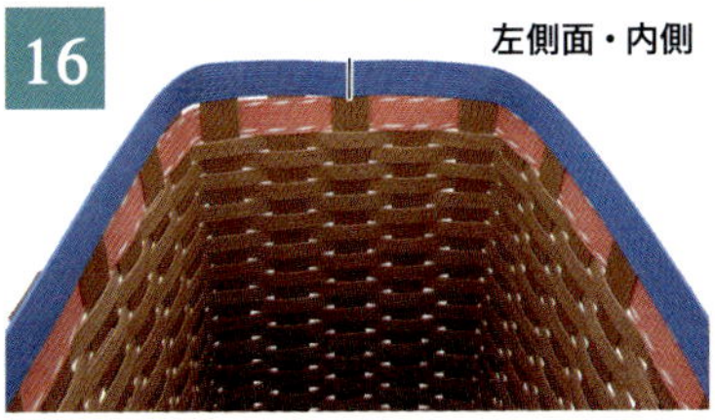

紐1cmの内側に縁紐①を突き合わせに貼る。＊

17

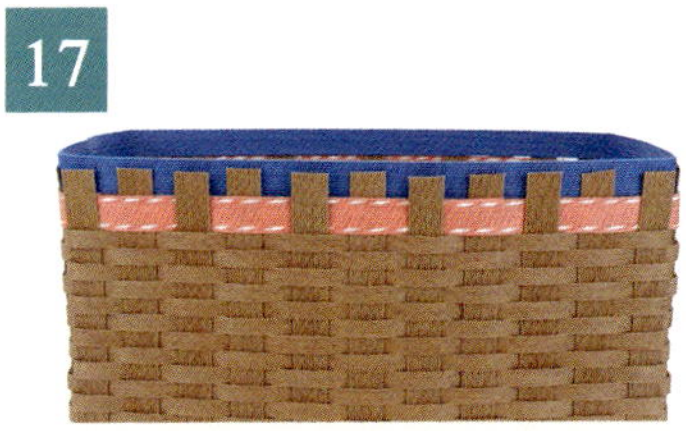

外側から見たところ。

18

縁紐②を縁紐①の外側に、縁の高さを揃えて、右側面で突き合わせに貼る。＊

19

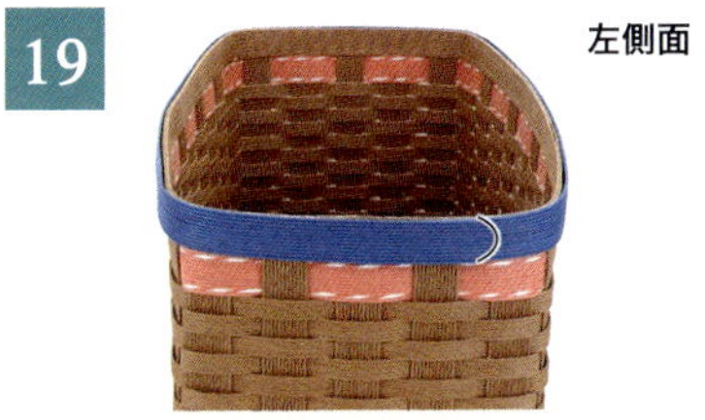

縁紐③の先端を丸くカットし、左側面の外側に重ねて貼る。＊

20

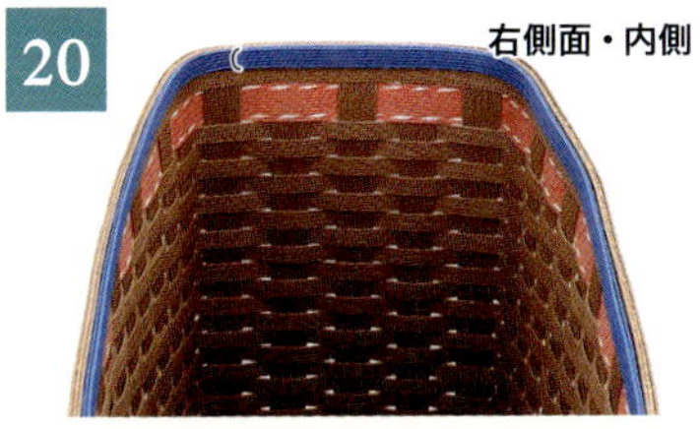

縁紐④の先端を丸くカットする。縁の高さを揃えて右側面の内側から2周重ねて貼る。＊

21

底補強紐2本を重ねて貼り、両端を丸くカットする(2つ作る)。＊

22

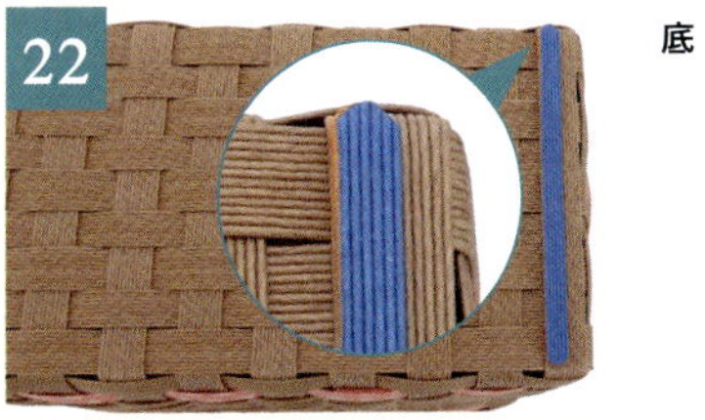

21を本体底の両端に貼る。＊

23

完成！

No (04) ふた付きピクニックバスケット

Photo → P.16

材料：クラフトバンド★★★・ハード

材料と寸法

【本体】

横紐①	30cm×8本（12本幅）	クラフト
横紐②	80cm×7本（12本幅）	クラフト
始末紐	23.5cm×2本（9本幅）	【ハード】クラフト
縦紐①	74cm×10本（12本幅）	クラフト
縦紐②	184cm×1本（12本幅）	【ハード】クラフト
補強紐	30cm×2本（9本幅）	【ハード】クラフト
底補強紐	39cm×2本（12本幅）	【ハード】クラフト
編み紐①	115cm×9本（12本幅）	クラフト
編み紐②	115cm×6本（6本幅）	スウィートオレンジ
持ち手巻き紐	550cm×1本（3本幅）	クラフト
縁紐	115cm×2本（12本幅）	【ハード】クラフト

【ふた】

枠紐①	26cm×8本（12本幅）	クラフト
枠紐②	14.5cm×8本（12本幅）	クラフト
枠紐③	14.5cm×10本（9本幅）	クラフト
枠紐④	21cm×4本（9本幅）	クラフト
枠編み紐	430cm×4本（3本幅）	クラフト
芯紐①	40cm×1本（12本幅）	【ハード】クラフト
芯紐②	24cm×2本（12本幅）	【ハード】クラフト
芯紐③	24cm×2本（3本幅）	クラフト
芯巻き紐	325cm×1本（3本幅）	クラフト
ふた補強紐	26cm×4本（12本幅）	【ハード】クラフト
リボン①	15cm×2本（12本幅）	クラフト
リボン②	5cm×2本（12本幅）	クラフト

必要な長さ

クラフト	44m97cm
【ハード】クラフト	7m91cm
スウィートオレンジ	3m45cm

完成サイズ

作り方

＊＝わかりやすいように紐の色を変えて説明しています。

【本体】を作る

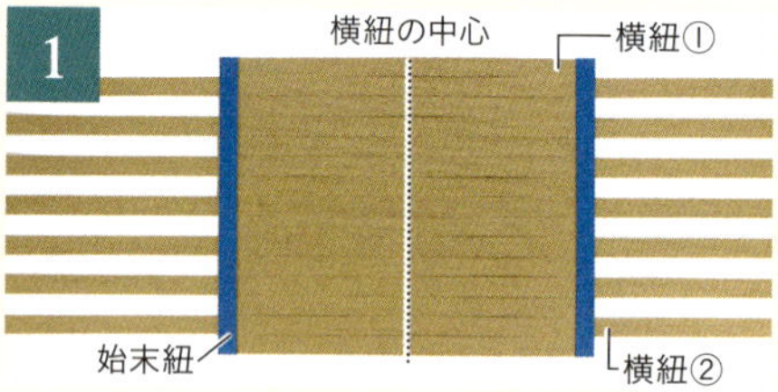

横紐①②を交互に並べ、中心を合わせる。両端に始末紐をボンドで貼る。＊

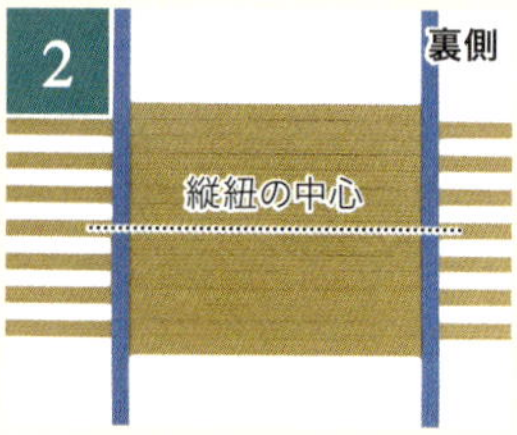

裏返す。縦紐①2本の中心を合わせて始末紐の裏側にボンドで貼る。＊

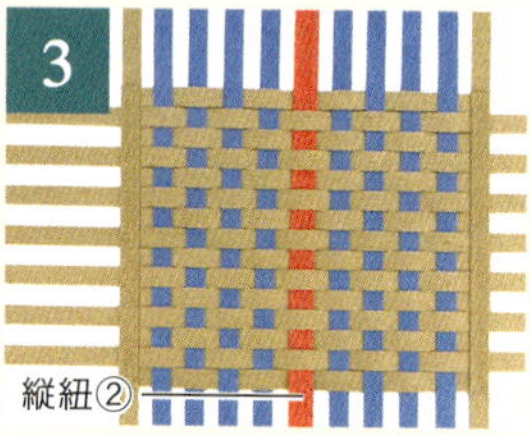

表に返す。縦紐①8本を交互に差し込み、中央に縦紐②を差し込む。間隔を均等にする。＊

上下に補強紐を貼る。＊

底補強紐2本を交差させて貼る。角は形を合わせてカットする。＊

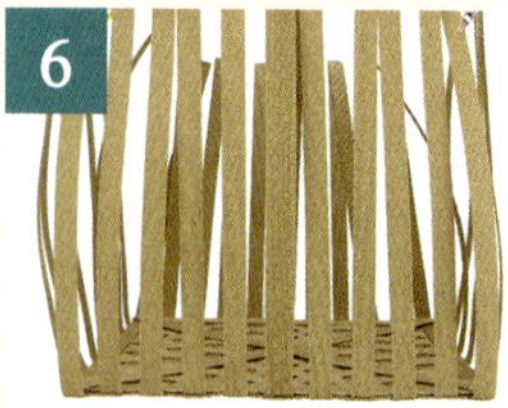

紐を立ち上げる。

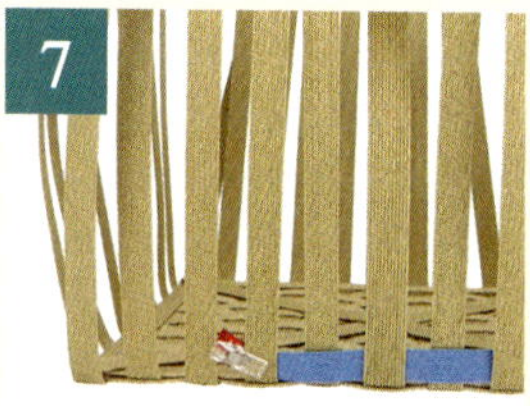

編み紐①を左端から4本目の縦紐の裏にクリップで留め、右方向に交互に編む。＊

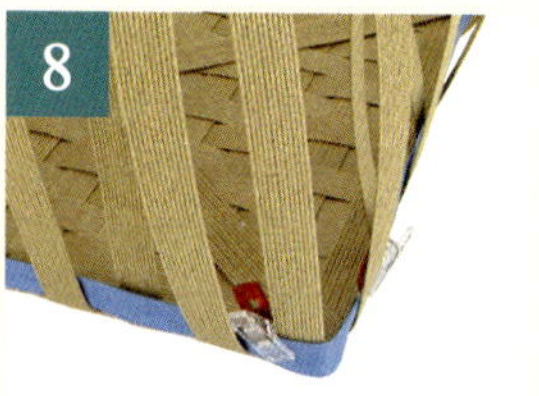

角はしっかりと折り目を付けて編み進める。

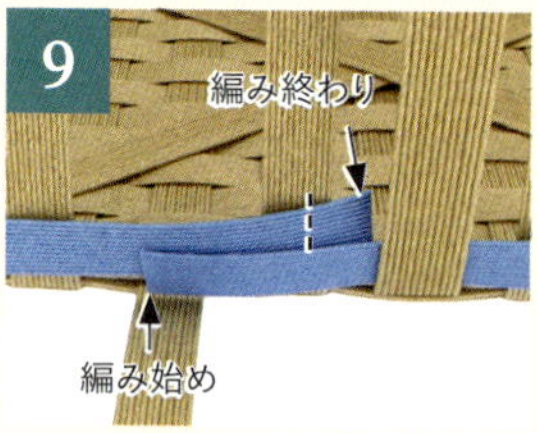

編み終わりはつなぎ目が隠れる位置で余分をカットし、編み始めの裏に貼る。

10

下段と編み目が交互になるようにスタート位置を変え、編み紐①②で同様に14段編む。角は全段折り目を付ける(計15段)。

11

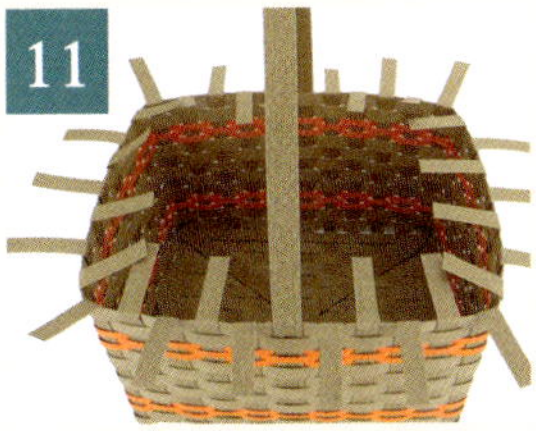

縦紐②を残し、最上段を包むように紐を前後に折る。

12

折った紐の余分をカットし、上から5段目まで差し込む。

13

縦紐②を反対側の最下段まで差し込む。＊

14

残りの縦紐②にボンドを付け、13の紐の外側に貼り合わせながら反対側の下から2段目まで差し込む(持ち手になる)。余分をカットする。＊

15

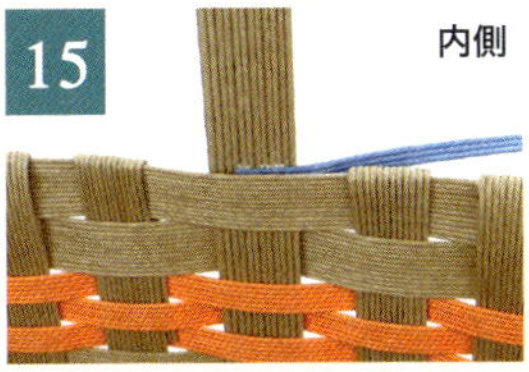

持ち手巻き紐の先端にボンドを付け、持ち手の根元の内側に貼る。＊

16

反対側まで隙間なく巻き、余分をカットして持ち手の根元の内側に貼る。

17

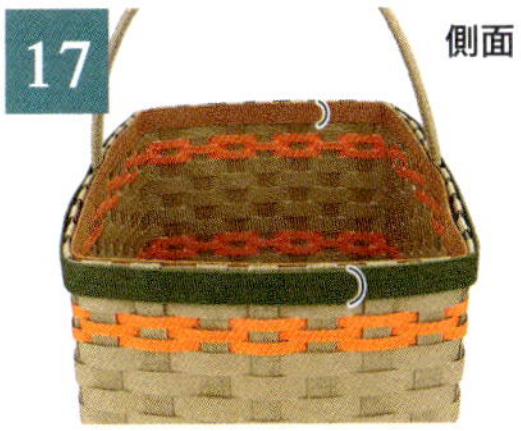

縁紐の先端を丸くカットする。最上段の内側と外側に、高さを合わせて貼る。＊

【ふた】を作る

18

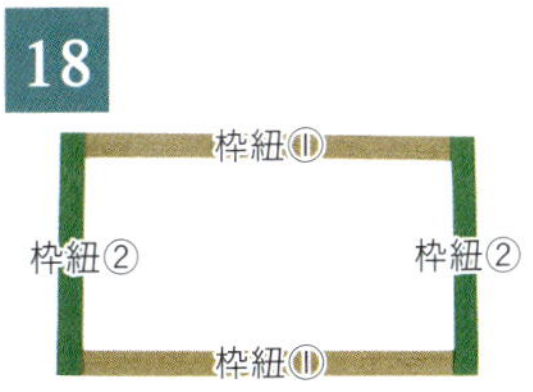

枠紐①2本を横向きに置き、両端に枠紐②を直角に貼る。＊

19

枠紐③5本と枠紐④2本を間隔を均等に貼る。＊

20

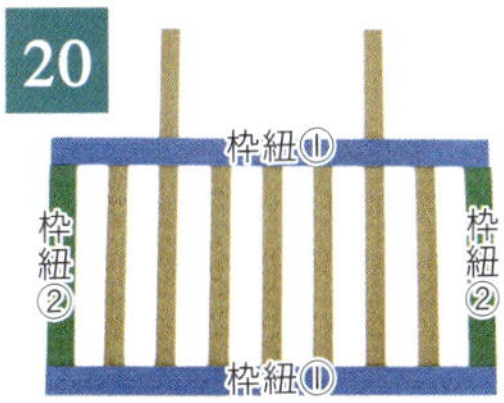

上下に枠紐①を貼る。左右に枠紐②の余分をカットして突き合わせに貼る。＊

21

下側の角を丸くカットする。

22

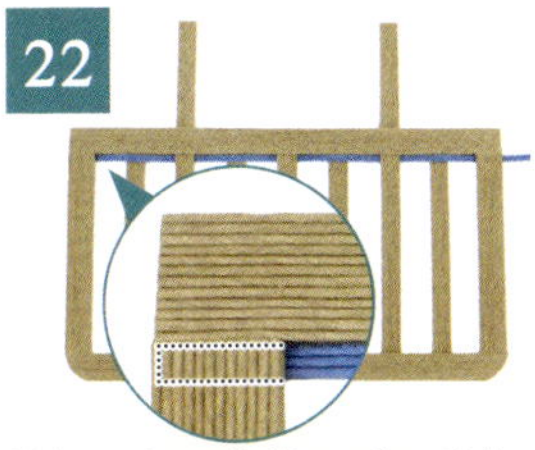

枠編み紐の先端にボンドを付ける。左上の裏側に貼り、右方向へ交互に編む。＊

23

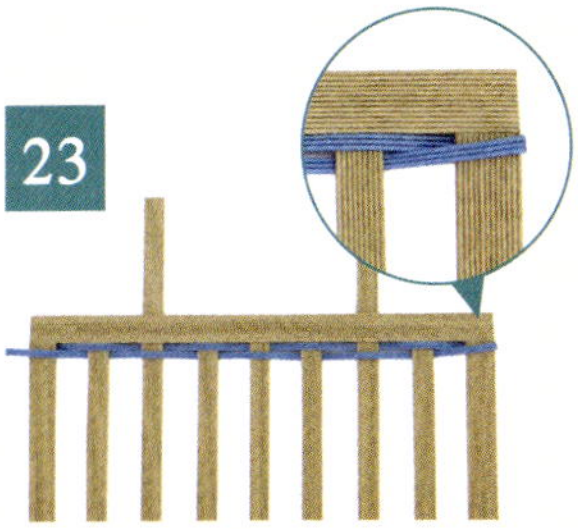

右端で折り返し、左方向へ交互に編む。

24

計15段繰り返し、余分を右端でカットする。

25

裏返す。2本目の枠編み紐の先端にボンドを付け、1本目の編み終わりの上に貼る。＊

26

表に返す。隙間がなくなるまで編み、余分をカットして裏側に貼る(計31段)。2つ作る。

27

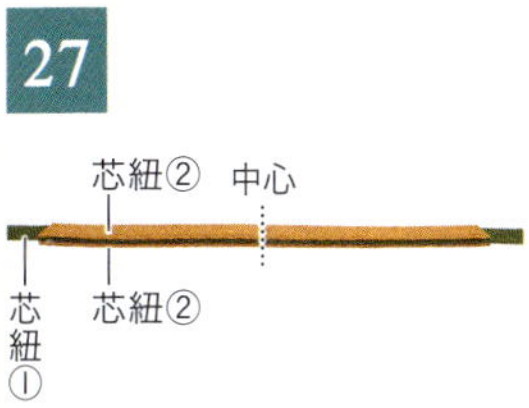

芯紐①の両面に、芯紐②の中心を合わせて貼る。＊

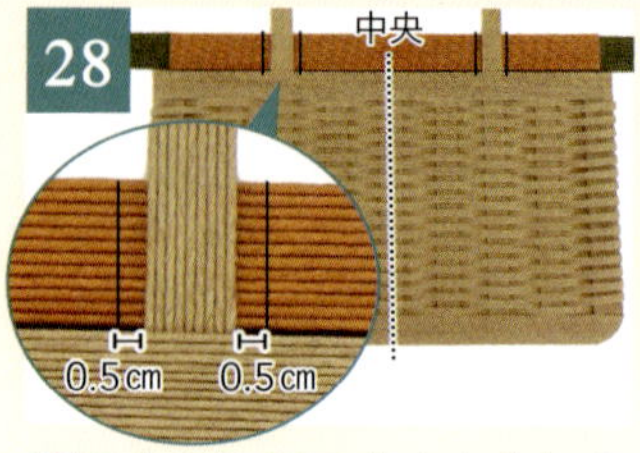

27の中心に26の中央を合わせて置き、枠紐④の左右0.5cmに印を付ける。

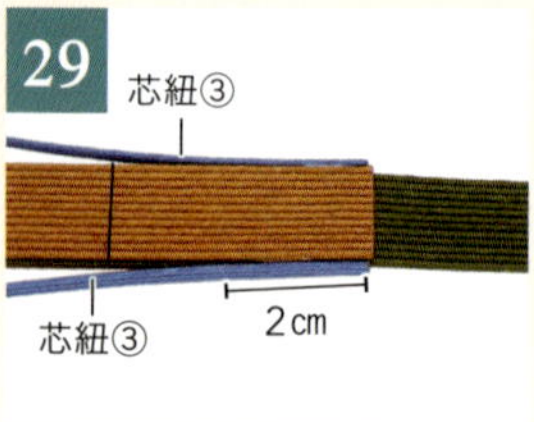

芯紐③の先端2cmにボンドを付け、芯紐②の右端に合わせて両側面に貼る。＊

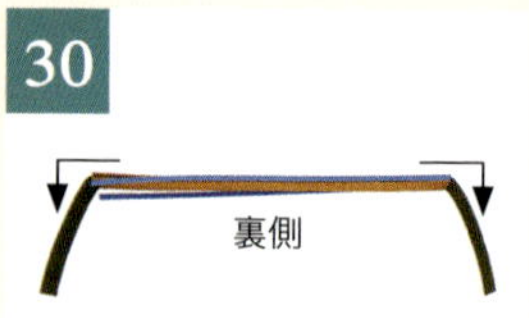

芯紐①を芯紐②の両端に合わせて折る。

芯巻き紐の先端を30の裏側へ貼る。

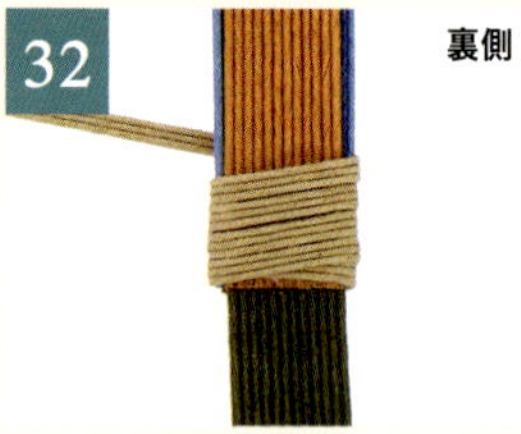

貼った先端を隠すように隙間なく巻いていく。

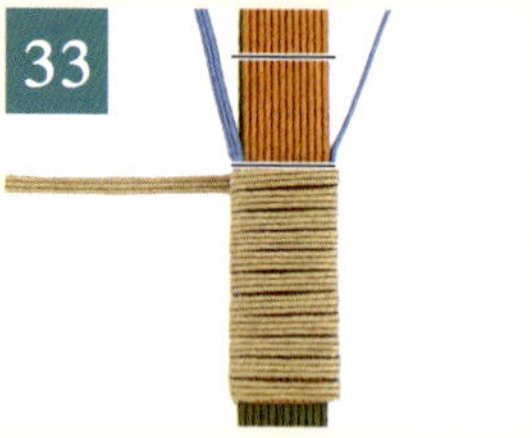

表に返し、1つ目の印まで巻く。

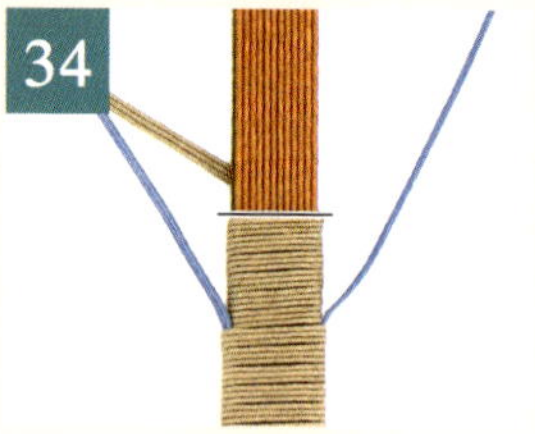

芯紐③を外側に開き、2つ目の印まで巻く。

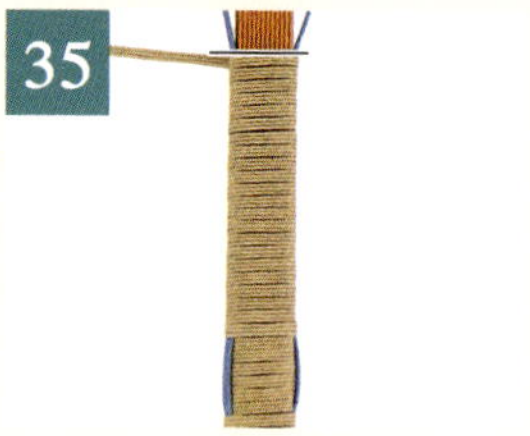

芯紐③を元に戻し、3つ目の印まで巻く。

芯紐③を外側に開き、最後の印まで巻く。

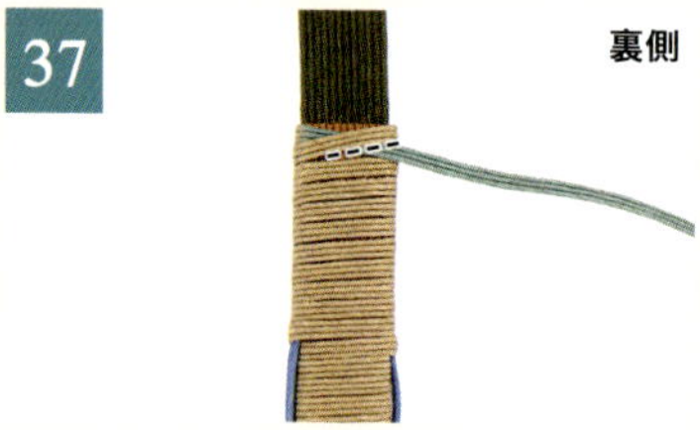

芯紐③を元に戻し、芯紐②の端まで巻く。巻き終わりにボンドを付けて下段に差し込み、余分をカットする。＊

芯紐③に26の★を通す。＊

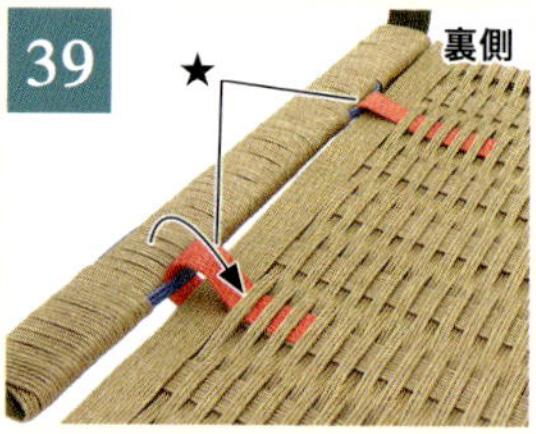

★にボンドを付け、編み目に差し込む。

ふた補強紐を上下に貼り、下側の角の形を合わせて丸くカットする。＊

反対側も同様にふたを付ける。

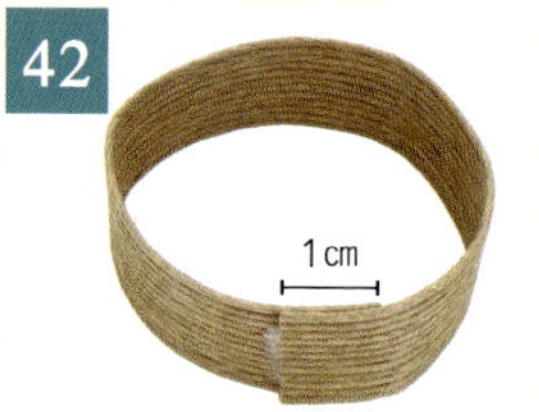

リボン①の先端1cmにボンドを付けて輪にする。

リボン②にボンドを付け、42の中心を巻く。2つ作る。

43をふたに貼る。反対側も同様にする。＊

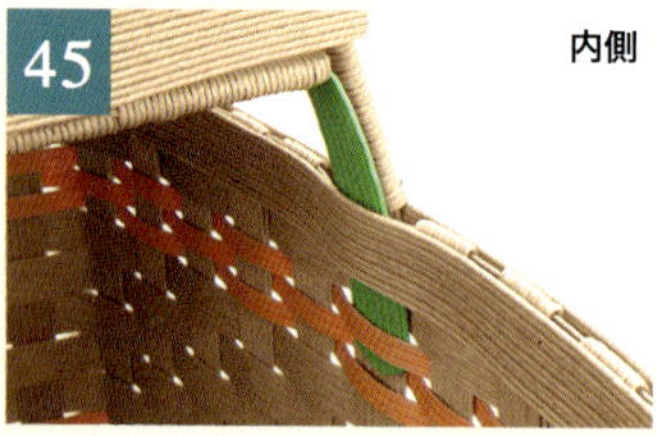

44の芯紐①の先端を差し込みやすいようにカットし、本体の最上段と持ち手の間に差し込む。＊

反対側も同様にする。ボンドは付けずに付け根まで差し込む。

完成！

No.05 ワンハンドルのねじり模様のかご

Photo → P.17

材料：クラフトバンド★★・スリムループ

材料と寸法

横紐①	21㎝×6本(8本幅)	サファイア
横紐②	46㎝×5本(12本幅)	サファイア
始末紐	13.5㎝×2本(12本幅)	サファイア
縦紐	38㎝×9本(12本幅)	サファイア
補強紐	21㎝×2本(12本幅)	サファイア
編み紐①	75㎝×6本(8本幅)	パステルブルー
編み紐②	75㎝×12本	スリムループ パステルまろん
編み紐③	75㎝×1本(12本幅)	サファイア
持ち手紐①	40㎝×1本(12本幅)	サファイア
持ち手紐②	33㎝×1本(12本幅)	サファイア
持ち手紐③	41㎝×1本(12本幅)	サファイア
持ち手巻き紐①	280㎝×1本(2本幅)	サファイア
持ち手巻き紐②	280㎝×1本(2本幅)	パステルブルー
縁紐	75㎝×2本(12本幅)	サファイア

必要な長さ

サファイア	13m86㎝
パステルブルー	7m30㎝
スリムループ パステルまろん	9m

完成サイズ

※表紙掲載色

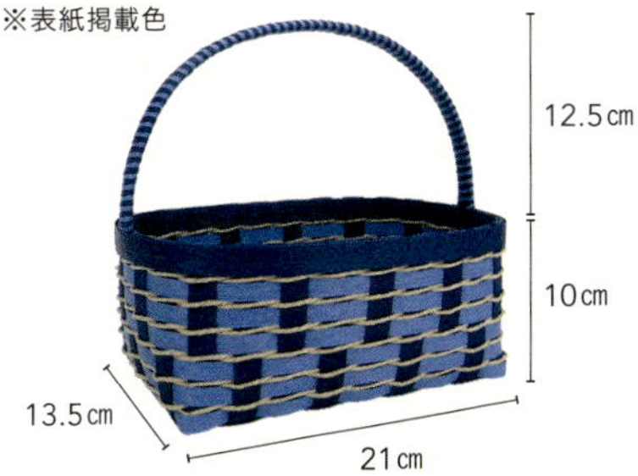

作り方

＊＝わかりやすいように紐の色を変えて説明しています。

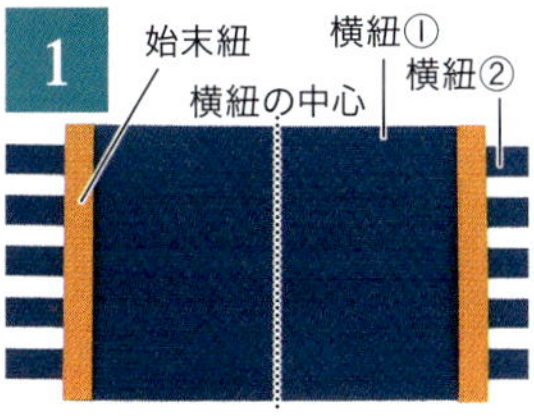

横紐①②を交互に並べ、中心を合わせる。両端に始末紐をボンドで貼る。＊

裏返す。縦紐2本の中心を合わせて始末紐の裏側に貼る。＊

表に返す。縦紐7本を交互に差し込み、間隔を均等にする。＊

上下に補強紐を貼る。＊

紐を立ち上げる。編み紐①を左端から2本目の縦紐の裏にクリップで留め、右方向に交互に編む。

角は1段目のみ軽く折り目を付けて編み進める。

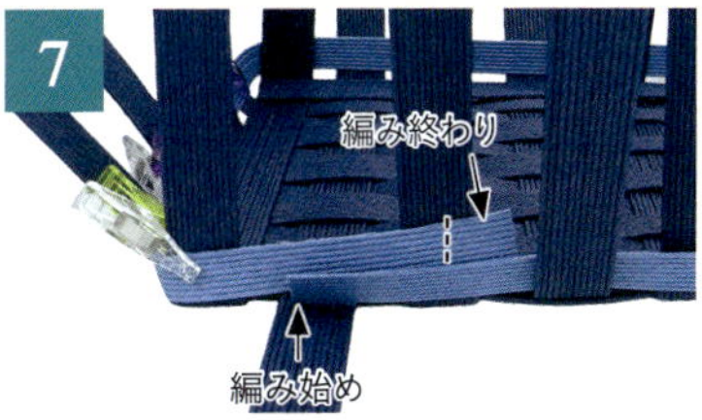

編み終わりはつなぎ目が隠れる位置で余分をカットし、編み始めの裏に貼る。

すべての編み紐②の先端約1㎝の縒りをほどき、広げる。

側面中央と右隣の紐の根元に少量のボンドを付ける。

8の紐を2本貼る(ほどいた箇所は貼らない)。

11

外側に向きを変える。

12

ねじり編みを編む(P.11)。

13

1周し、編み始めのほどいた位置で編み終わりの余分をカットする。

14

編み終わりにボンドを付け、編み始めのほどいた紐で編み終わりを包む。

15

5〜14を計3回繰り返す。

16

下段と編み目が交互になるようにスタート位置を変え、編み紐①で編む。

17

16の編み目と揃えて、5〜14の要領で計3回繰り返す。

18

下段と編み目が交互になるように、編み紐③で最上段を編む。＊

19

側面中央の紐を残し、最上段を包むように紐を前後に折る。折った紐を最上段から1㎝にカットする。

20

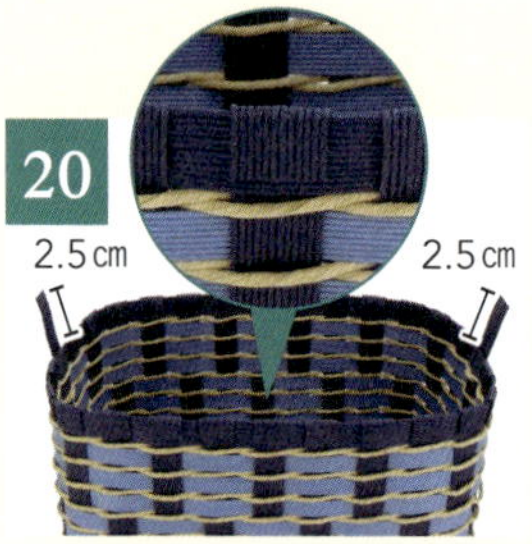

折った紐を最上段に貼る。側面中央の残した紐は最上段から2.5㎝にカットする。

21

持ち手紐①の両端にボンドを付け、残した紐と内側の最上段に貼る。＊

22

持ち手紐②を残した紐と突き合わせに貼る。＊

23

持ち手紐③を外側に重ねて貼る。＊

24

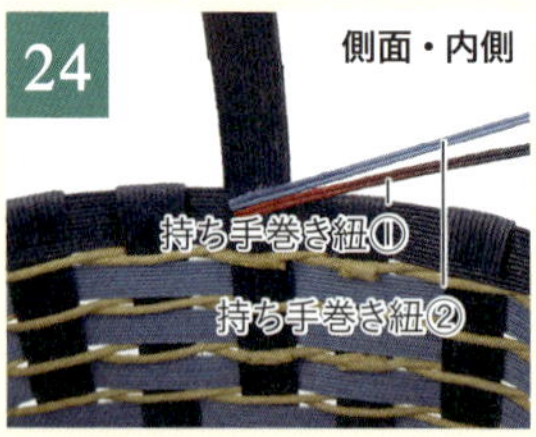

持ち手巻き紐①②の先端にボンドを付け、持ち手の根元の内側に貼る。＊

25

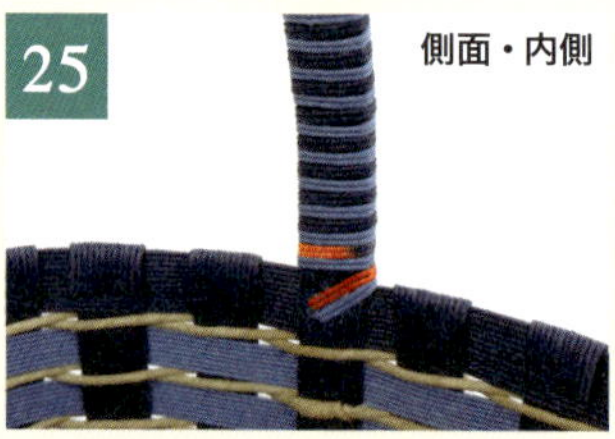

反対側まで隙間なく巻く。巻き終わりは余分をカットして、持ち手の根元の内側に貼る。＊

26

縁紐の先端を丸くカットし、最上段の内側と外側に貼る。＊

27

完成！

No（06）ひし形模様のお買い物バッグとブレードコードのタッセル

Photo → P.18

材料：クラフトバンド★★★・ブレードコード

材料と寸法

【バッグ】

横紐①	32cm×2本(8本幅)	パステルモカバニラ
横紐②	94cm×5本(12本幅)	パステルモカバニラ
横紐③	32cm×4本(12本幅)	パステルモカバニラ
始末紐	16cm×2本(12本幅)	パステルモカバニラ
縦紐	78cm×11本(12本幅)	パステルモカバニラ
補強紐	32cm×2本(12本幅)	パステルモカバニラ
編み紐	103cm×15本(12本幅)	パステルモカバニラ
持ち手補強紐	13cm×4本(12本幅)	パステルモカバニラ
縁紐	108cm×2本(12本幅)	パステルモカバニラ
縁飾り紐	200cm×2本(3本幅)	パステルモカバニラ
持ち手紐	134cm×2本(9本幅)	パステルモカバニラ
持ち手巻き紐	320cm×2本(3本幅)	パステルモカバニラ
持ち手飾り紐	40cm×2本(6本幅)	パステルモカバニラ
飾り紐①	125cm×2本	ブレードコード クラフト
飾り紐②	115cm×1本	ブレードコード クラフト

★Dカン　縦約16㎜（内径約10㎜）×横約25㎜（内径約20㎜）×4

必要な長さ

パステルモカバニラ …… 42m57cm
ブレードコード クラフト …… 3m65cm

完成サイズ

※P.1 掲載色

作り方

＊＝わかりやすいように紐の色を変えて説明しています。

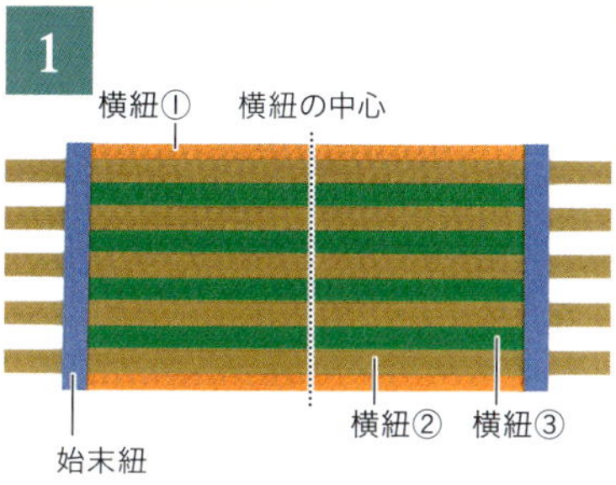

横紐①②③を写真のように並べ、中心を合わせせる。両端に始末紐をボンドで貼る。＊

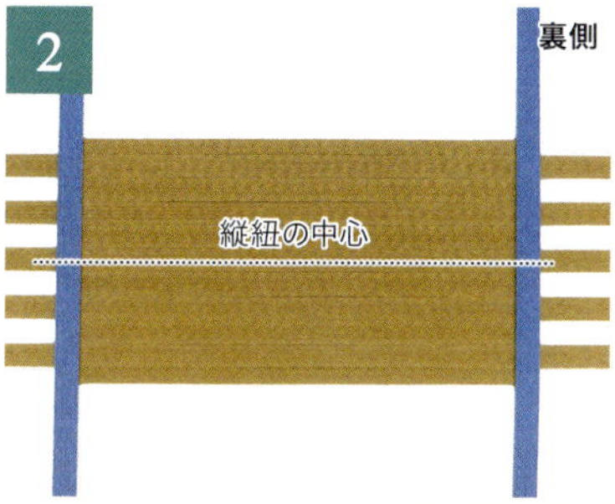

裏返す。縦紐2本の中心を合わせて、始末紐の裏側に貼る。＊

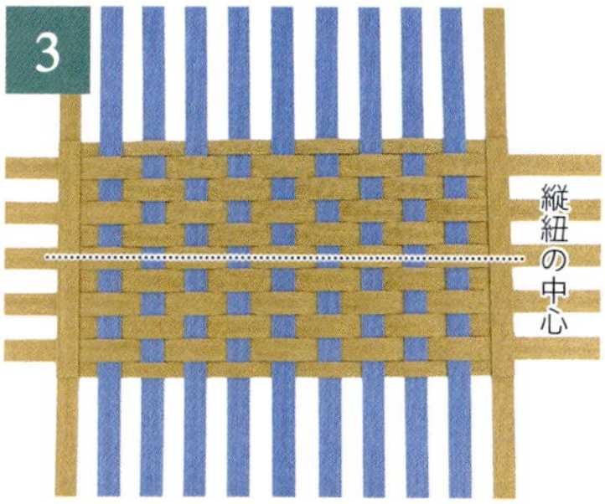

表に返す。縦紐9本を交互に差し込む。縦紐の中心を合わせ間隔を均等にする。＊

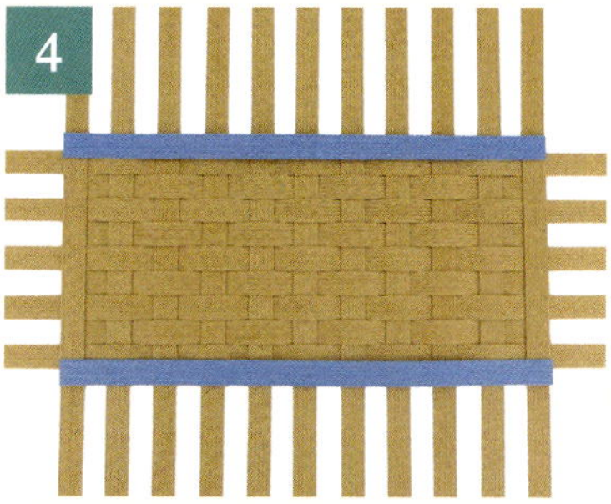

上下に補強紐を貼る。＊

紐を立ち上げる。編み紐を左端から4本目の縦紐の裏にクリップで留め、右方向に交互に編む。＊

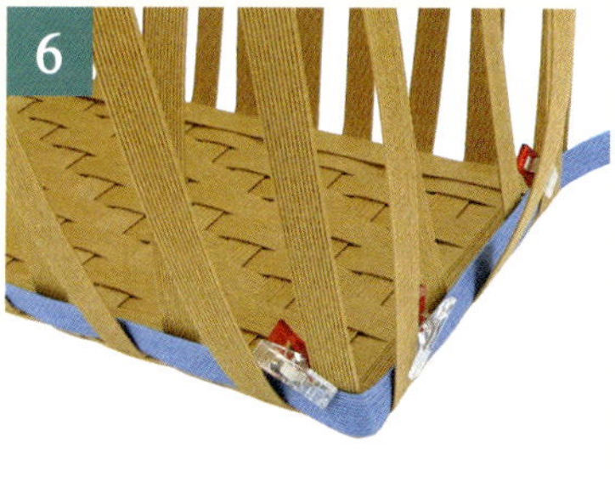

角は1段目のみ軽く折り目を付けて編み進める。

7

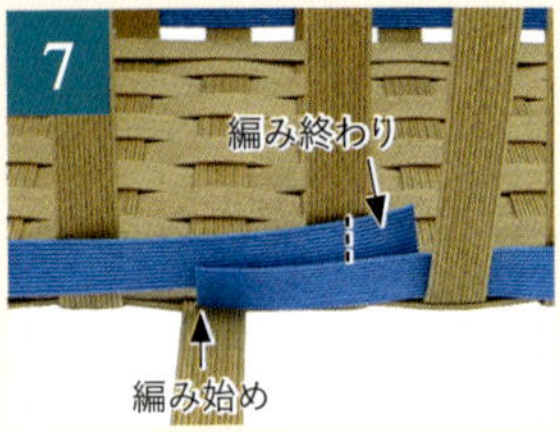

編み終わりはつなぎ目が隠れる位置で余分をカットし、編み始めの裏に貼る。

8

下段と編み目が交互になるようにスタート位置を変え、隙間を詰めながら編み紐で計15段編む。高さを揃え、形を整える。

9

中央から左右3本目の紐4本を残し、最上段を包むように紐を前後に折る。

10

折った紐の余分をカットし、上から3段目に差し込む。

11

持ち手補強紐の端にボンドを付け、残した紐の内側に上から4段目まで差し込む。残した紐と持ち手補強紐にDカンを通す。＊

12

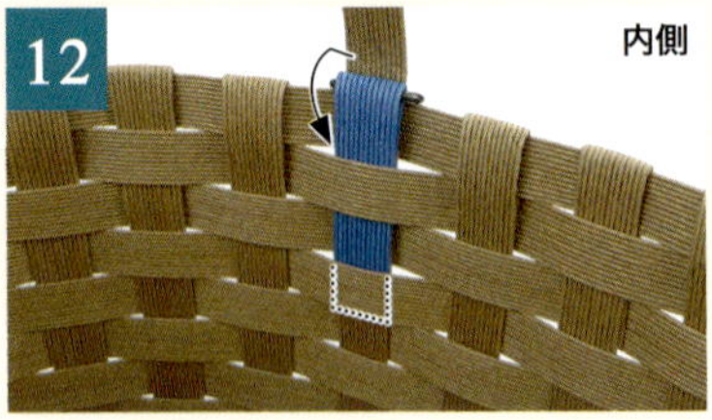

持ち手補強紐の先端にボンドを付け、根元に重ねて差し込む。

13

残した紐の余分をカットし、ボンドを付ける。持ち手補強紐に重ねて差し込む。

14

残りの3か所も11〜13と同様にする。

15

縁紐を最上段の内側と外側に巻き、洗濯バサミで留める。＊

16

縁飾り紐の先端にボンドを付け、最上段と外側の縁紐の間に下から差し込む。＊

17

右方向に巻いていく。

18

1周したところ。＊

19

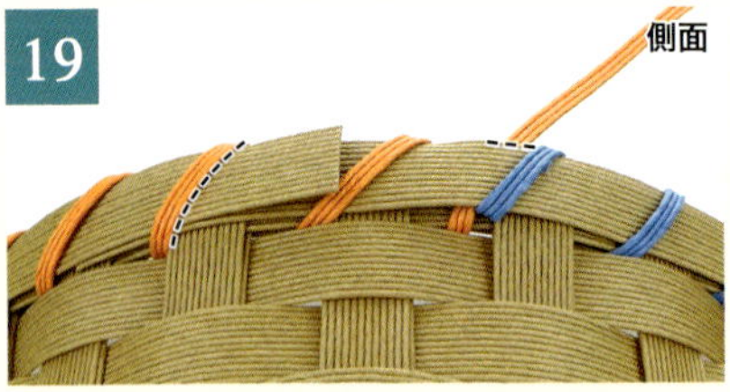

巻き終わりにボンドを付けて巻き始めと同じ位置に差し込み、余分をカットする。内側と外側の縁紐の余分をカットする。

20

残りの縁飾り紐の先端にボンドを付け、16と反対の側面の最上段と外側の縁紐の間に下から差し込む。＊

21

左方向に巻いていく。

22

側面

1周する。巻き終わりにボンドを付けて巻き始めと同じ位置に差し込み、余分をカットする。

三重の持ち手

23

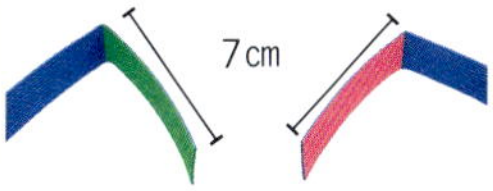

持ち手紐の両端を7cmに折る。*

24

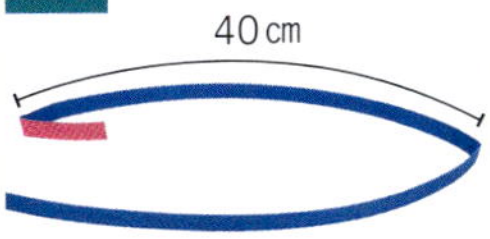

残りの長さ(120cm)の 1/3 の位置（40cm）で折る。

25

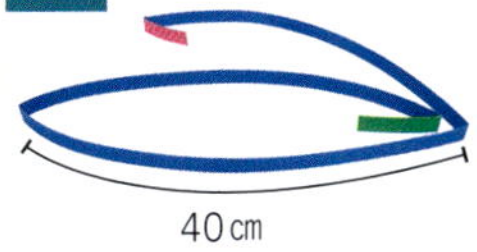

24の位置からさらに40cmの位置で折る。

26

両端7cmずつと残りを三等分に折ったところ。

27

持ち手紐の端7cmを右側のDカンに通す。

28

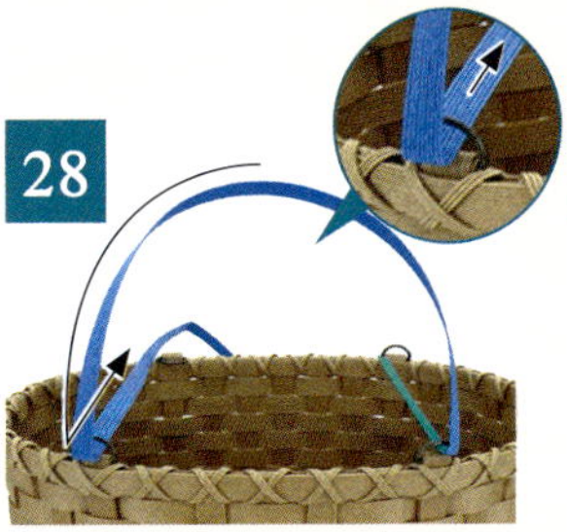

左側のDカンに外側から内側へ次の折り目まで通す。

29

28の内側に沿って右側のDカンに次の折り目まで通す。

30

28の外側に沿って、左側のDカンに最後の折り目まで通す。

31

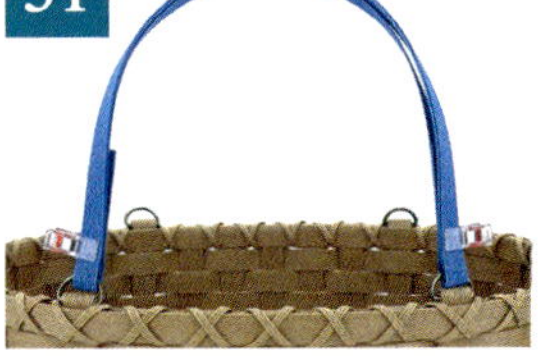

通した持ち手紐を重ね、クリップで留める。

32

持ち手巻き紐の先端にボンドを付け、持ち手の根元の間に差し込む。

33

持ち手巻き紐を2回巻き、持ち手飾り紐を差し込む。*

34

持ち手飾り紐を手前に倒し、1回巻く。

35

持ち手飾り紐を戻し、1回巻く。

36

34・35を反対側まで繰り返し、巻き終わりを持ち手の根元の間に差し込む。

37

ボンドを付けて引き締め、余分をカットする。

38

背面にも23～37と同様に持ち手を付ける。

39

側面

飾り紐①の端の裏側にボンドを付ける。側面中央の下から3段目に右から差し込み、編み紐に貼る（縦の紐には貼らない）。

40

飾り紐①の先端をほどけないようマスキングテープで留める。

41

2本先の2段上と4本先の4段上に通す。

2本先の2段下と4本先の4段下に通す。

41・42を1周繰り返し、編み始めの上に差し込む。ボンドで貼り、余分をカットする。

39と同様に、残りの飾り紐①の端を、側面中央の下から7段目に右から差し込む。

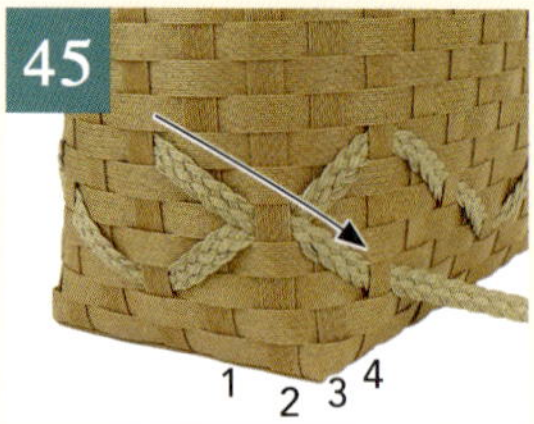

2本先の2段下と4本先の4段下に通す。

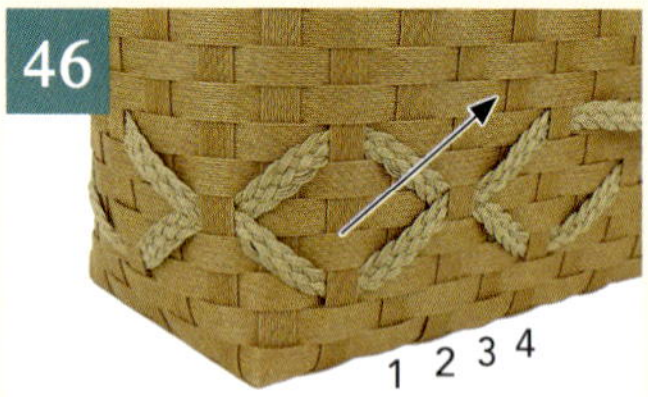

2本先の2段上と4本先の4段上に通す。

45・46を1周繰り返し、編み始めの上に差し込む。ボンドで貼り、余分をカットする。

ほどけないように、飾り紐②の裏側の端までしっかりとボンドを塗る。ボンドが乾いたら10cm×8本、4cm×8本にカットする。

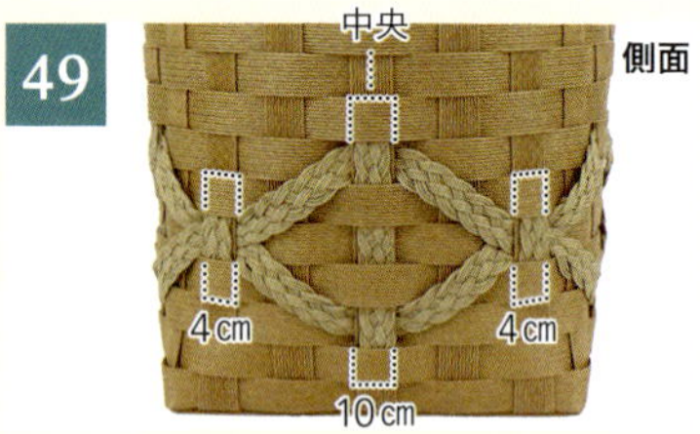

48を両側面の写真の位置に差し込む。

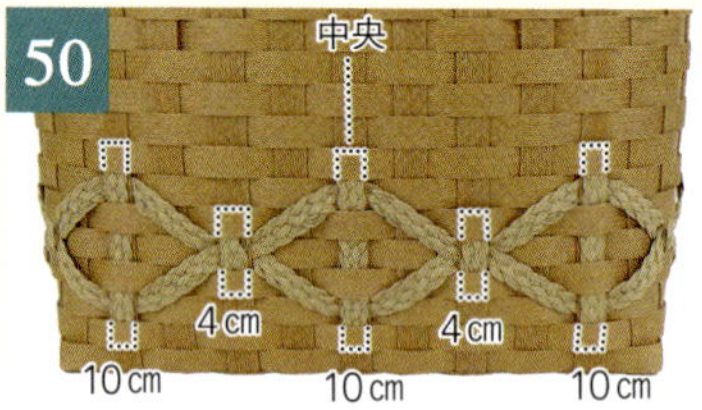

残りの48を正面と背面の写真の位置に差し込む。

完成！

材料と寸法

【タッセル】

横紐	40cm×1本	ブレードコード　クラフト
縦紐	30cm×1本	ブレードコード　マロングラッセ
下げ紐	30cm×1本(1本幅)	クラフト
留め紐	5cm×1本	ブレードコード　マロングラッセ

必要な長さ

ブレードコード　クラフト	40cm
ブレードコード　マロングラッセ	35cm
クラフト	30cm

作り方

＊=わかりやすいように紐の色を変えて説明しています。

四つだたみ編み

横紐と縦紐の両端をほどけないようにマスキングテープで留める。

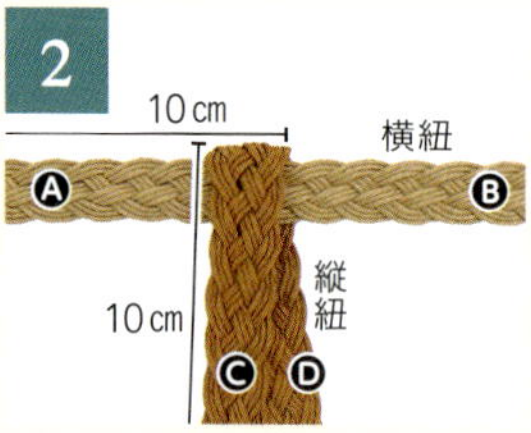

横紐の端から10cmの位置(A側)に、縦紐を10cmに折り(C側)、掛ける。

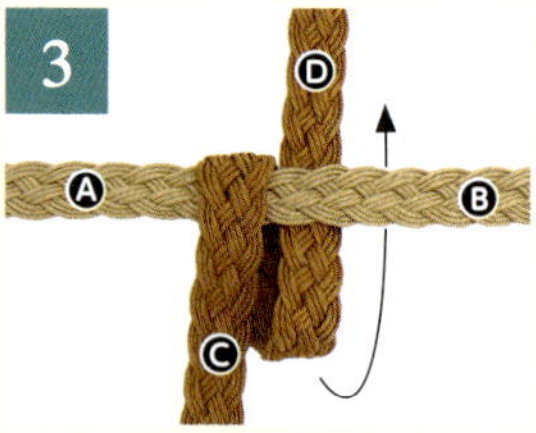

Dを手前に曲げ、Bの後ろに通して輪を作る。

Bを後ろに折る。

5

Ⓑを手前に折り、Ⓓの輪に通す。

6

引き締める(四つだたみ編み・P.12)。

7

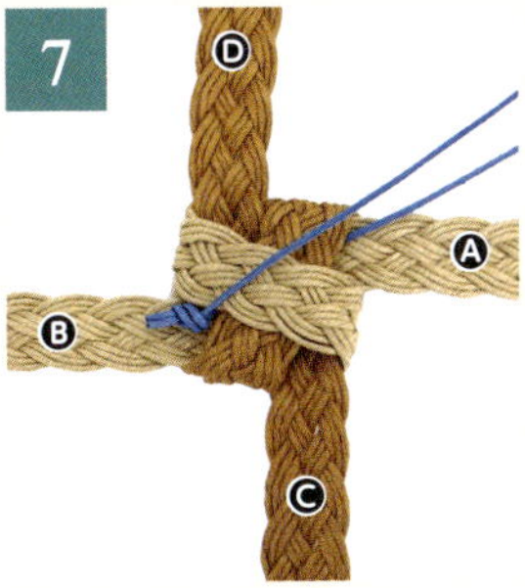

裏返す(この面が表面になる)。下げ紐を交差した2本に通し、両端を揃え結ぶ。＊

8

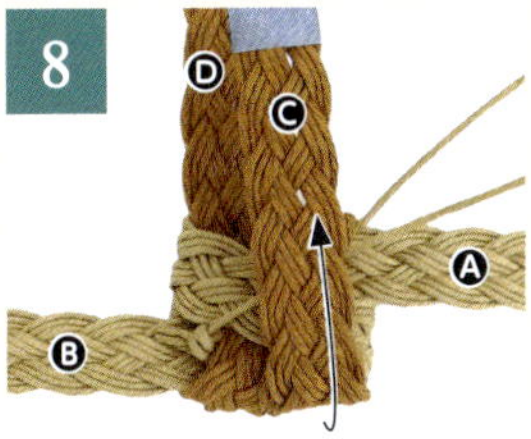

Ⓒを上に折る。

9

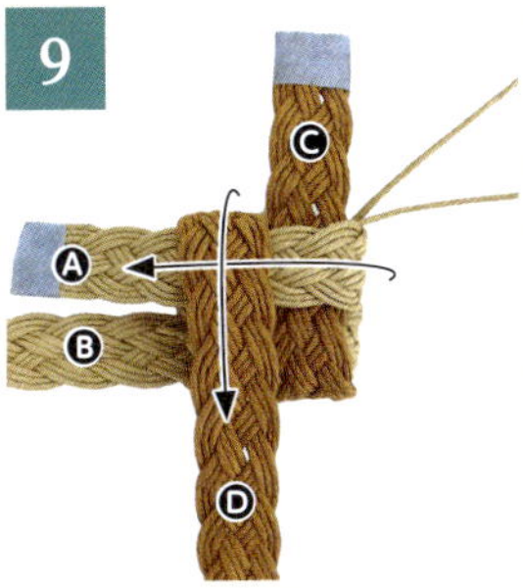

ⒶⒹの順に折る。

10

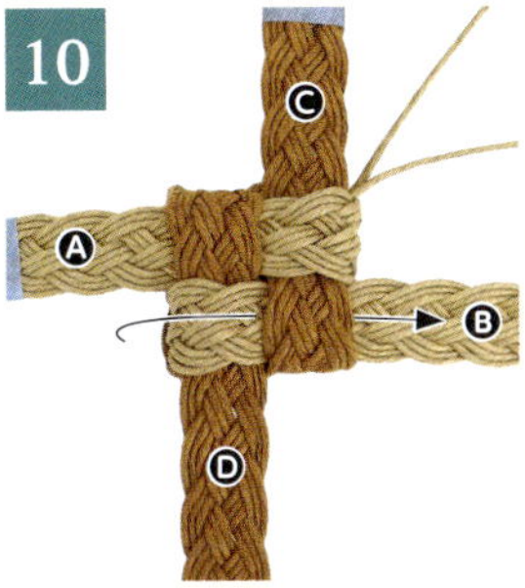

Ⓑを折り、Ⓒの下に通し、引き締める。

11

裏返す。

12

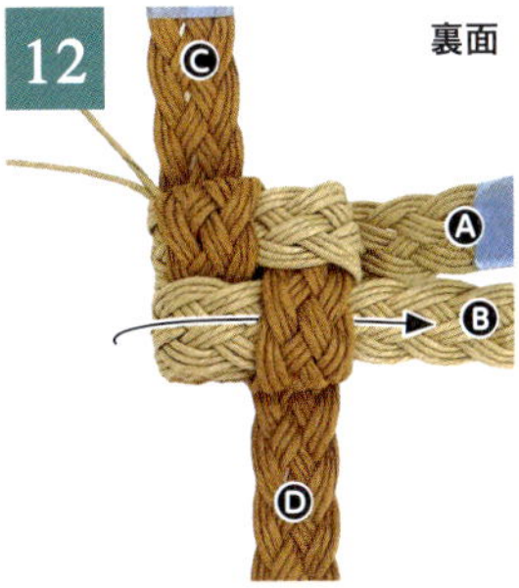

Ⓑを折り、10と同様に通す。

13

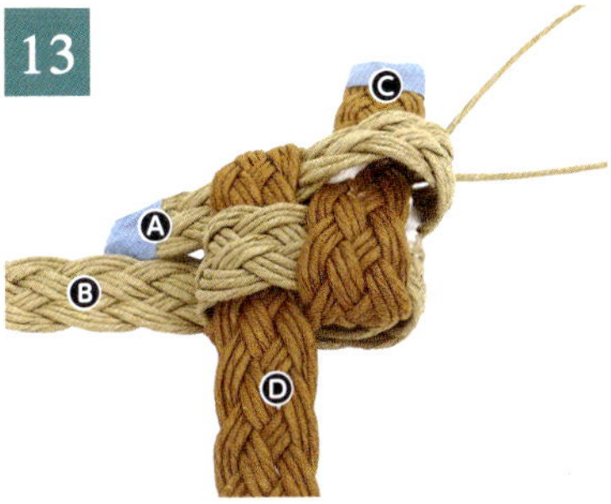

表に返す。Ⓐをゆるめ、内側にボンドを付ける。

14

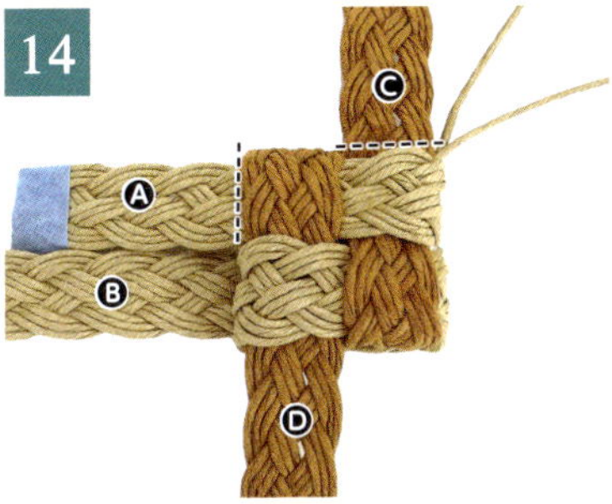

Ⓐを引き締める。ボンドが乾いたらⒶⒸの余分をカットし、ⒷⒹのマスキングテープをはがす。

15

ⒷⒹを根元までほどく。

16

留め紐にボンドを付け、ⒷⒹの根元を巻く。＊

17

ⒷⒹを留め紐から約9cmにカットする。

18

完成！

No (07) 丸底の持ち手付きかご

Photo → P.19

材料：クラフトバンド★★・ループ・ブレードコード

材料と寸法

底紐	50㎝×8本(9本幅)	パステルクッキー
底編み紐	800㎝×1本(2本幅)	パステルクッキー
差し紐①	22㎝×16本(8本幅)	インディゴブルー
編み紐①	175㎝×2本(4本幅)	パステルクッキー
編み紐②	60㎝×2本(4本幅)	インディゴブルー
編み紐③	60㎝×3本(8本幅)	パステルグレー
編み紐④	125㎝×2本(4本幅)	パステルクッキー
編み紐⑤	60㎝×1本(9本幅)	インディゴブルー
差し紐②	3㎝×16本(9本幅)	パステルクッキー
飾り紐	120㎝×2本(2本幅)	インディゴブルー
持ち手紐①	20㎝×2本(8本幅)	インディゴブルー
持ち手紐②	16㎝×2本(8本幅)	インディゴブルー
持ち手巻き紐	150㎝×2本(2本幅)	インディゴブルー
縁紐①	55㎝×1本(12本幅)	インディゴブルー
縁紐②	60㎝×1本	ループ インディゴブルー
縁紐③	60㎝×1本	ブレードコード インディゴブルー

必要な長さ

パステルクッキー	15m48㎝
インディゴブルー	8m69㎝
パステルグレー	1m80㎝
ループ インディゴブルー	60㎝
ブレードコード インディゴブルー	60㎝

完成サイズ

※P.1 掲載色

作り方

＊＝わかりやすいように紐の色を変えて説明しています。

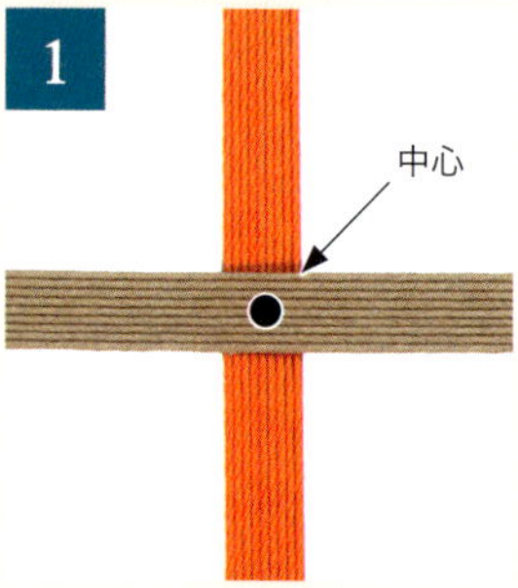

底紐2本の中心を合わせ、ボンドで十字に貼る（4組作る）。＊

1の2組を間隔を均等に重ねて貼る（2組作る）。

2の2組を間隔を均等に重ねて貼る。

底編み紐を中心で折り、写真の位置に掛ける。＊

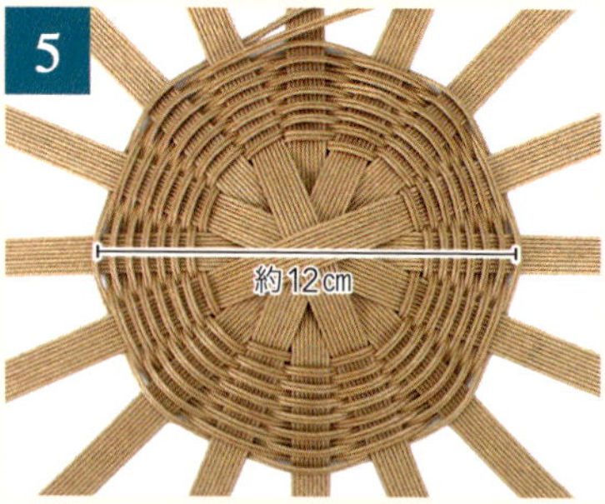

追いかけ編みを7周編む（P.11）。

差し紐①の先端を丸くカットし、底紐の間に貼る。

続けて、追いかけ編みを3周編む。

8

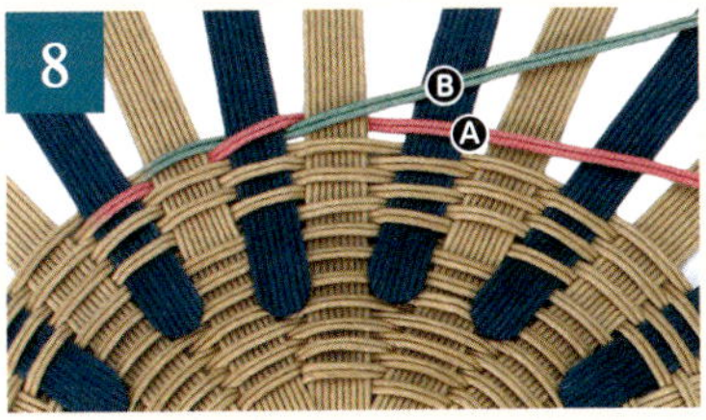

ⒶとⒷを交差させて右隣に掛ける。＊

9

ねじり編みを1周編む（P.11）。

10

編み終わりはボンドを付けて編み目に差し込み、余分をカットする。＊

11

紐を立ち上げる。

12

編み紐①2本の先端にボンドを付け、写真の位置に差し込む。＊

13

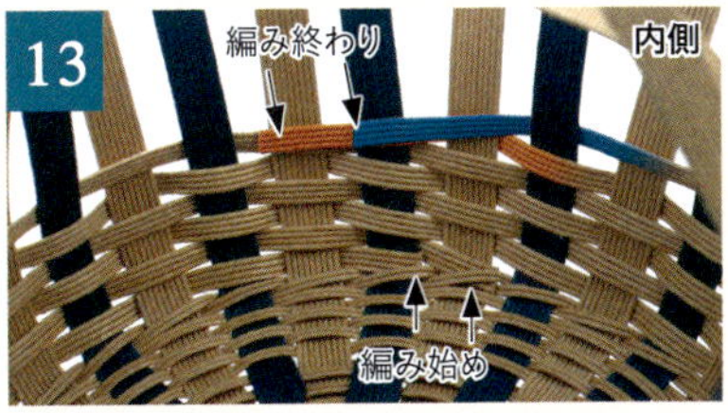

追いかけ編みを3周編む。編み終わりは余分をカットし、ボンドを付けて編み紐①の内側に貼る（底紐には貼らない）。＊

14

編み紐②で1段・編み紐③で3段・編み紐②で1段、交互に編む（平編み・P.10）。

15

編み紐④2本の先端を内側に重ねて写真のように貼る。＊

16

下の紐を2本先、上の紐を3本先から外側に出し、追いかけ編みを編む。

17

2周編む。編み終わりは余分をカットし、ボンドを付けて内側に貼る。＊

18

編み紐⑤で1段交互に編む。隙間を詰め、形を整える。

19

写真の位置の差し紐①4本を残し、最上段を包むように紐を前後に折る。

20

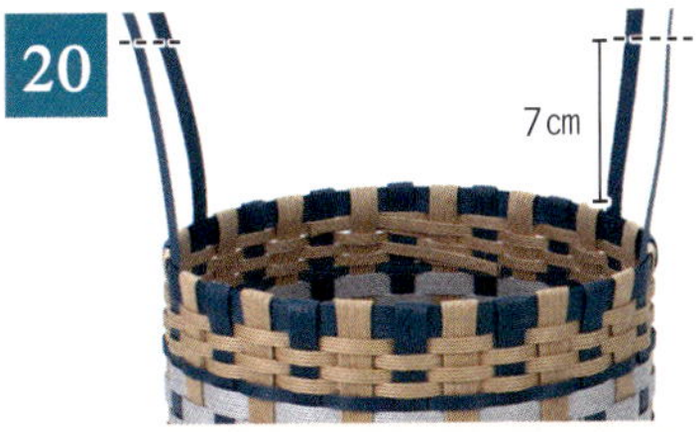

折った紐の余分をカットし、下段に差し込む。残した紐を最上段から7cmにカットする。

21

差し紐②にボンドを付け、差し紐①の上に最上段から5段目まで差し込む。＊

22

1周同様にする。

飾り紐の先端にボンドを付け、上から6段目の差し紐①の下に左から差し込む。＊

右下がりに通し、隣の差し紐①に右から差し込む。

右上がりに通し、隣の差し紐①に右から差し込む。

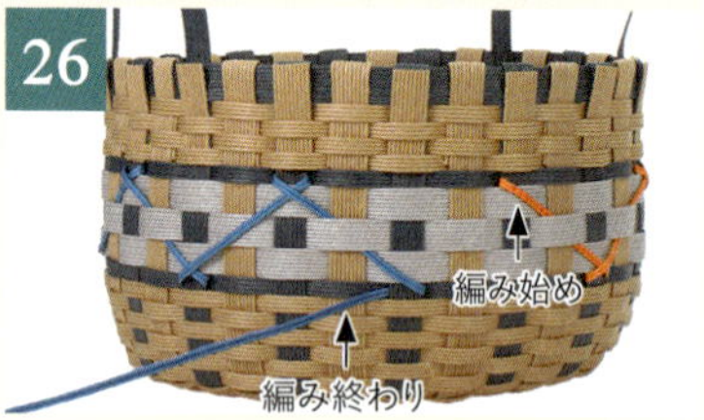

24・25を繰り返す。＊

編み終わりを右上がりに通し、編み始めの下に通す。

ボンドを付けて編み始めと同じ紐に右から差し込み、余分をカットする。

残りの飾り紐の先端にボンドを付け、23の隣に差し込む。＊

24〜28と同様に1周する。

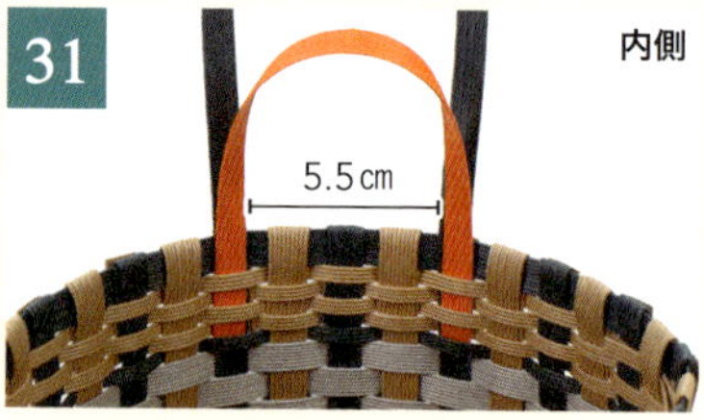

持ち手紐①の両端にボンドを付け、残した紐の内側の上から6段目まで差し込む。＊

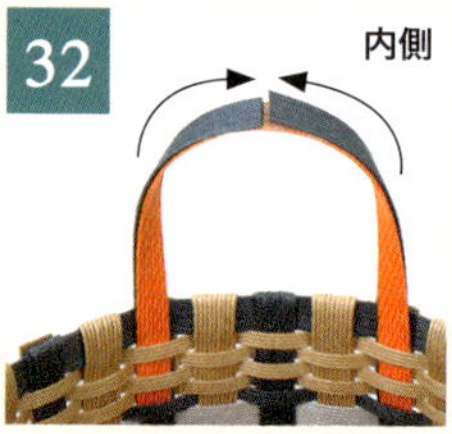

残した紐を突き合わせに貼る。

持ち手紐②を外側に重ねて貼る。＊

持ち手巻き紐の先端にボンドを付け、持ち手の根元の内側に貼る。＊

反対側まで隙間なく巻く。巻き終わりは余分をカットし、根元の内側に貼る。反対側も同様に持ち手を付ける。

縁紐①を最上段の下端に合わせ、内側に貼る。＊

縁紐②を持ち手の部分を避けてカットしながら1周貼る。＊

縁紐③の先端をほどけないようにボンドを付けてからV字にカットし、外側に貼る。＊

完成！

No (08) 四つだたみ編みのシンプルコースター

Photo → P.20

材料：クラフトバンド★★

材料と寸法

横紐　55cm×5本(6本幅) ………… ピーチツリー
縦紐　55cm×5本(6本幅) ………… ピーチツリー

必要な長さ

ピーチツリー ………………… 3m30cm

完成サイズ

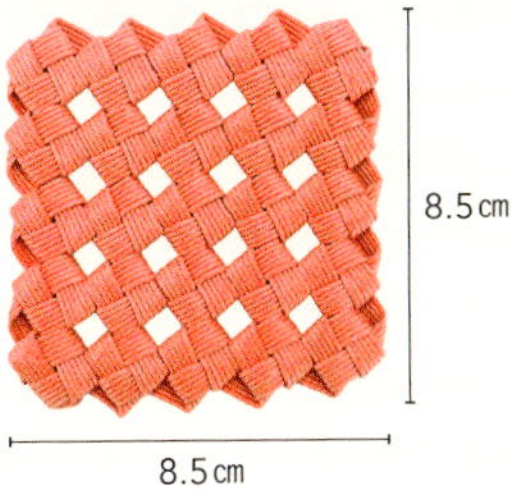

作り方

＊＝わかりやすいように紐の色を変えて説明しています。

逆 ＝四つだたみ編みの逆編み

1

横紐と縦紐の中心で四つだたみ編みを1コマ編む(P.12・逆編み)。

2

★＝最初の1コマ

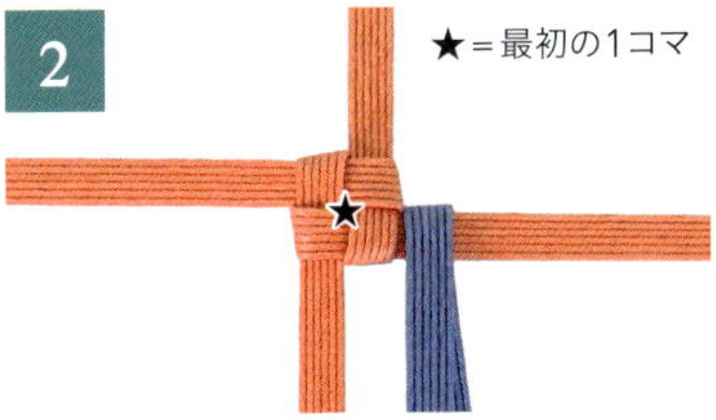

中心で折った縦紐を右隣に掛ける。＊

3

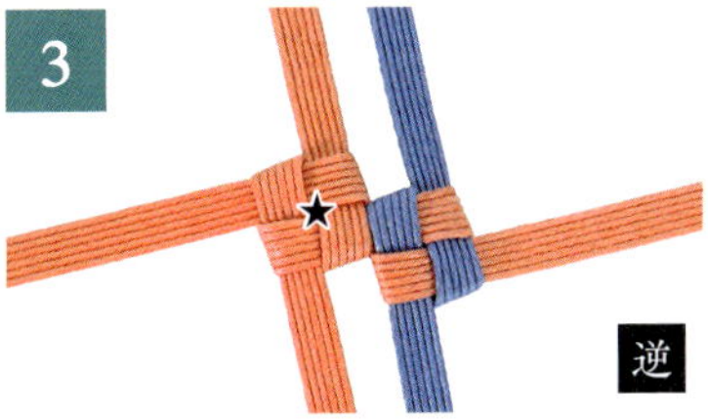

2コマ目を編む(逆編み)。

4

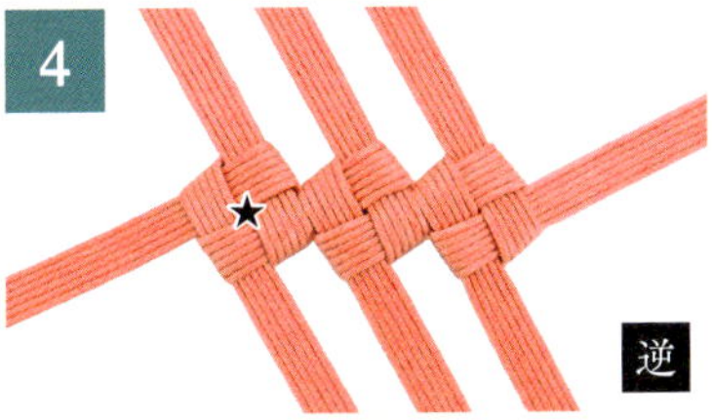

同様に3コマ目を編む(逆編み)。

5

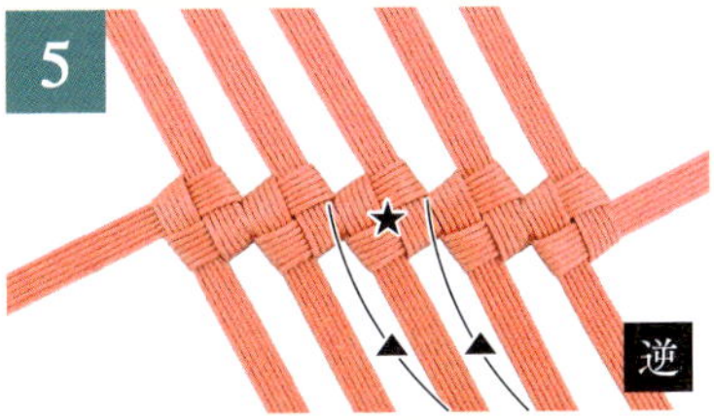

180度回転し、▲の長さを揃えた縦紐で★の右側に2コマ編む(逆編み・計5コマ)。

6

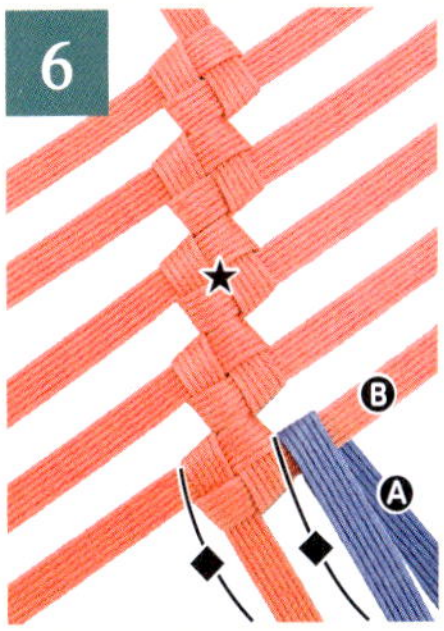

90度回転し、◆の長さを揃えて折った横紐(A)を、一番下のコマの右隣に掛ける。＊

7

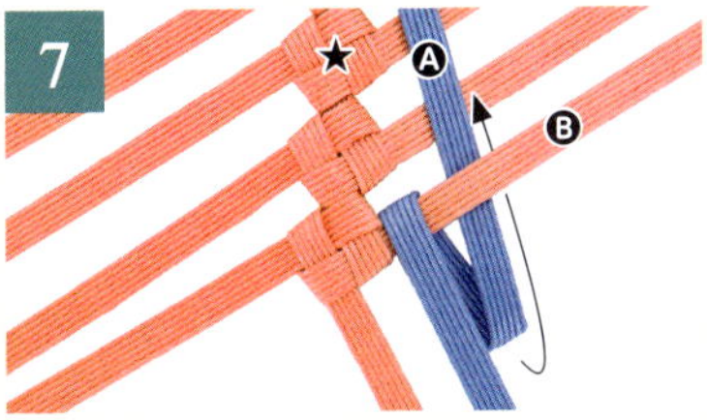

Aを手前に曲げ、Bの後ろに通して輪を作る。

8

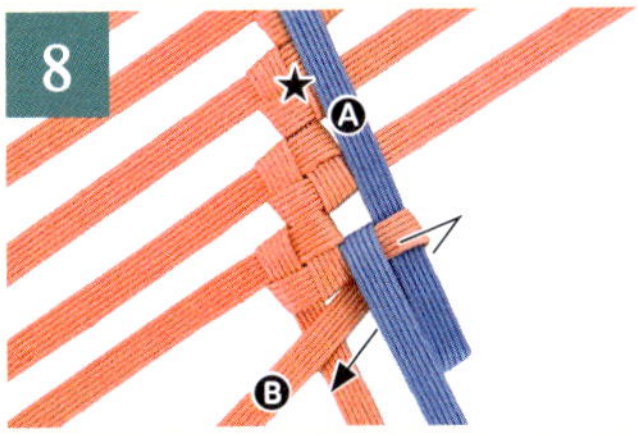

BをAの後ろに折る(ここから基本編み)。

9

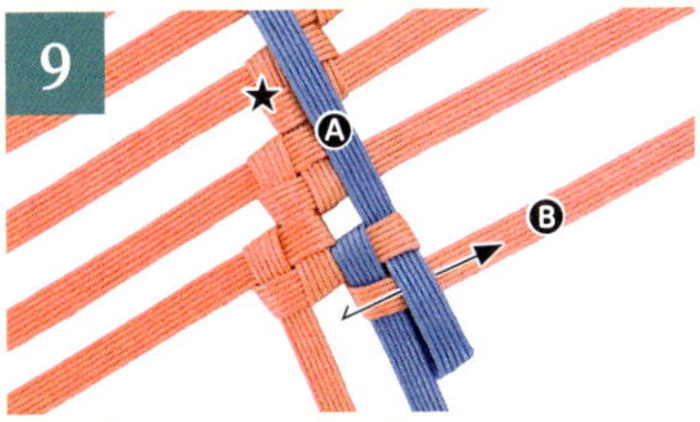

Bを手前に折り、Aの輪に通す。

10

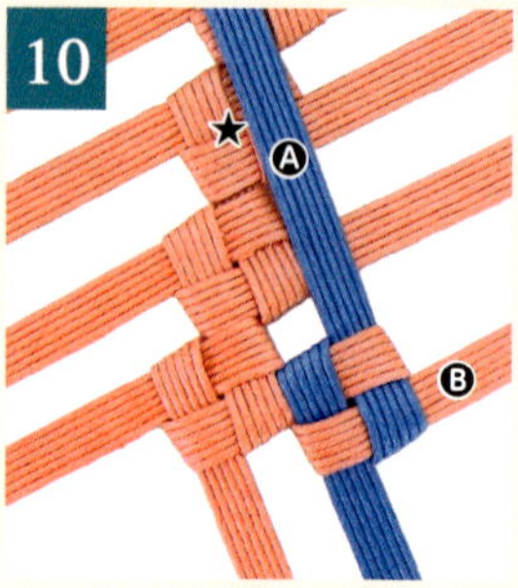

引き締める。

11

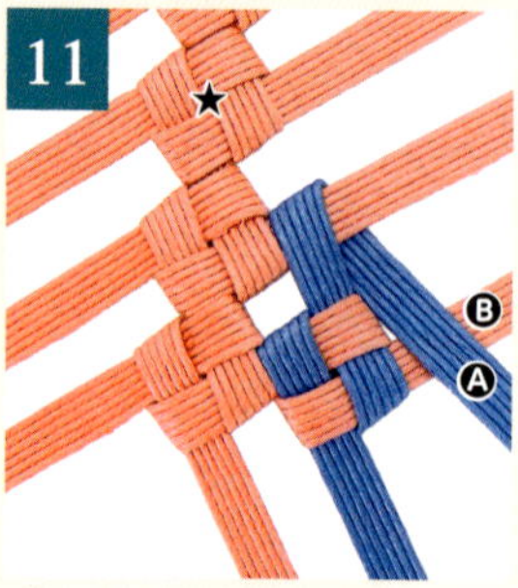

Ⓐを上の段に掛ける。

12

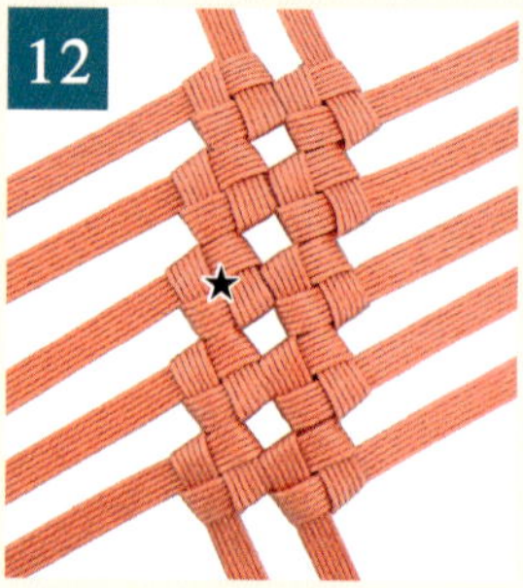

7〜11を繰り返し、上方向に編み進める。写真は2列目を編んだところ。

13

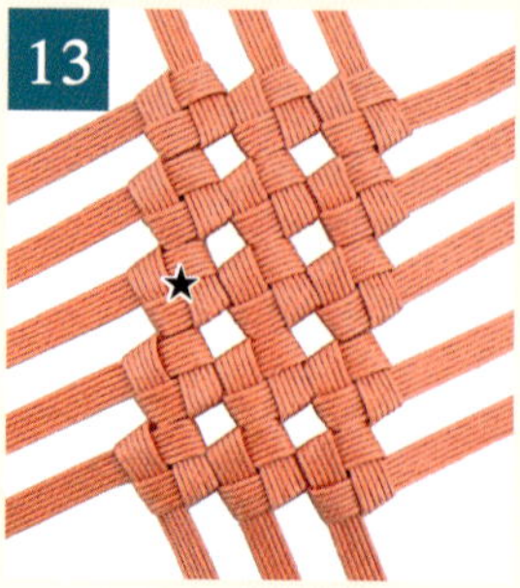

6〜12と同様に横紐でさらに1列編む(計3列)。

14

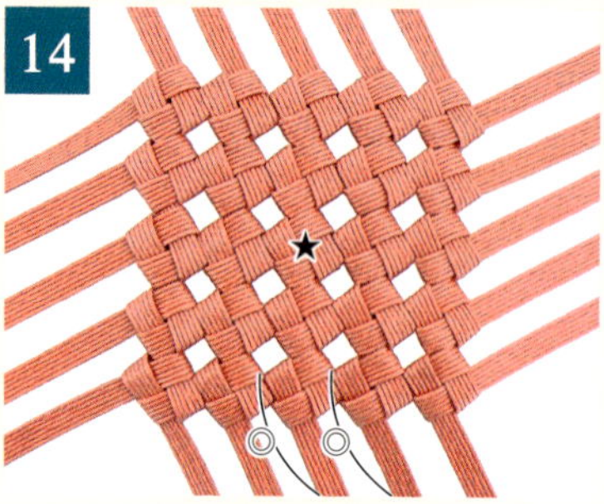

180度回転し、◎の長さを揃えた横紐で★の右側に2列編む(計5列)。

15

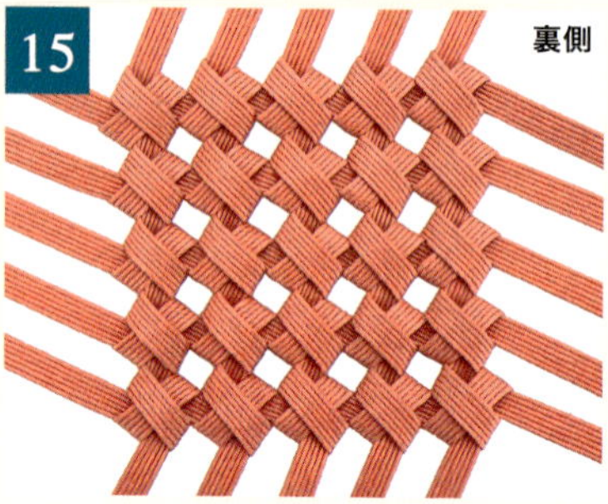

裏返す。

16

上側の4本の紐を左のコマに差し込み、余分をカットする。＊

17

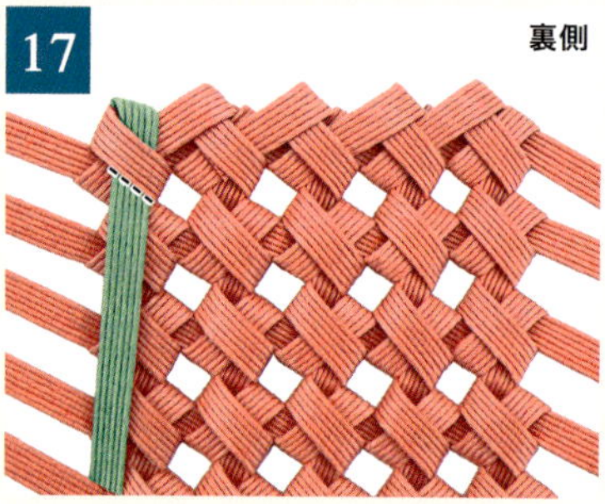

左端の紐を下に差し込み、余分をカットする。＊

18

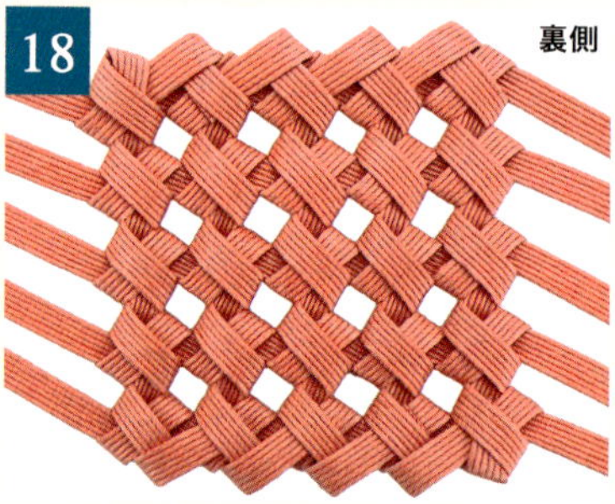

下側の紐を16・17と対称に差し込み、余分をカットする。

19

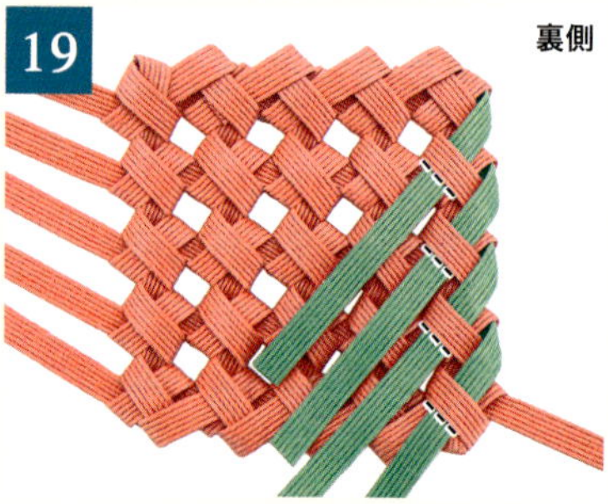

右側の4本の紐を下のコマに差し込み、余分をカットする。＊

20

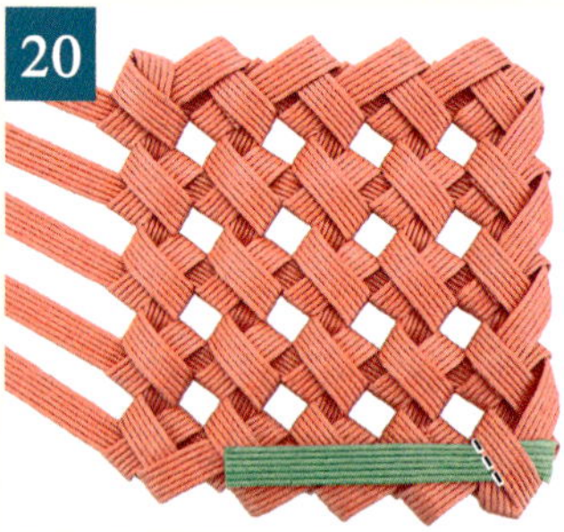

一番下の紐を左に差し込み、余分をカットする。＊

21

左側の紐を19・20と対称に差し込み、余分をカットする。キリフキで水を掛け、成形して乾かす。

22

\ Finish /

完成！

No (09) 四つだたみ編みの縁ラインバッグ

Photo → P.20

材料：クラフトバンド★★★

材料と寸法

横紐	290cm×7本（4本幅）……キャラメル
縦紐	220cm×23本（4本幅）……キャラメル
編み紐①	265cm×18本（4本幅）……キャラメル
編み紐②	240cm×1本（3本幅）……ブラウン
持ち手紐	90cm×8本（6本幅）……ブラウン

必要な長さ

キャラメル……42m20cm
ブラウン……6m

完成サイズ

作り方

＊＝わかりやすいように紐の色を変えて説明しています。

逆＝四つだたみ編みの逆編み

横紐と縦紐の中心で四つだたみ編みを1コマ編む（P.12・逆編み）。

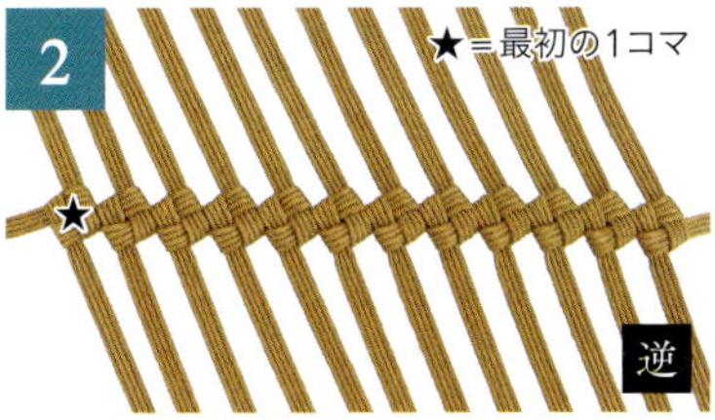

中心で折った縦紐で、右側に11コマ編む（逆編み・計12コマ）

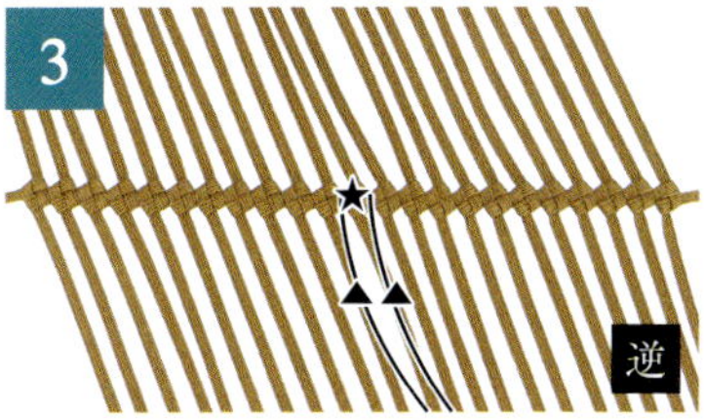

180度回転し、▲の長さを揃えた縦紐で★の右側に11コマ編む（逆編み・計23コマ）。

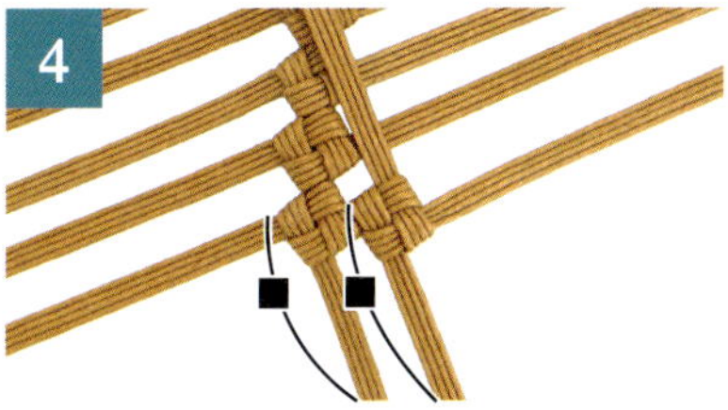

90度回転し、■の長さを揃えて折った横紐を一番下のコマの右隣に掛けて1コマ編む（ここから基本編み・P.43 6〜P.44 10）。

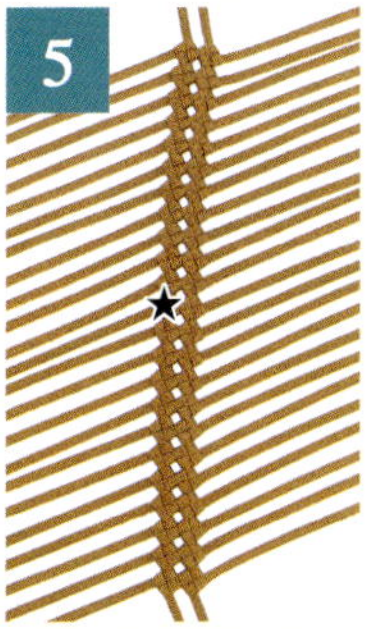

上方向に編み進める。2列目を編んだところ。

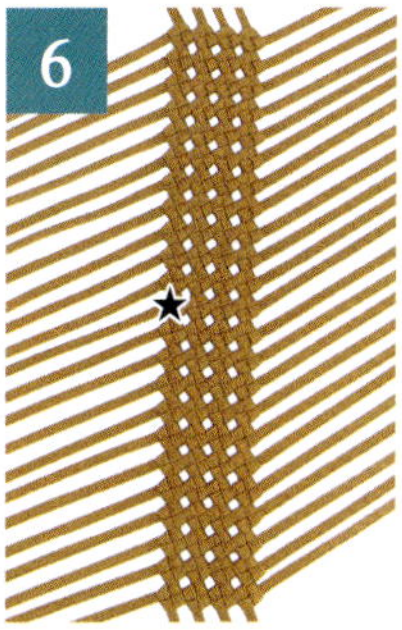

同様に横紐でさらに2列編む（計4列）。

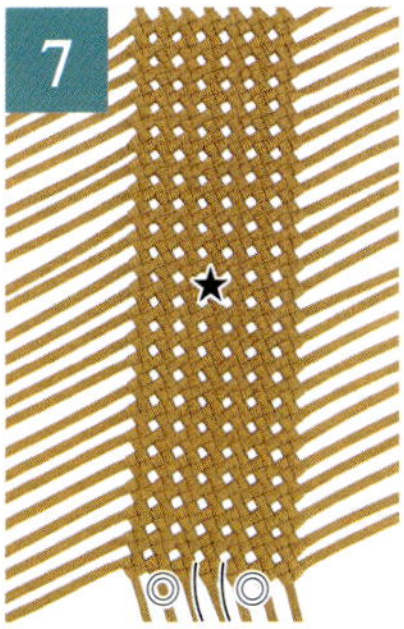

180度回転し、◎の長さを揃えた横紐で★の右側に3列編む（計7列）。

裏返し、紐を立ち上げる。縦紐が正面に来るように向きを変える。

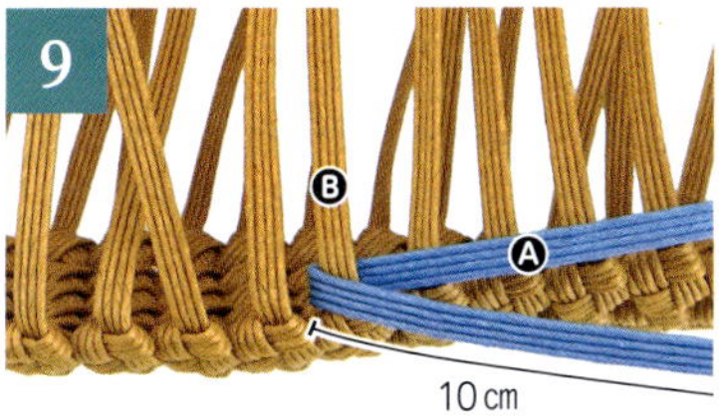

スタート位置は角を避け、端から10cmのところで折った編み紐①を掛ける。
＊

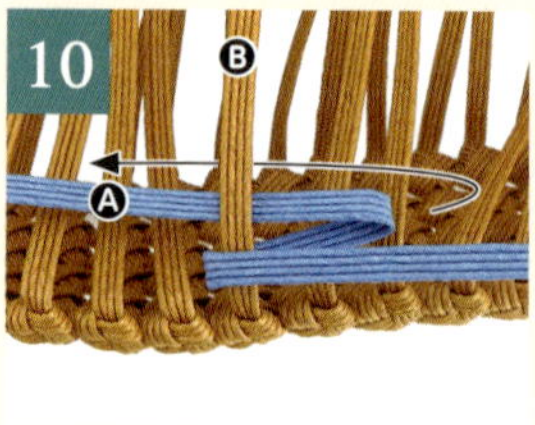

Ⓐを手前に曲げ、Ⓑの後ろに通して輪を作る。

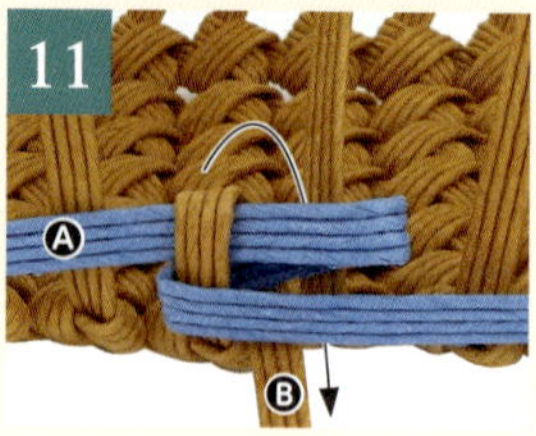

Ⓑを後ろに折り、下の隙間から手前に出す。

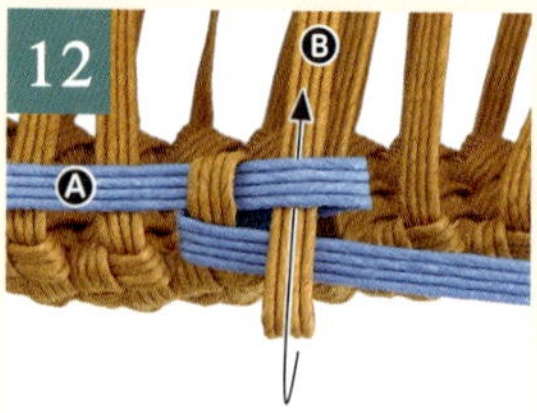

ⒷをⒶの輪に通す。

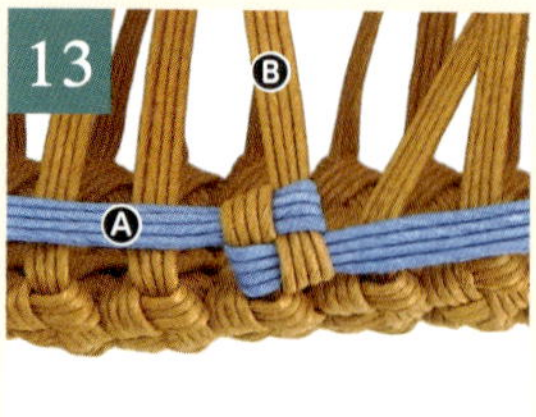

底との隙間を詰めて引き締める。

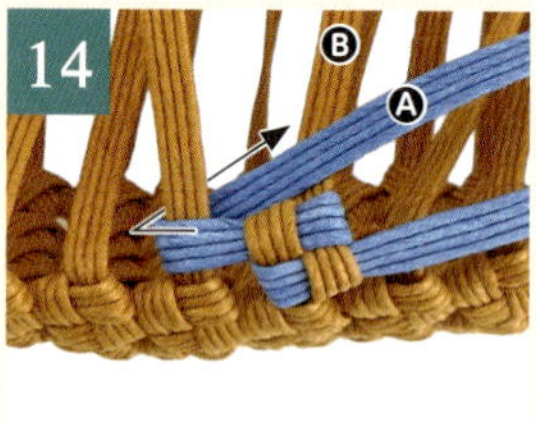

Ⓐを左隣に掛け、同様に四つだたみ編みを編む。

左方向に編み進める（角の穴は三角形になる）。

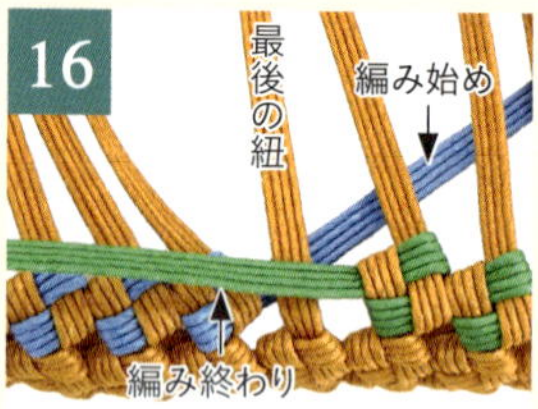

最後の紐を残して1周する。
＊

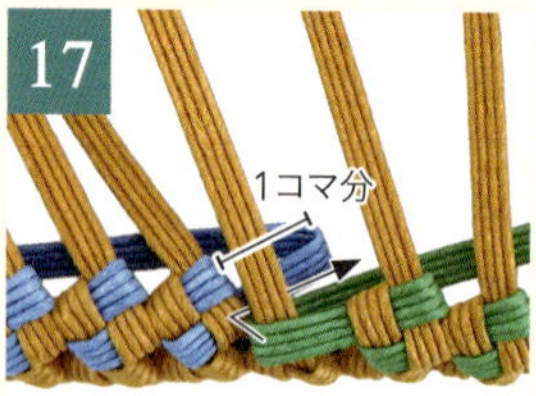

編み終わりの紐を最後の紐に掛ける。編み始めの紐は、1コマ分の幅で後ろに折る。

最後の紐で編み始めと編み終わりの紐をまとめるように巻き、下の穴から外側に出す。

出した紐を編み始めの紐の輪に通す。

引き締める。

編み始めと編み終わりの紐を両サイドに2コマずつ差し込み、余分をカットする。

1段目を編んだところ。

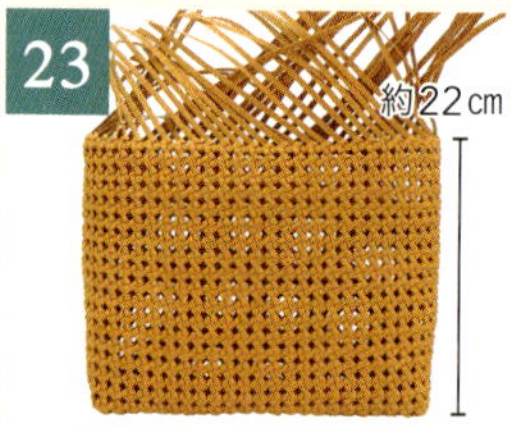

角を避けてスタート位置を変え、編み紐①で計18段編む。

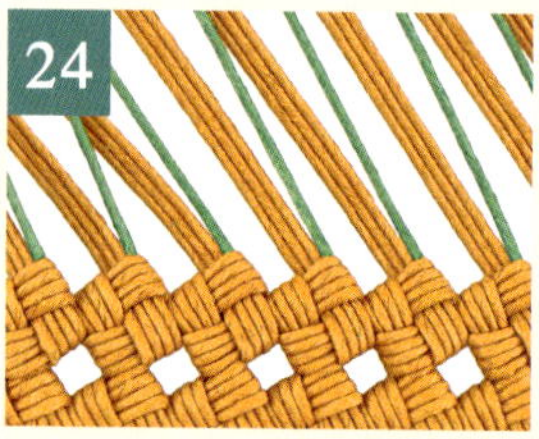

すべてのコマから出ている紐の右端を1本幅分割く。
＊

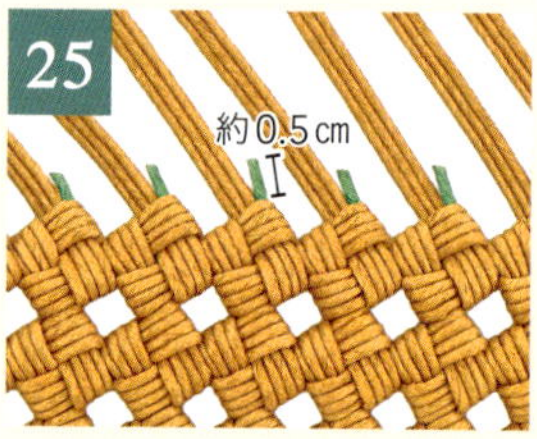

1本幅の紐を約0.5cmにカットする。

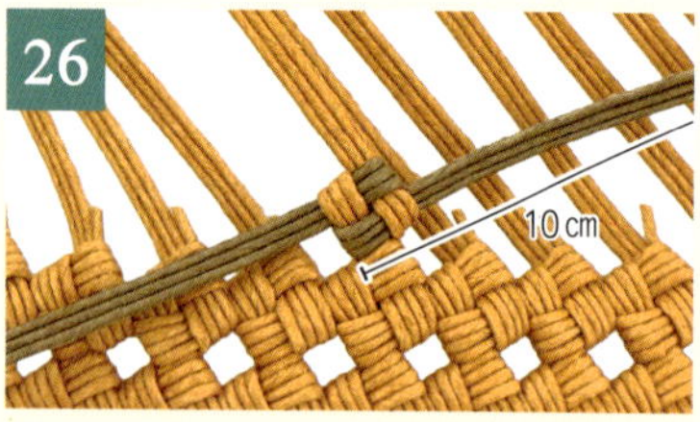

端から10cmのところで折った編み紐②を掛け、1本幅の紐を巻き込みながら1コマ編む。

26と同様に編み紐②で1周編み、16〜21と同様に始末する。

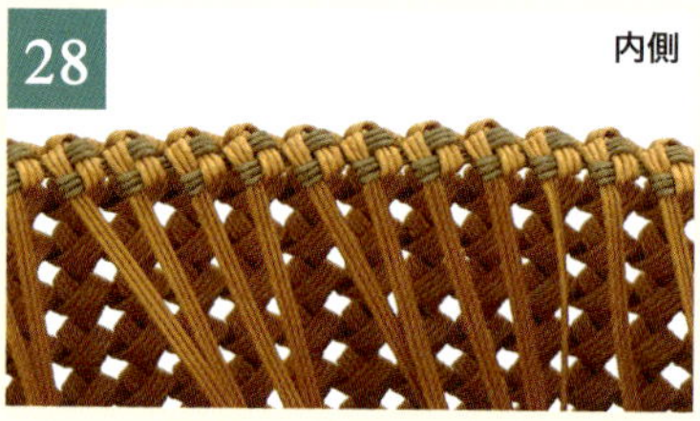

最上段を内側にしっかりと折る。

29

紐を下段に差し込む。

30

もう一度同じコマに差し込む。

31

引き締める。さらに下段に差し込み、余分をカットする。

32

1周同様にする。キリフキで水を掛け、成形して乾かす。

33

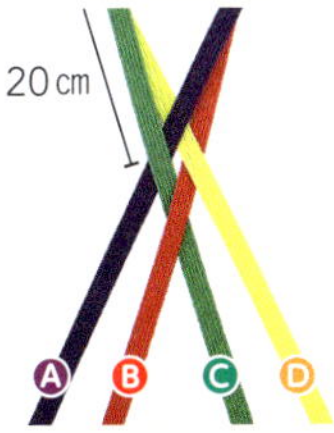

持ち手紐4本の端を20cmずつ残し、井桁に組む。＊

34

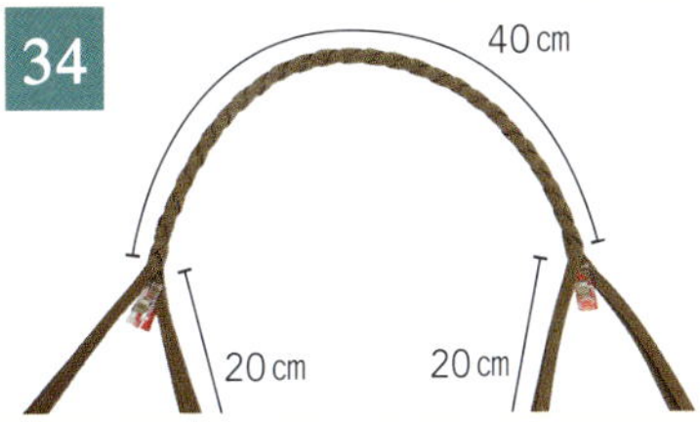

P.74の44〜48を参照し、キリフキで水を掛けて引き締めながら、4本丸編みを40cm編む（2本作る）。

35

34の紐を4本に分ける。1番上と2番目・角から4つ目と5つ目の穴に差し込む。

36

引き締める。

37

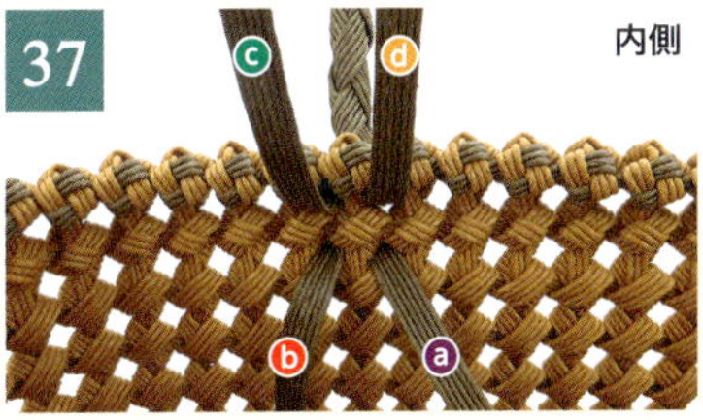

内側に向きを変える。

38

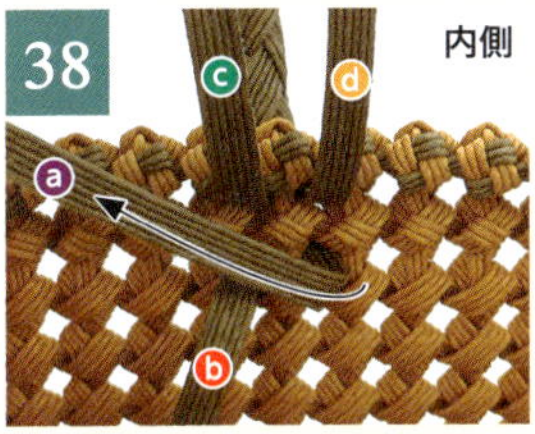

ⓐをⓑとⓒの間に折る。

39

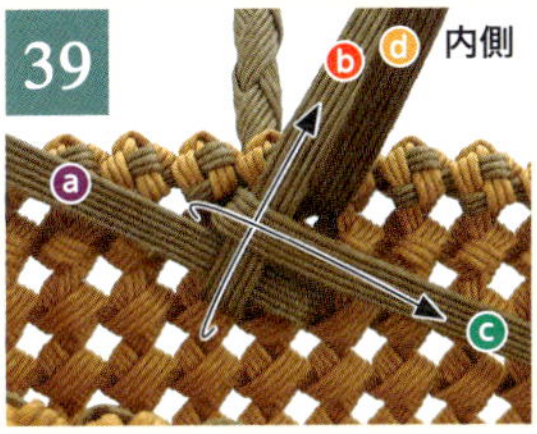

ⓑ・ⓒの順に折る。

40

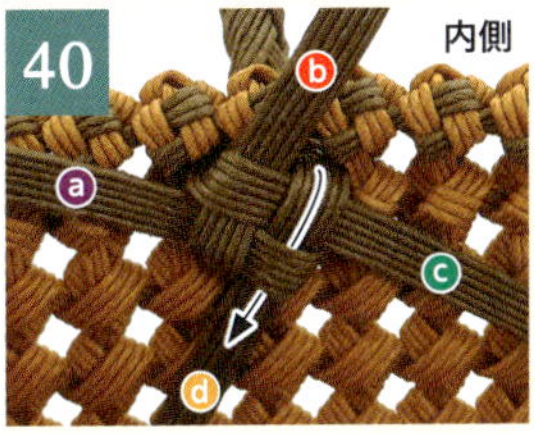

ⓓをⓐの下に通し、引き締める。

41

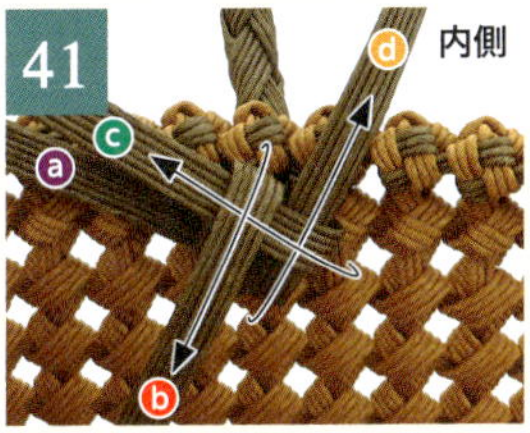

ⓓ・ⓒ・ⓑの順に折る。

42

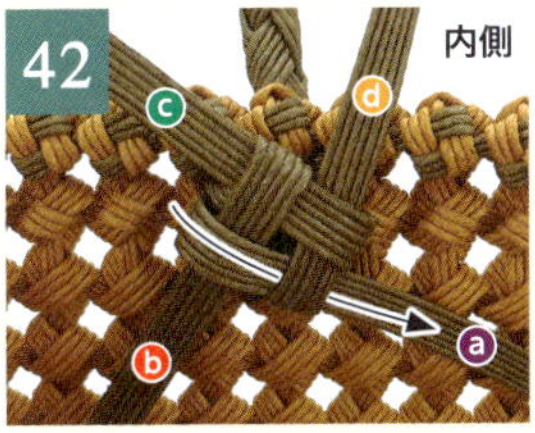

ⓐをⓓの下に通し、中心の穴にボンドを付ける。

43

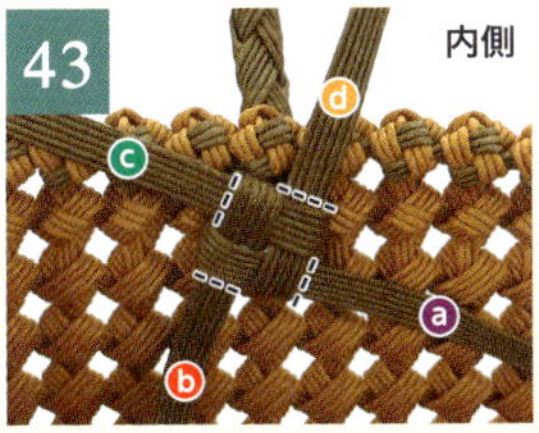

引き締め、余分をカットする。

44

反対側と背面も同様に持ち手を付ける。

45

\ Finish /

完成！

PPバンド

軽くて丈夫な
PPバンドを使うと
発色が鮮やかで、
水濡れに強い作品が作れます。

使用する材料と必要な道具

（PPバンド）

PPバンドは、ポリプロピレン素材の紐です。丈夫で耐水性があります。
この本ではM's Factoryで取り扱っているPPバンドを使用しています（色見本はP.109〜110）。色や厚み、質感などが異なるさまざまな種類があります。

● 基本のPPバンド（単色／ストライプ）

手芸用PPバンド。紐は軽く、荷造りや梱包用に使用されるほど丈夫です。鮮やかな発色の単色カラーの他、ライン入りのストライプカラー、金属風の光沢があるメタリックカラー、しなやかな質感のGタイプなどがあります。

幅：約1.3〜1.6㎝

● シルクリボンシリーズ

シルクのような光沢が美しいPPバンド。紐はしなやかで、基本のPPバンドよりも薄く軽い質感です。

幅：約1.5㎝

● 大理石PP

大理石柄のPPバンド。紐は薄くしなやかですが、硬い質感。少量使うだけで作品に高級感が出ます。他のPPバンドと組み合わせての使用や、模様部分として差し込み使用がおすすめです。

幅：約1.5㎝

● ウッドスタイル

木目調で、しっかりとした質感のPPバンド。北欧風や高級感のある仕上がりになります。〈M〉と〈W〉の2種類の幅があります。

幅：〈M〉約1.4㎝ 〈W〉約3㎝

（必要な道具）

作品を編むときに使う主な道具です（＊マークはM's Factory取り扱いアイテム）。その他の道具は、各レシピページ（作り方）の記載に沿って準備してください。

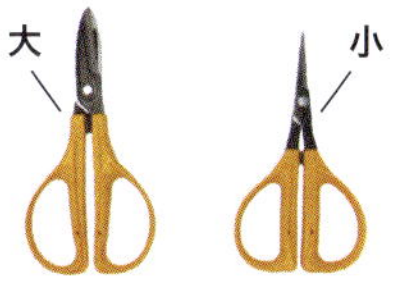

● クラフト軽量ハサミ＊

通常のハサミよりも切れ味がよい手芸用のハサミ。PPバンドをカットするときに使います。

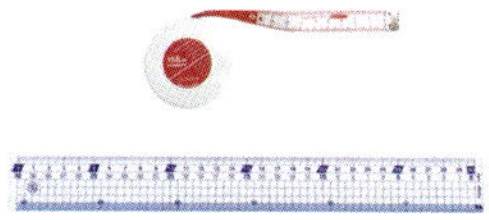

● メジャー＊、定規

PPバンドの長さやかごのサイズを測るときに使います。定規は紐を垂直に立ち上げるときにも使います。

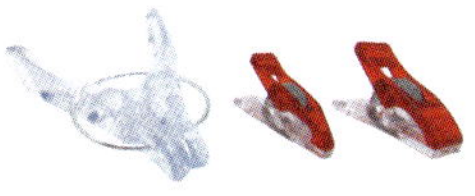

● 洗濯バサミ、仮止めクリップ＊

編んでいる最中にPPバンドを押さえるのに使います。

● マスキングテープ＊

PPバンドを仮止めするときなどに使います。

※ウッドスタイルで作る場合は、養生テープの使用がおすすめです。

（あると便利な道具）

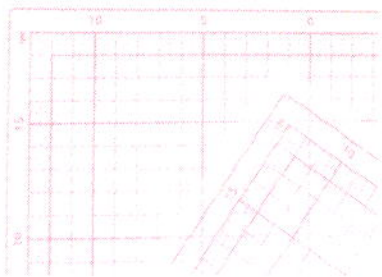

● 方眼ボード＊

作品の底を編むときに、紐を直角に揃えられます。

● 文鎮＊

作品の底を編むときに、紐を押さえるのに役立ちます。

【エムズオリジナル】

● PPハンディカッター＊

PPバンドを1/2・1/3・1/4幅にカットできます。

● 透明ビニールチューブ＊

持ち手に使用します。

● ポリプロピレン用接着剤（プラスチック用）＊

PPバンドを接着できます。

※使用の際には取り扱いの注意点を必ずお読みください。

基本のテクニック

制作しやすくなり、きれいに仕上げられるテクニックです。

PPバンドの割き方

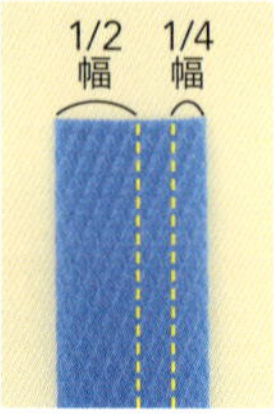

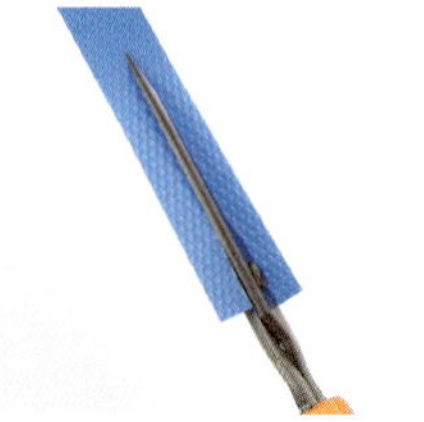

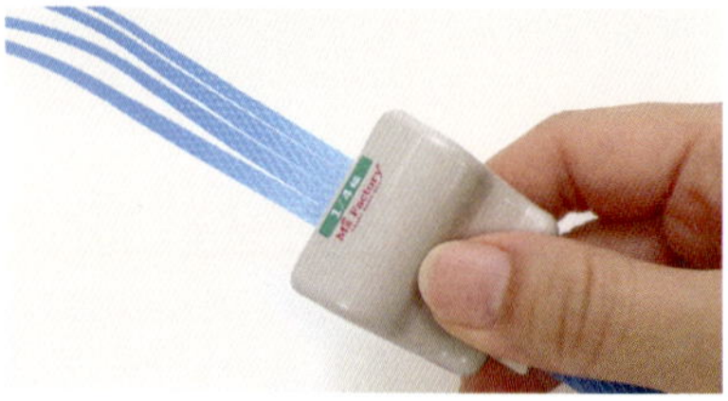

1/2幅や1/4幅などの表記がある紐は、ハサミなどで必要な幅にまっすぐ切り分けてから使います。【エムズオリジナル】PPハンディカッターを使用すると簡単・安全にカットできます。

巻きぐせのとり方

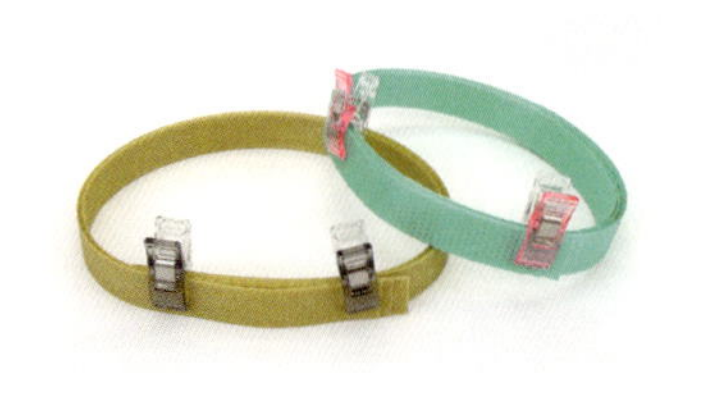

紐の巻きぐせが強い場合は、逆巻きにしてクリップで留め、しばらく置いてくせをとります。または、紐を平らに伸ばして数日間重しをしておきます。

底面を編む

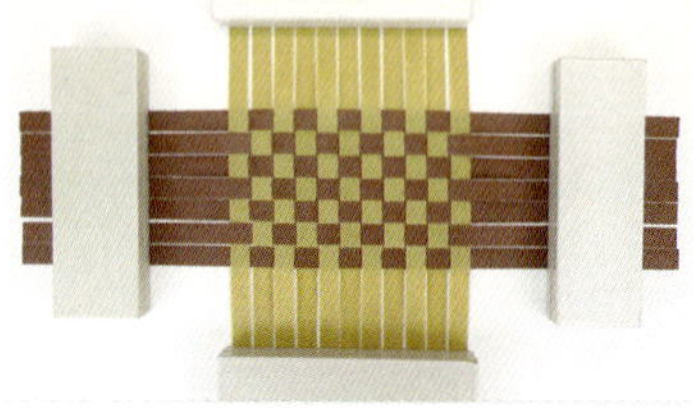

底を編むときは、紐がずれたり反り返ったりしないように文鎮などで重しをすると作業がしやすいです。

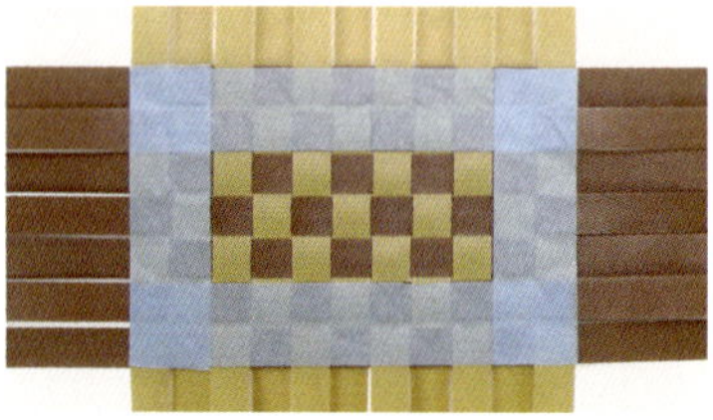

底を編んだら、四方をマスキングテープで留めてずれないようにします。側面を編み、底面の紐が動かない状態になれば、はがしてOK。

編み紐で編む

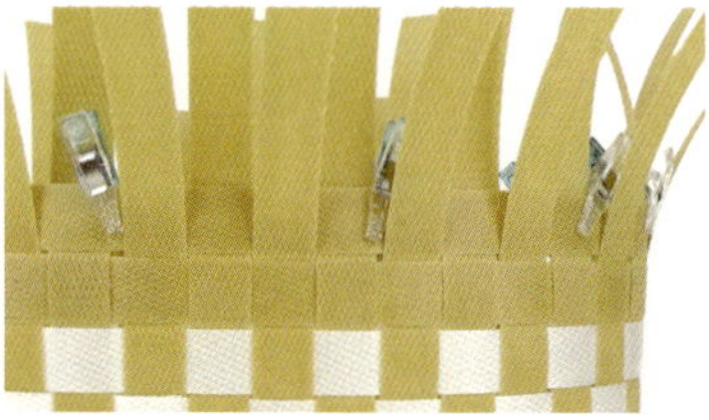

編み紐で編むときは、数段編むごとに隙間を詰め、紐がずれたり浮き上がったりしないように所どころクリップで留めて押さえながら編みます。

PPバンドの通し方

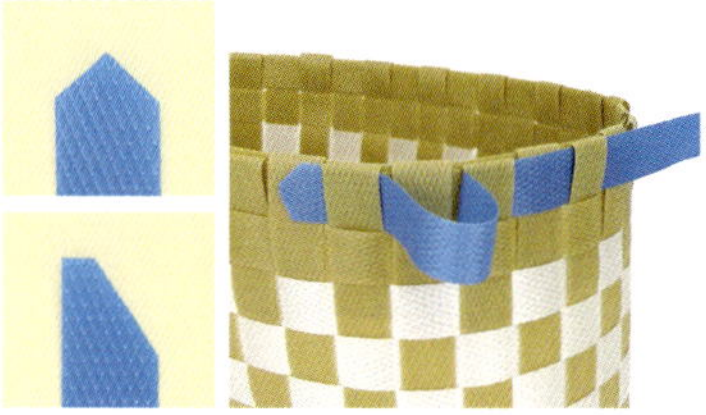

紐を編み目に通すときは、先端をV字や斜めにカットすると編み目に引っかからずに通しやすくなります。

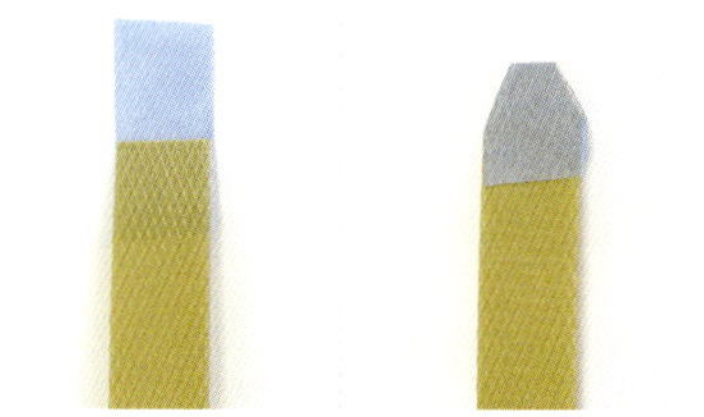

紐を編み目に通すときに割けるのを防止したい場合は、先端を包むようにマスキングテープを貼って補強し、角をカットします。

紐が何重にもなっていて通しづらい箇所は、余ったPPバンドなどを逆側から差し込んで隙間を広げると通しやすくなります。

余分をカットする

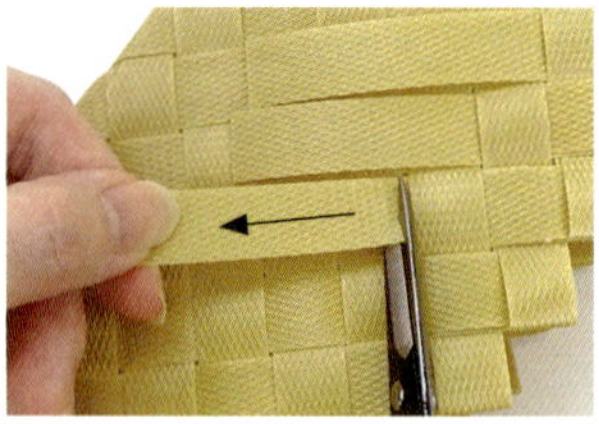

紐を編み目に差し込んだ後に余分をカットする場合は、紐を引きながらカットすると反動で紐が少し戻り、切り口が編み目に隠れます。

頑丈な縁の編み方

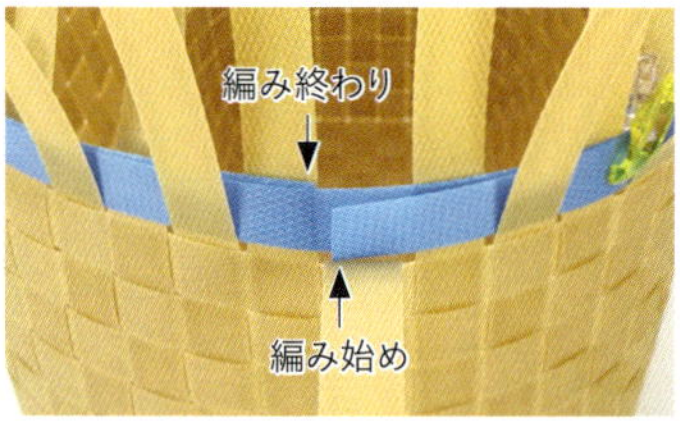

縁をしっかりさせたい場合は、最上段の編み紐を二重に入れます。シルクリボンシリーズ（P.49）は紐が柔らかいので、レシピの寸法を調整し、二重にするのがおすすめです。

基本の編み方

この本でよく使う「四つ目編み」の編み方を解説します。

四つ目編み

1段ごとに交互に編む、PPバンドの基本的な編み方。

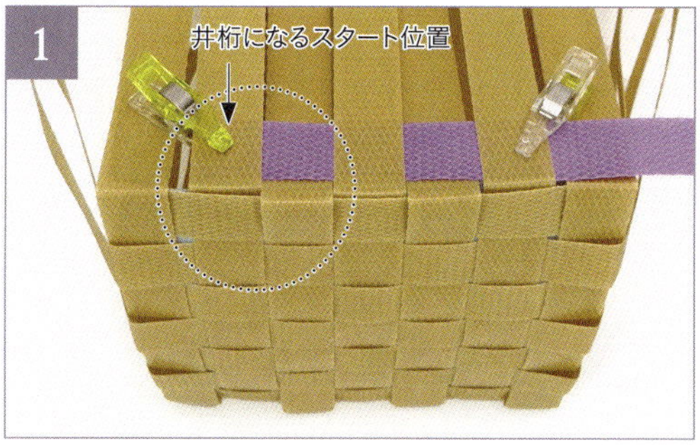

1段目は底と井桁《いげた》になる位置からスタートする。編み紐を縦紐の裏にクリップで留め（接着剤は付けない）、右方向に交互に編む。

井桁とは…
井の字のように組み、紐が互い違いになる状態のこと。

× NG

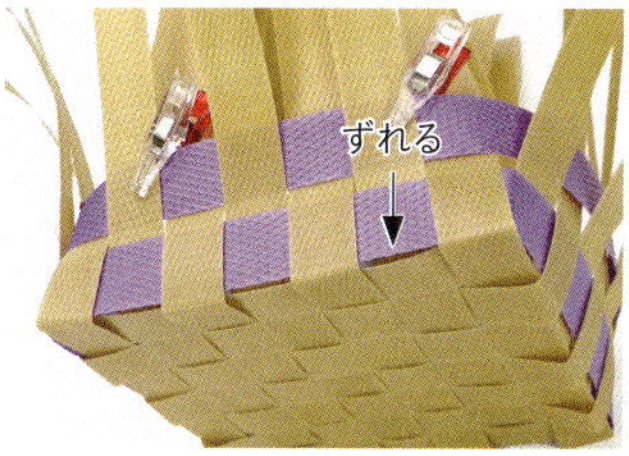

スタート位置を間違えて井桁になっていない
紐同士がかみ合わずに編み紐がずれる。見た目が悪い上に強度も低く、作品が長持ちしない。

角は1段目のみ軽く折り目を付け、所どころ洗濯バサミで編み紐を押さえながら編み進める。※作品によっては全段折り目を付けて編む場合もあります。

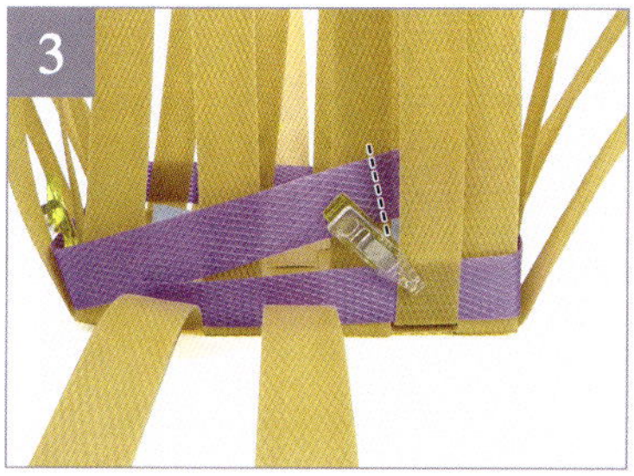

1周し、編み始めと編み終わりを縦紐4本分重ね、余分をカットする（接着剤は使用しない）。

内側・外側ともに、つなぎ目は縦紐に隠れ、見えなくなる。

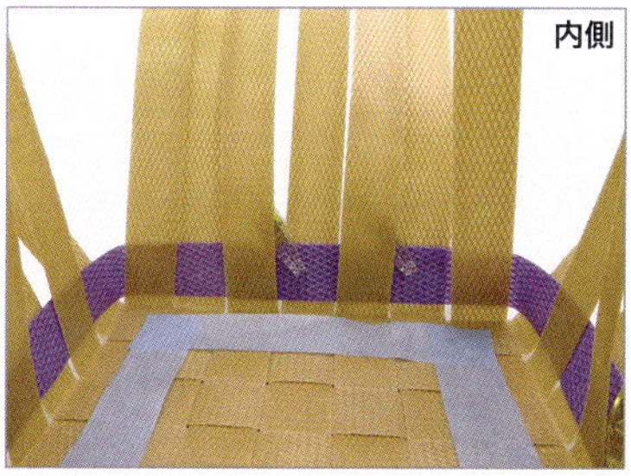

内側から見たところ。

編み紐のスタート位置を変え、下段と編み目が交互になるように2段目を編む。

Point

紐のつなぎ目を隠さずに始末すると、見た目も悪く、物が引っかかることがあるため、使いづらくなります。編み紐の始末は必ずつなぎ目を隠しましょう。
きれいに仕上げるために、前の段と違う面からスタートし始末の位置を変えましょう。

No
(10)

ストライプ柄で
雰囲気を変えて

PPバンドの基本がわかるシンプルバッグ

作り方 → P.65

上(左)
[Kタイプ]STベージュ
着脱ホック式持ち手-ベージュ

上(右)
[Kタイプ]紅
着脱ホック式持ち手-焦茶

右
黒
着脱ホック式持ち手-ベージュ

No (11) 編み目模様のかご

ちょっとしたものを入れるのに便利

作り方 → P.69

上
アイボリー
シルクリボンシリーズ〈14〉

右・P.48
MSクリーム
[Kタイプ]れんが

右
MSミルクココア
[Kタイプ]アップル

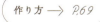

No (12)

持ち方をいろいろと楽しめる

花柄のミニショルダーバッグ

作り方 → P.71

上

黒
[K タイプ]シャドーシルバー
合皮ショルダー持ち手(ブラック)

右・表紙・P.48

アイボリー
MSミルクココア
合皮ショルダー持ち手(茶)

右

MS紺
シルクリボンシリーズ〈9〉
合皮ショルダー持ち手(ベージュ)

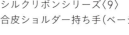

No

(13) 洗面所やキッチンの小物入れに ギザギザの小さなかご

作り方 → P.76

下(左)・表紙

白
シルクリボンシリーズ〈1〉
シルクリボンシリーズ〈2〉
シルクリボンシリーズ〈30〉
シルクリボンシリーズ〈3〉
シルクリボンシリーズ〈5〉

下(右)・表紙

透明
シルクリボンシリーズ〈24〉
シルクリボンシリーズ〈15〉
シルクリボンシリーズ〈16〉
シルクリボンシリーズ〈22〉
シルクリボンシリーズ〈23〉

右

透明
シルクリボンシリーズ〈26〉
シルクリボンシリーズ〈8〉
シルクリボンシリーズ〈25〉
シルクリボンシリーズ〈27〉
シルクリボンシリーズ〈30〉

No
(14) ショッピングのお供にぴったり ダイヤ柄の大きなバッグ

作り方 → P.79

上・P.1
[Kタイプ]ブラウン
シルクリボンシリーズ〈1〉

右・表紙・P.48
黒
アイボリー

右
MS紺
シルクリボンシリーズ〈19〉

No (15) スリッパやブランケットの収納に ストレージバスケット

作り方 → P.81

上(左)

[Kタイプ]れんが
ウッドスタイル〈M〉白木
ウッドスタイル〈M〉ウォールナット

上(右)・表紙・P.1

アイボリー
[Kタイプ]紅
[Kタイプ]ブロンズ

右・P.1

[Kタイプ]モス
[Kタイプ]ブラウン
大理石〈B〉

No (16)

ボーダー柄でおしゃれな模様が完成

ブロック柄のミニバッグ

作り方 → P.85

下（左）

[Kタイプ]シャドーゴールド
[Kタイプ]ボーダー／ゴールド

下（右）

[Kタイプ]シャドーシルバー
[Kタイプ]ボーダー／シルバー

右・表紙

[Kタイプ]モス
[Kタイプ]ボーダー／ブラック

design：すずきゆか

No (17) リラックスタイムのお菓子入れに
ツートンカラーのハート型ミニかご

作り方 → P.86

下（左）
シルクリボンシリーズ〈15〉
MSピンク

下（右）
シルクリボンシリーズ〈7〉
Gタイプ〈1〉

右
シルクリボンシリーズ〈3〉
MSグレー

No (18) さまざまなシーンをおしゃれに彩る V字模様のバッグ

作り方 → P.89

上(左)・裏表紙

アイボリー
[Kタイプ]ボーダー／ゴールド
べっ甲風持ち手

上(右)

メタリックブルー
[Kタイプ]ボーダー／クリア
べっ甲風持ち手

右

[Kタイプ]こげ茶
[Kタイプ]ボーダー／ブラック
べっ甲風持ち手

No (19) シックで大人な雰囲気が楽しめる 5色のあじろ編みバッグ

作り方 → P.92

上

メタリックグリーン
MS深緑
緑
MSミルクココア
アイボリー
着脱ホック式持ち手-茶

右・裏表紙・P.48

[Kタイプ]ぶどう
[Kタイプ]ブロンズ
[Kタイプ]りんどう
[Kタイプ]アップル
シルクリボンシリーズ〈15〉
着脱ホック式持ち手-ベージュ

右

アイボリー
メタリックゴールド
Gタイプ〈2〉
MSクッキー
黒
着脱ホック式持ち手-ブラック

No（20）

散らかりやすい小さなものもすっきり収まる

六角底のかご

作り方 → P.94

上（奥）・表紙

MSミルクココア
シルクリボンシリーズ〈1〉
アイボリー

上（手前）・表紙

MSグレー
シルクリボンシリーズ〈12〉
緑

右・表紙

赤
MSピンク
アイボリー

No（21）大きめのアイテムもぽんぽん入れられる ガーデニングバッグ

作り方 → P.96

下

[Kタイプ]れんが
Gタイプ〈6〉
Gタイプ〈1〉

右・P.48

[Kタイプ]アップル
メタリックゴールド
大理石〈B〉

右

MSグレー
メタリックブルー
大理石〈A〉

No (22) 大胆なシルエットに気分がアガる トライアングルカットの肩掛けバッグ

作り方 → P.99

上(左)

メタリックゴールド
[Kタイプ]こげ茶

上(右)

アイボリー
[Kタイプ]ブロンズ

右

黒
[Kタイプ]ゼブラ／白×黒

No (10) PPバンドの基本がわかるシンプルバッグ

Photo → P.52

材料と寸法

横紐	82cm×7本	MS青紫
縦紐	66cm×17本	MS青紫
編み紐	83cm×13本	MS青紫
縁紐	83cm×2本	MS青紫
持ち手付け紐	40cm×4本	MS青紫

★着脱ホック式持ち手-ベージュ〈M's Factory販売商品〉 1セット

必要な長さ

MS青紫 …… 31m1cm

完成サイズ

作り方

＊＝わかりやすいように紐の色を変えて説明しています。

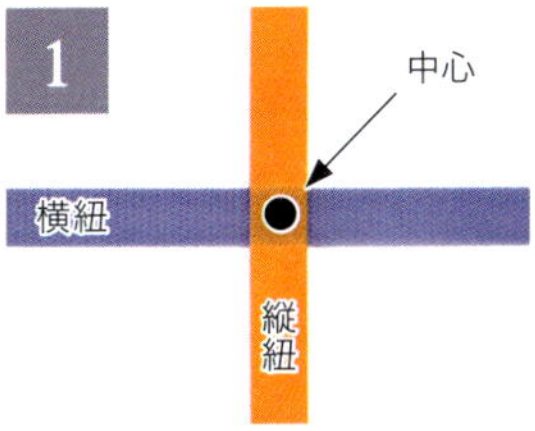

横紐の上に縦紐を重ねて十字に組み、中心を合わせる。
＊

Point

1の横紐と縦紐の重ね方は作品によって異なります。十字の中心をマスキングテープで留めておくとずれにくく、中心の目印にもなります。

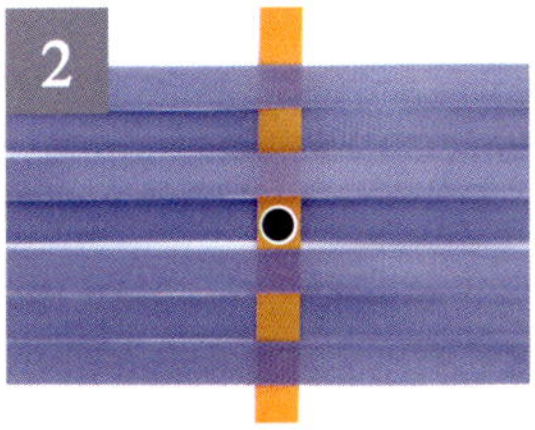

横紐を上側と下側へ3本ずつ、縦紐に対して交互に並べる。

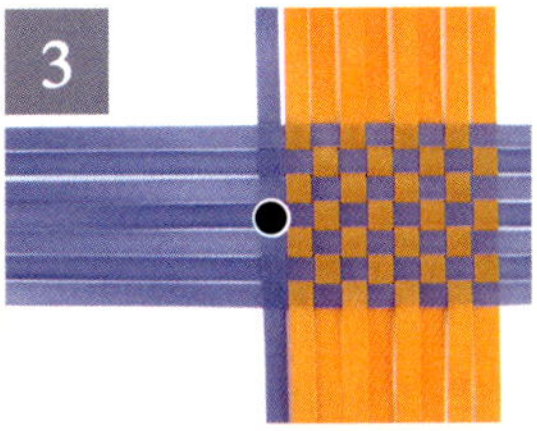

縦紐8本を右側へ編み目が交互になるように差し込む。
＊

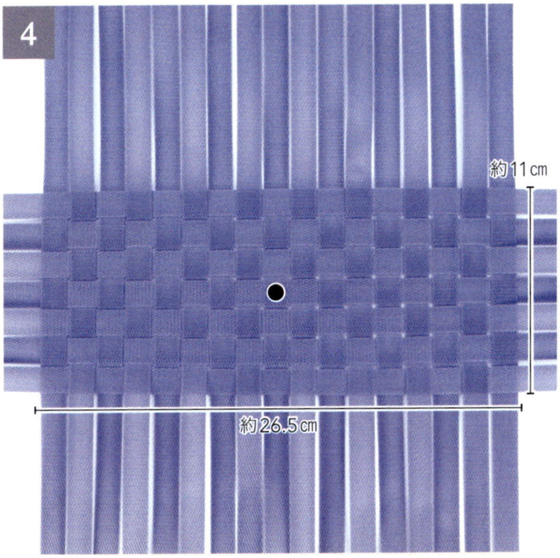

縦紐8本を左側へ編み目が交互になるように差し込む。中心に向かってしっかりと隙間を詰め、形を整える。

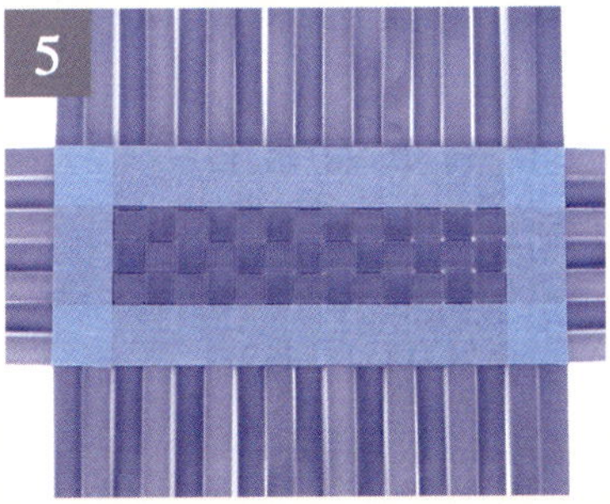

底の四方にマスキングテープを貼る。この面が底の内側になる。
※マスキングテープは、側面を編み、底面が固定された後にはがす。

マスキングテープの外側に定規を当て、紐にしっかりと折り目を付けて立ち上げる。

編み紐の編み方

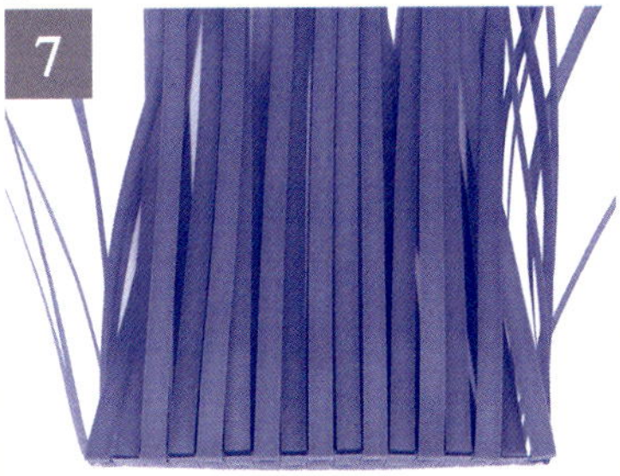

紐を立ち上げたところ。

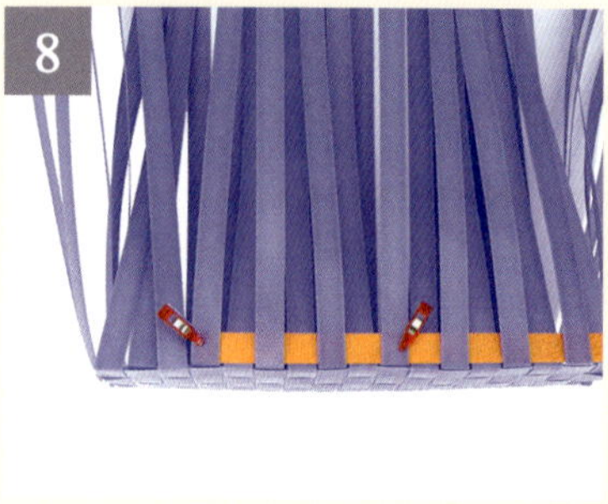

1段目は底と互い違いになる位置からスタートする。編み紐を縦紐の裏にクリップで留め、右方向に交互に編む。＊

角は1段目のみしっかりと折り目を付け、所どころクリップで編み紐を押さえながら編み進める。

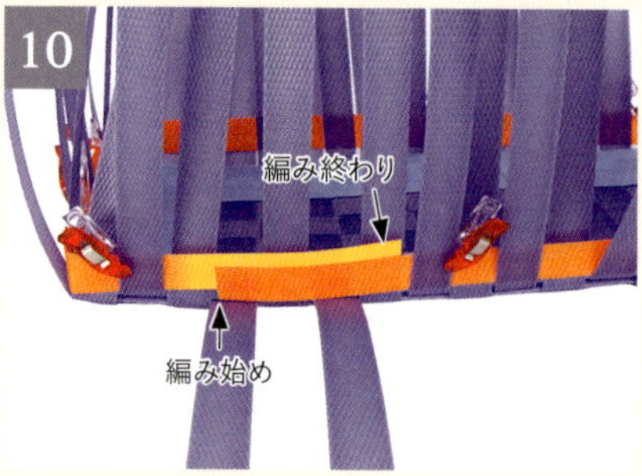

1周編み、編み終わりを編み始めの後ろに入れて縦紐4本分重ねる。先端が縦紐の内側に隠れるように余分をカットする。＊

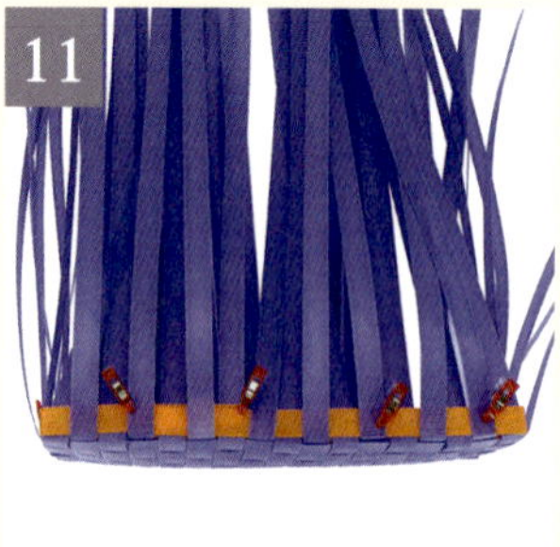

始末した箇所をクリップで留める（接着剤は使用しない）。

下段と編み目が交互になるようにスタート位置を変え、編み紐で2段目を編む。＊

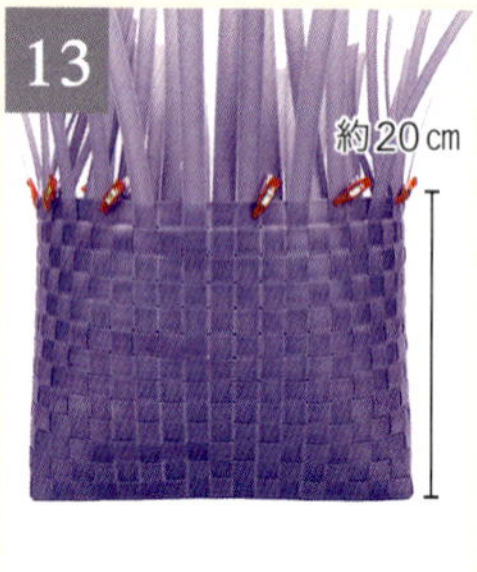

隙間を詰めながら、編み紐で計13段編む。高さを揃え、形を整える。

Point

数段編んだら隙間を詰め、クリップでしっかりと留めながら編みましょう。正面・背面の中央部分が側面に比べて高くなりやすいので、最後に高さが1周均等になるように揃えます。

縁の始末の仕方

外側から出ている紐を内側に折る。

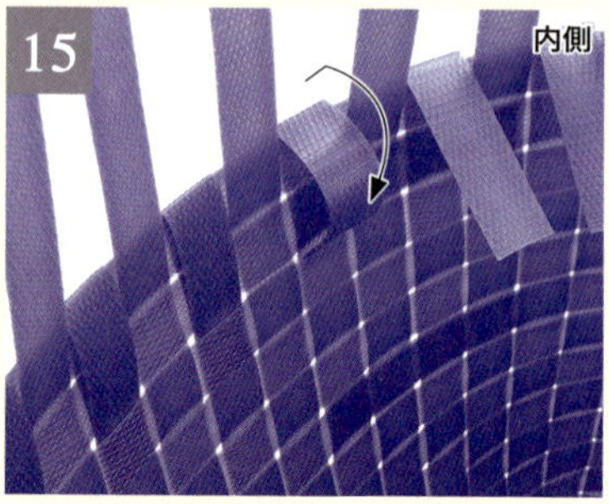

折った紐の余分をカットし、上から3段目に差し込む。

縁紐を内側から出ている紐と最上段の間に差し込む。縁紐の両端は側面で紐の内側に隠れるようにする。＊

内側から出ている紐を外側に折り、余分をカットして上から3段目に差し込む。

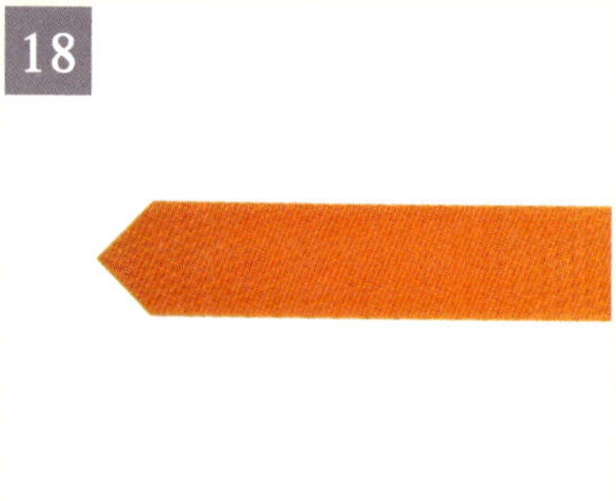

縁紐の先端をV字にカットする。＊

最上段の外側へ交互に通す。編み目の短い方と長い方があるが、短い方に通す。

既製の持ち手の付け方

20 側面

1周通し、先端が編み目の内側に隠れるように余分をカットして差し込み、始末する。

21

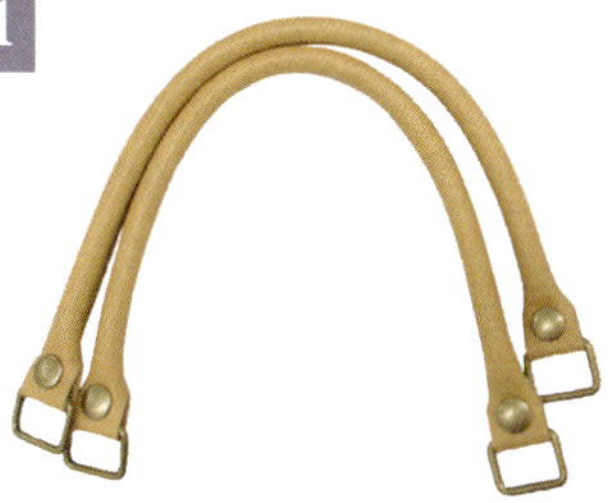

紐を通す穴や金具が付いた持ち手を用意する。

22

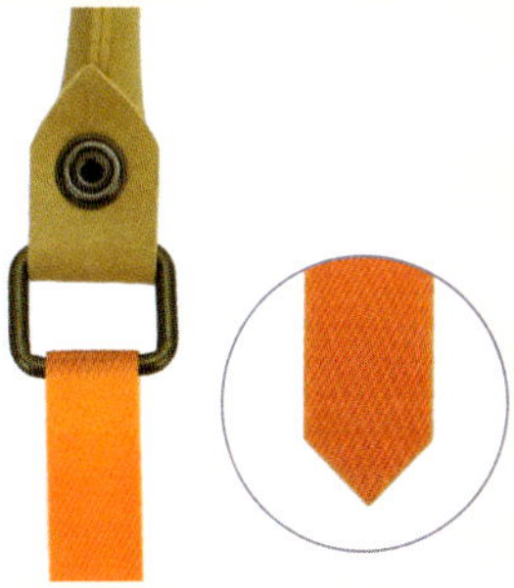

持ち手付け紐を半分に折り、持ち手の金具に掛ける。通しやすいように両端をV字にカットする。＊

23 内側

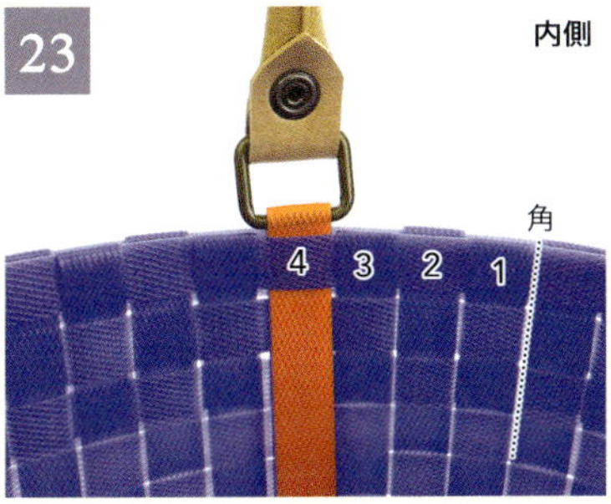

22を正面の角から4本目の内側の縁に差し込む。

24 内側

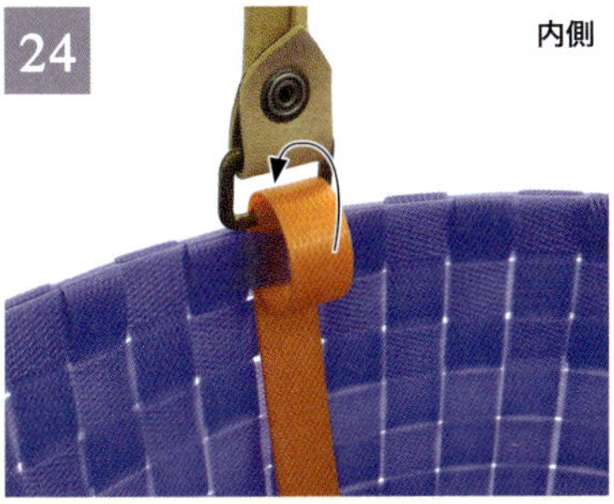

もう一度縁に差し込む。

25 内側

引き締める。下側の紐を上から3段目に差し込み、余分をカットする。

26 内側

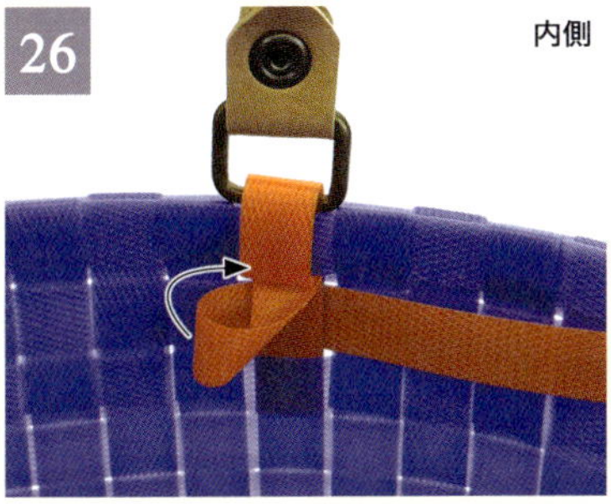

上側の紐は、ひねって上から2段目に左から差し込む。

27 内側

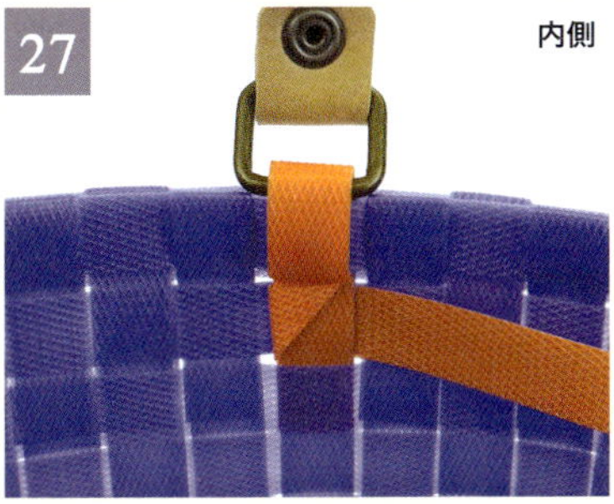

引き締めてしっかりと折る。

28 内側

ひねって下段に差し込む。

29 内側

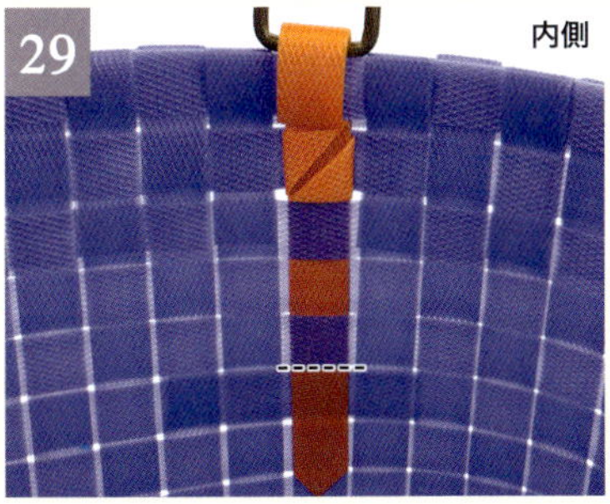

引き締めてしっかりと折る。2段下に差し込み、余分をカットする。

30

反対側と背面も23～29と同様に持ち手を付ける。

31

\ Finish /

完成！

同じ作り方でも配色を変えるとさまざまな柄が楽しめます。
P.65「PPバンドの基本がわかるシンプルバッグ」のレシピを参考に、下記の材料を図の配色で編んでください。

ストライプ柄のバッグ

材料と寸法

※材料はすべてウッドスタイルです。

ⓐ横紐①	82cm×3本	〈M〉白木
ⓑ横紐②	82cm×4本	〈M〉ウォールナット
ⓒ縦紐①	66cm×9本	〈M〉白木
ⓓ縦紐②	66cm×8本	〈M〉ウォールナット
ⓔ編み紐①	83cm×7本	〈M〉白木
ⓕ編み紐②	83cm×6本	〈M〉ウォールナット
縁紐	83cm×2本	〈M〉白木
持ち手付け紐	40cm×4本	〈M〉ウォールナット

★着脱ホック式持ち手-茶
〈M's Factory販売商品〉 1セット

必要な長さ

〈M〉白木 …… 15m87cm
〈M〉ウォールナット …… 15m14cm

底面図 横紐と縦紐を組んだところ（こちらが内側になる）

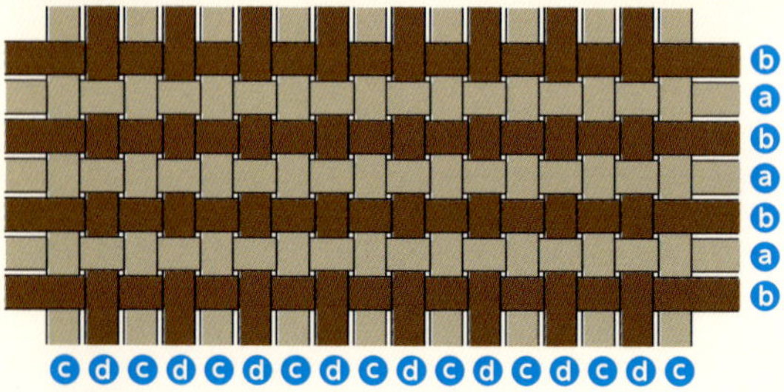

正面図 編み紐を編んだところ

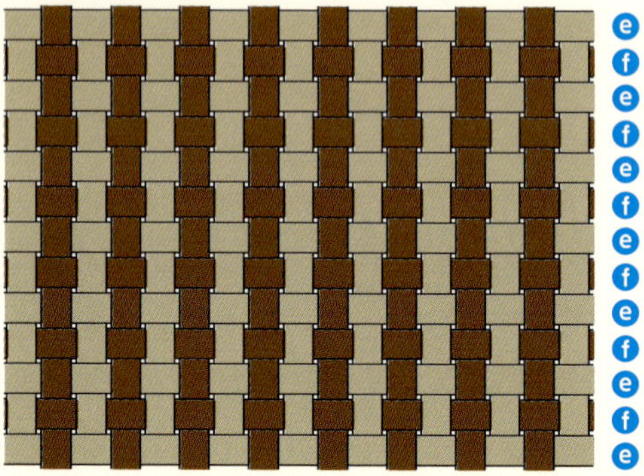

側面図

はしご模様のバッグ

design：市江克子

※P.48、裏表紙掲載色

材料と寸法

ⓐ横紐①	82cm×3本	MSグレー
ⓑ横紐②	82cm×4本	黒
ⓒ縦紐①	66cm×9本	MSグレー
ⓓ縦紐②	66cm×8本	黒
ⓔ編み紐①	83cm×7本	黒
ⓕ編み紐②	83cm×6本	MSグレー
縁紐	83cm×2本	黒
持ち手付け紐	40cm×4本	黒

★着脱ホック式持ち手-ブラック
〈M's Factory販売商品〉 1セット

必要な長さ

MSグレー …… 13m38cm
黒 …… 17m63cm

底面図 横紐と縦紐を組んだところ（こちらが内側になる）

正面図 編み紐を編んだところ

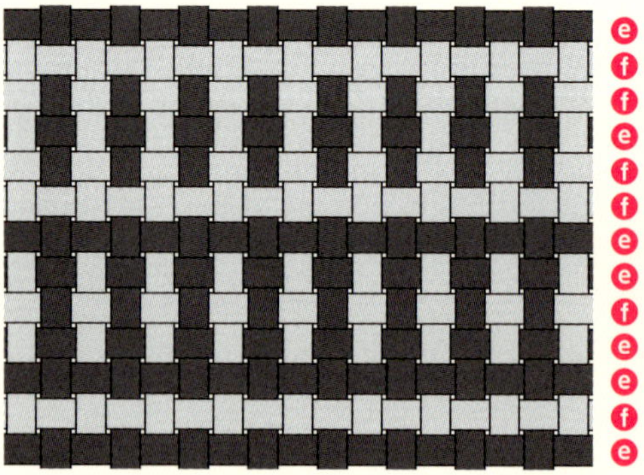

側面図

No (11) 編み目模様のかご

Photo → P.58

材料と寸法

横紐	56cm×7本	MSクッキー
縦紐	49cm×11本	MSクッキー
編み紐	64cm×7本	MSクッキー
縁紐	64cm×2本	MSクッキー
重ね紐	64cm×5本（1/2幅）	MSミルクココア
飾り紐	130cm×4本（1/4幅）	MSミルクココア
持ち手紐	69cm×4本（1/2幅）	MSクッキー

★ビニールチューブ（内径10㎜）〈M's Factory販売商品〉 35cm×1本

必要な長さ

MSクッキー	16m45cm
MSミルクココア	3m22cm

完成サイズ

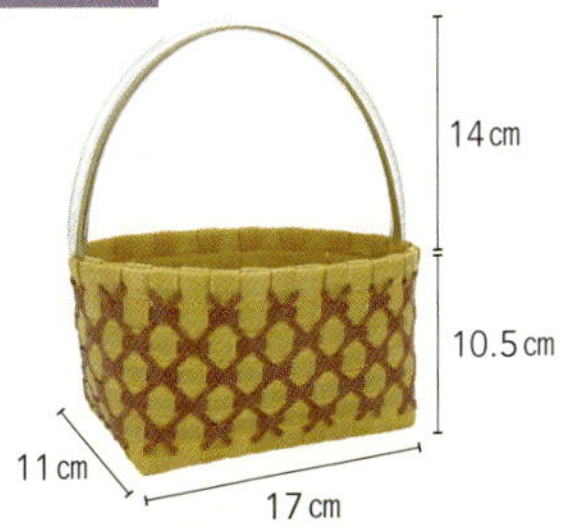

作り方

＊＝わかりやすいように紐の色を変えて説明しています。

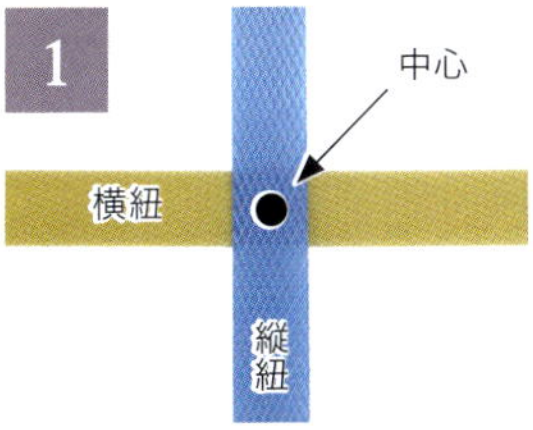

横紐の上に縦紐を重ねて十字に組み、中心を合わせる。＊

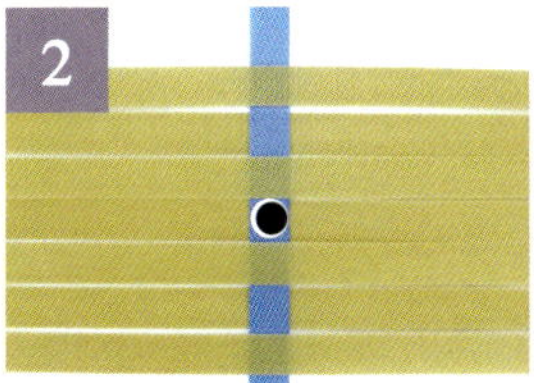

横紐を上側と下側へ3本ずつ、縦紐に対して交互に並べる。

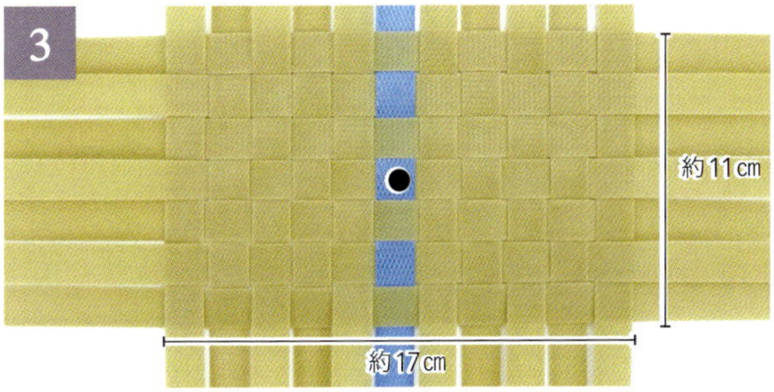

縦紐を右側と左側へ5本ずつ編み目が交互になるように差し込む。中心に向かってしっかりと隙間を詰め、形を整える。

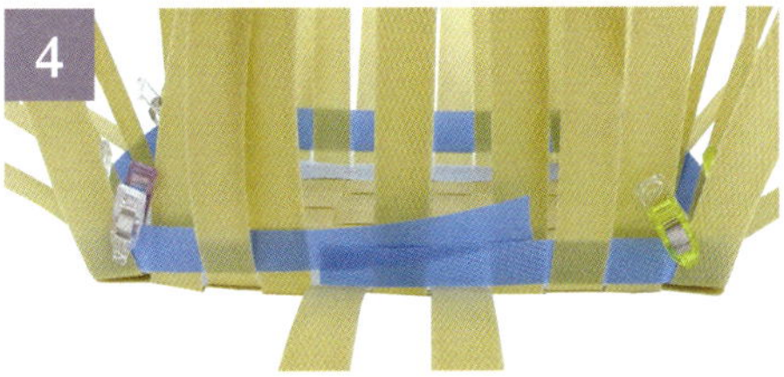

P.65 5～P.66 11を参照し、底にマスキングテープを貼る。紐を立ち上げ、編み紐で1段編む。角は1段目のみ折り目を付ける。＊

隙間を詰めながら、編み目が交互になるようにスタート位置を変え、編み紐で計7段編む。高さを揃え、形を整える。

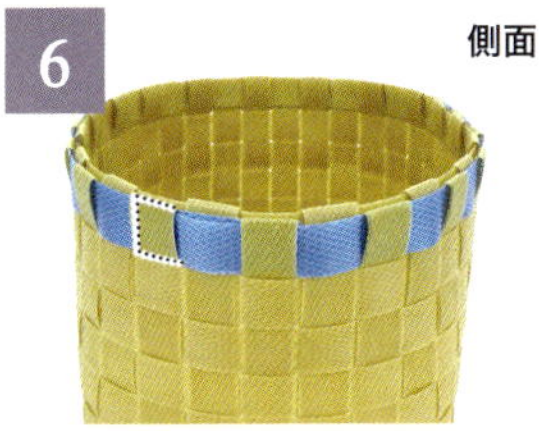

P.66「縁の始末の仕方」を参照し、縁紐を使って縁を始末する。＊

重ね紐の先端をV字にカットし、下から2段目の編み紐に重ねて1周通す。重ね紐の位置は編み紐の中央に合わせる。

1周通し、先端が編み目の内側に隠れるように余分をカットして差し込み、始末する。

上に4段、7～8と同様に残りの重ね紐を通す（計5段）。

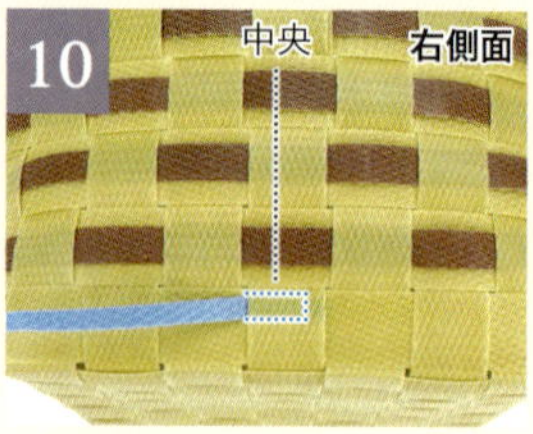

飾り紐の端を、側面中央の最下段に左から差し込む。＊

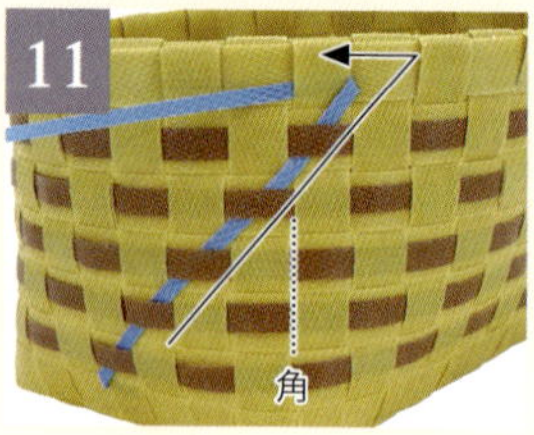

飾り紐を重ね紐の下へ右上がりに5段通し、最上段の紐に右から差し込む。

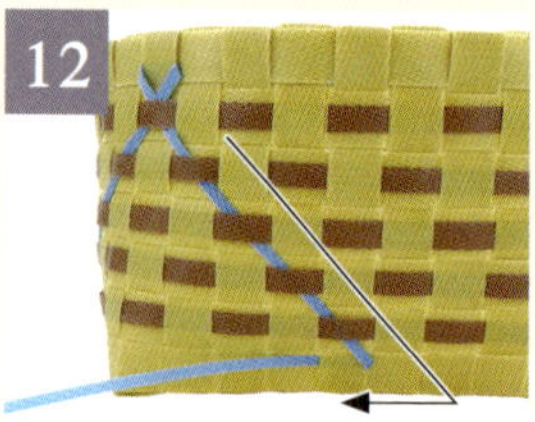

飾り紐を重ね紐の下へ右下がりに5段通し、最下段の紐に右から差し込む。

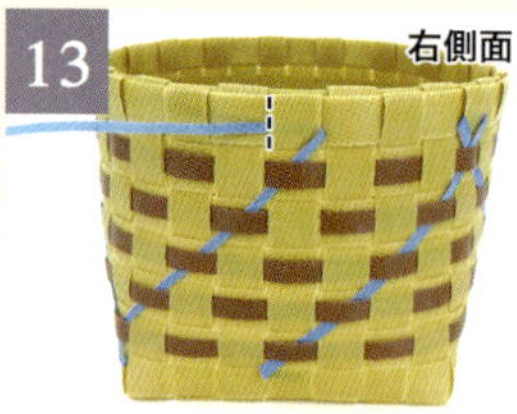

11・12を1周繰り返し、最上段で余分をカットする。

飾り紐の端を、側面中央の最上段に左から差し込む。＊

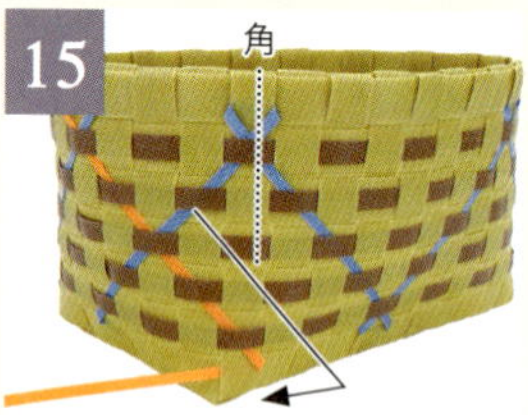

飾り紐を重ね紐の下へ右下がりに5段通し、最下段の紐に右から差し込む。

飾り紐を重ね紐の下へ右上がりに5段通し、最上段の紐に右から差し込む。

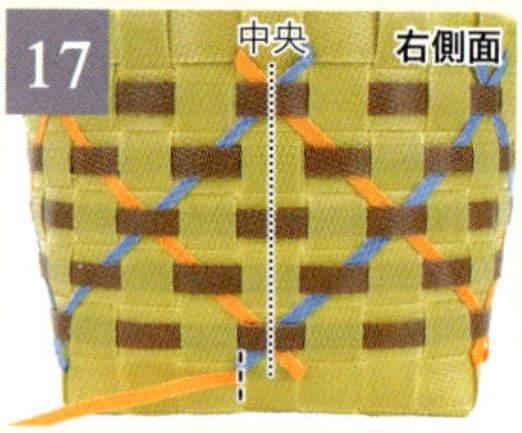

15・16を1周繰り返し、最下段で余分をカットする。

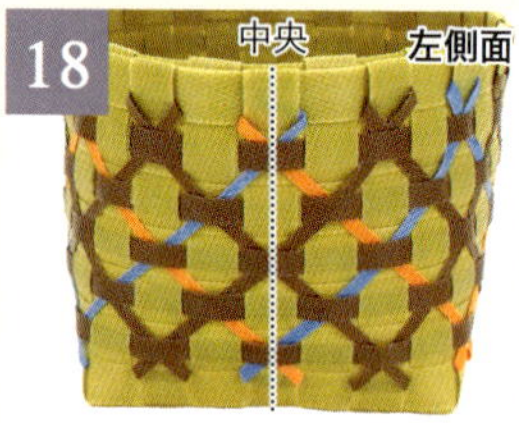

反対側側面も10〜17と同様にする。＊

正面から見たところ。

持ち手の作り方

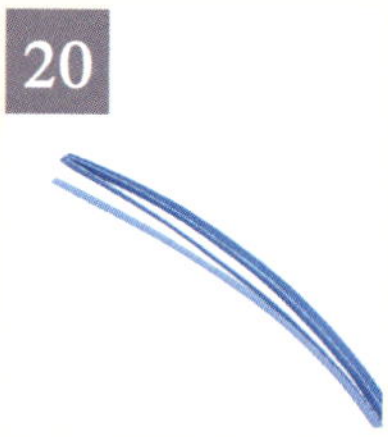

持ち手紐4本の端を揃えて重ねる。＊

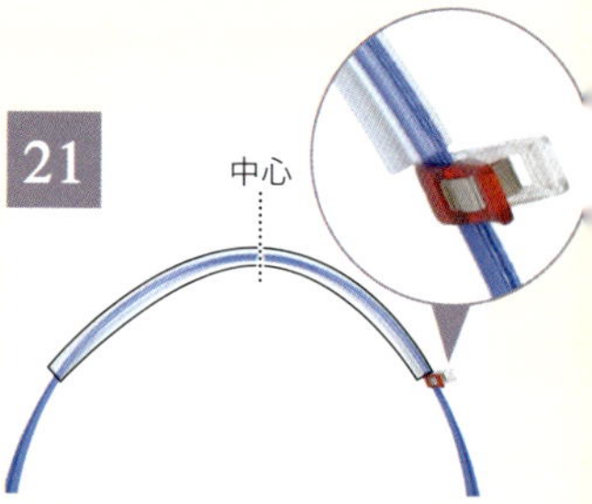

20をビニールチューブに通し、中心を揃える。片側の端をクリップで留める。

持ち手の付け方

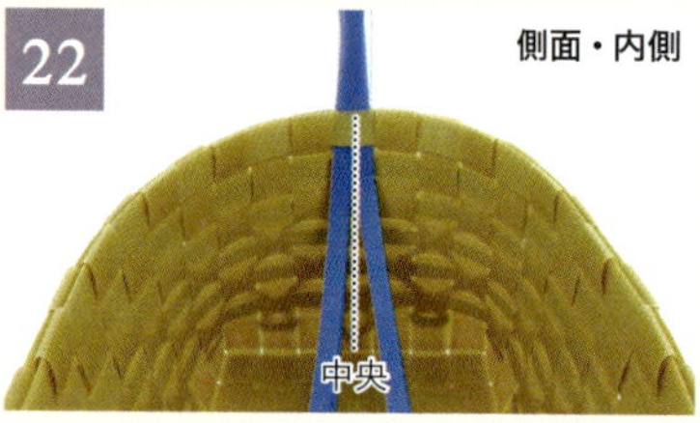

21のクリップで留めていない側の紐を、側面中央の内側の縁に差し込む。持ち手紐を2本ずつの束に分ける。

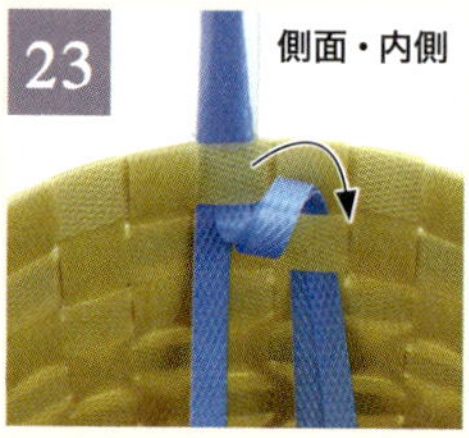

右の2本をひねって右下に差し込む。

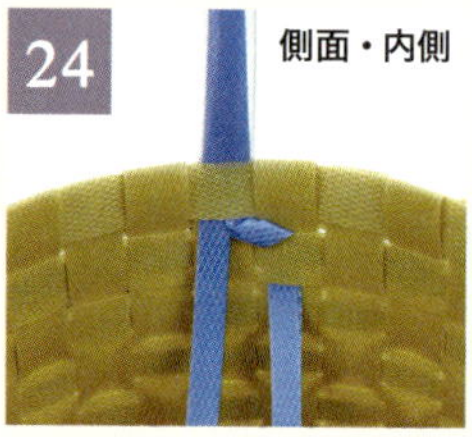

引き締める。

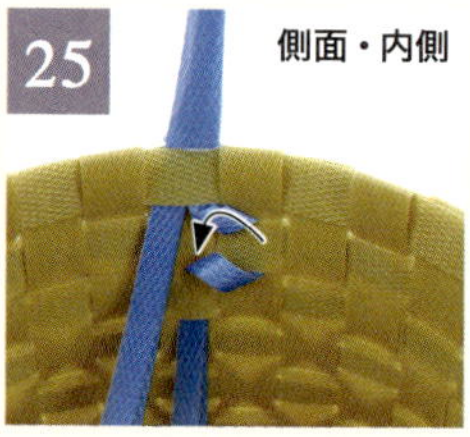

ひねって左下に差し込む。

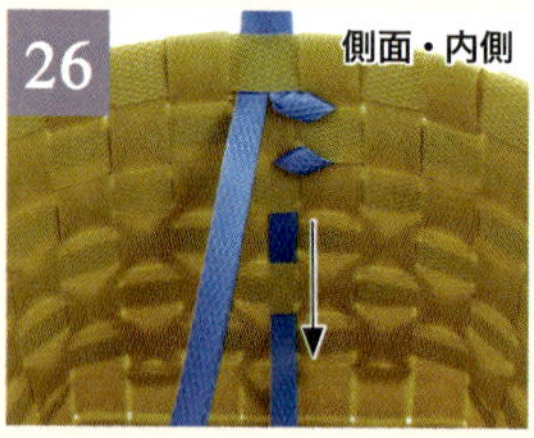

引き締め、下段に差し込む。

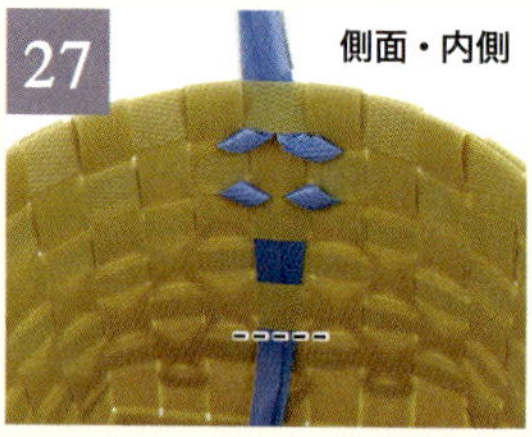

左の2本を右とは対称に差し込み、まとめて余分をカットする。

クリップをはずし、反対側も同様に持ち手を付ける。

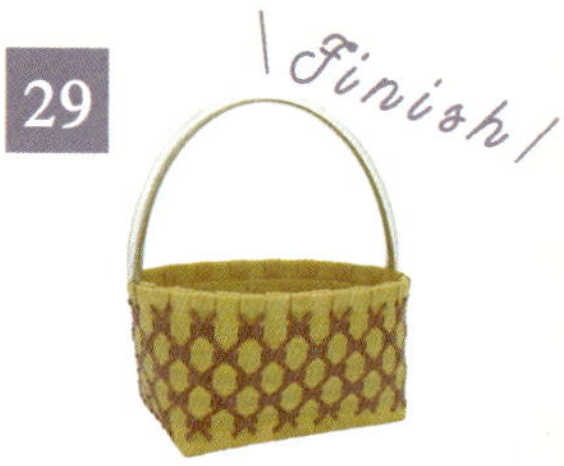

完成！

No 12 花柄のミニショルダーバッグ

Photo → P.54

材料と寸法

横紐	70㎝×5本	メタリックグリーン
縦紐	60㎝×11本	メタリックグリーン
編み紐①	60㎝×10本	メタリックグリーン
編み紐②	60㎝×3本	MSクリーム
縁紐	60㎝×2本	メタリックグリーン
重ね紐①	70㎝×5本(1/2幅)	メタリックグリーン
重ね紐②	60㎝×11本(1/2幅)	メタリックグリーン
飾り紐①	250㎝×2本(1/4幅)	MSクリーム
飾り紐②	250㎝×2本(1/4幅)	メタリックグリーン
飾り紐③	4㎝×16本	メタリックグリーン
持ち手紐①	85㎝×2本(1/2幅)	MSクリーム
持ち手紐②	85㎝×6本(1/2幅)	メタリックグリーン
持ち手付け紐	40㎝×2本	メタリックグリーン

★ビニールチューブ(内径10㎜)〈M's Factory販売商品〉20㎝×2
★角カン　縦約18㎜(内径約12㎜)×横約22㎜(内径約15㎜)〈M's Factory販売商品〉×2
★合皮ショルダー持ち手(ベージュ)〈M's Factory販売商品〉×1

必要な長さ

メタリックグリーン	29m49㎝
MSクリーム	5m15㎝

完成サイズ

作り方

＊＝わかりやすいように紐の色を変えて説明しています。

1

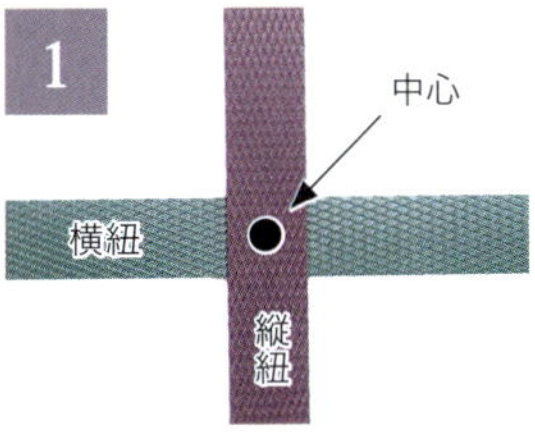

横紐の上に縦紐を重ねて十字に組み、中心を合わせる。＊

2

横紐を上側と下側へ2本ずつ、縦紐に対して交互に並べる。

3

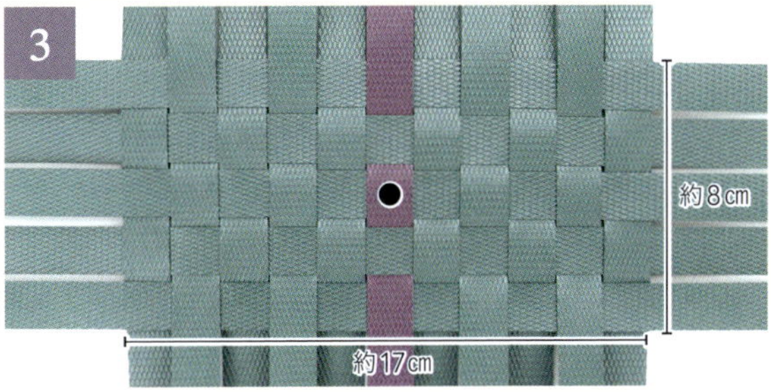

縦紐を右側と左側へ5本ずつ編み目が交互になるように差し込む。中心に向かってしっかりと隙間を詰め、形を整える。

4

P.65 5〜P.66 11を参照し、底にマスキングテープを貼る。紐を立ち上げ、編み紐①で1段編む。角は1段目のみ折り目を付ける。＊

5

下段と編み目が交互になるようにスタート位置を変え、編み紐①で2段目を編む。＊

6

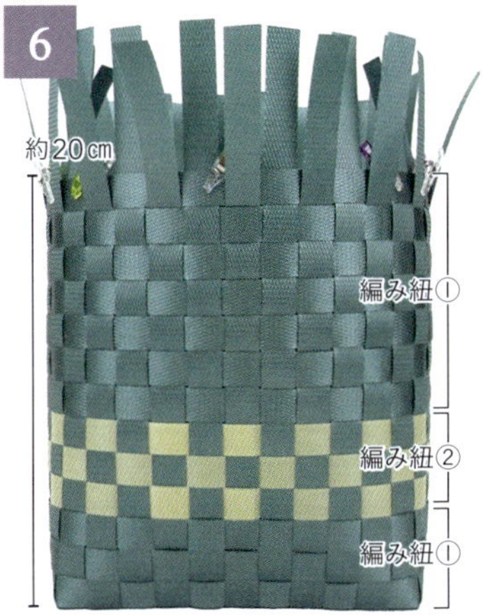

編み紐①②で隙間を詰めながら計13段編む。高さを揃え、形を整える。

7

P.66「縁の始末の仕方」を参照し、縁紐を使って縁を始末する。

底に向きを変える。重ね紐①の先端をV字にカットし、横方向へ交互に通す。
＊

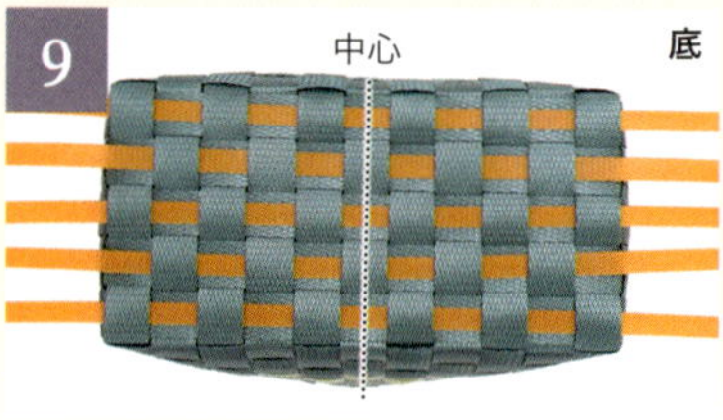

重ね紐①計5本の中心を合わせ交互に通す。＊

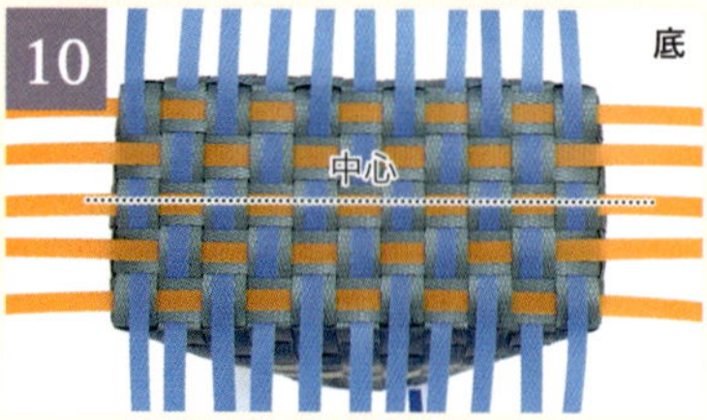

重ね紐②11本の中心を合わせ縦方向へ交互に通す。＊

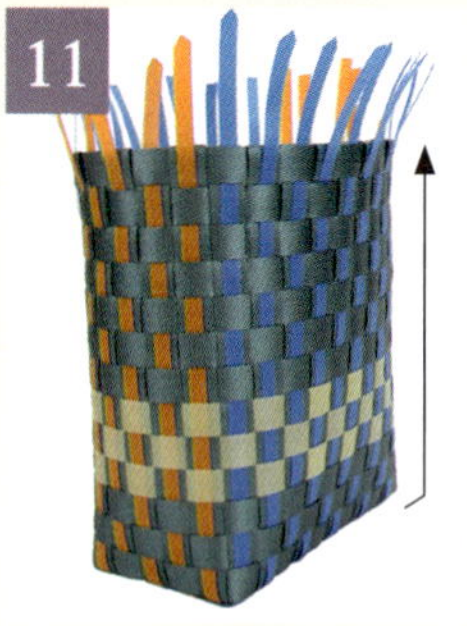

本体の向きを元に戻す。重ね紐①②を立ち上げ、上まで交互に通す。

縁まで差し込んだ紐は、高さを合わせて余分をカットする。

残りの紐は内側に折り、最上段と内側の縁紐の間に差し込む。余分をカットして上から3段目に差し込む。

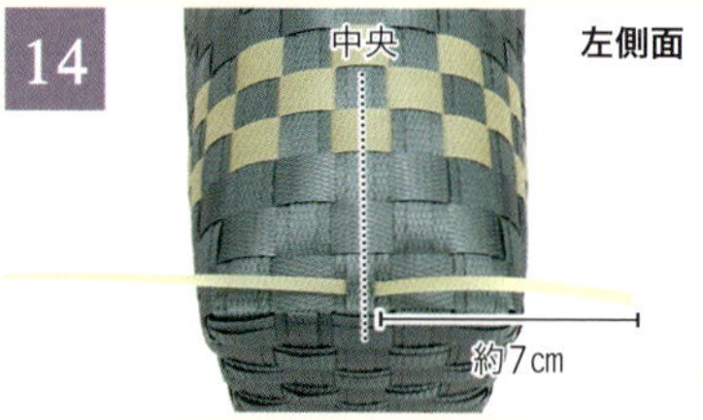

飾り紐①を左側面中央の最下段の重ね紐に、左から7cm差し込む。

7cm側の紐を重ね紐の下へ左上がりに3段通す。

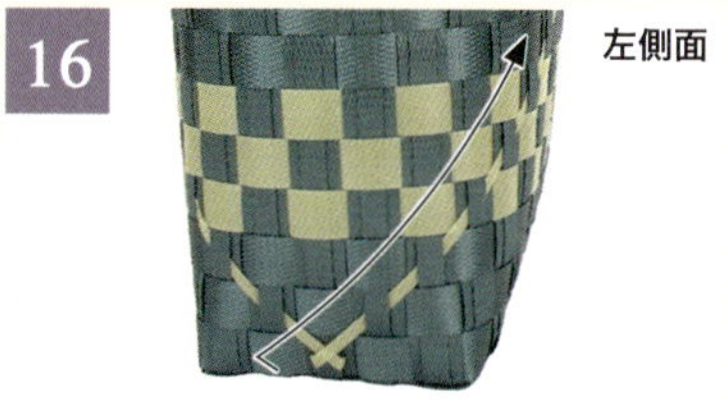

反対側の紐を右上がりに通す。

右上がりに上から2段目まで通す。

飾り紐①を最上段の重ね紐に右から差し込み、写真のように交差させ、右下がりに通す。＊

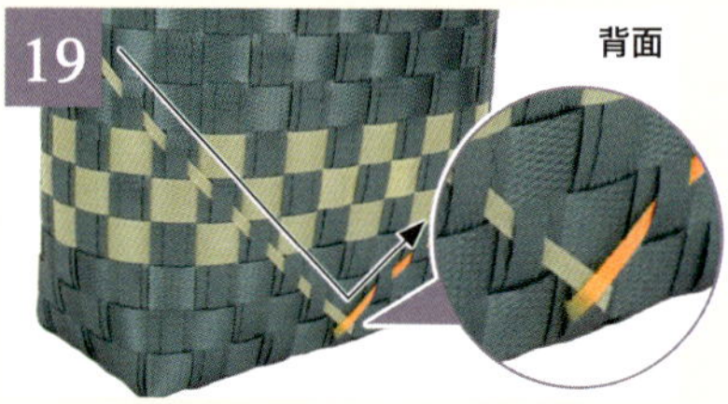

背面の最下段まで通し、右上がりに通す。
＊

左側面まで通したところ。

18と同様に交差させ、右下がりに右側面まで通す。

右上がりに背面まで通す。

23
左側面

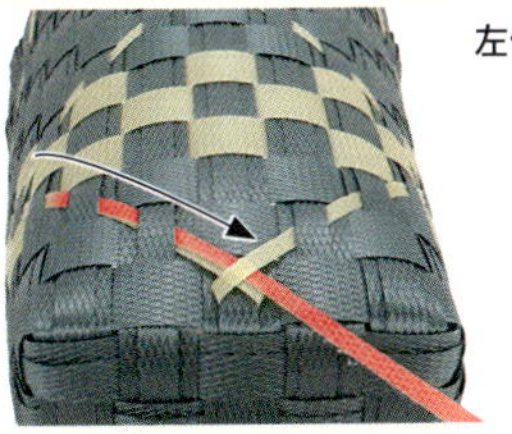

同じ要領で繰り返し、編み始めの紐の上に重ねて差し込む。＊

24
左側面

編み始めの上に沿って通し、余分をカットする。

25
右側面

2本目の飾り紐①を、右側面中央の最上段の重ね紐に左から7㎝差し込む。＊

26
右側面

7㎝側の紐を左下がりに3段通す。

27
背面

1本目と同じ要領で通していく。

28
右側面

編み始めの紐の上に重ねて差し込む。＊

29

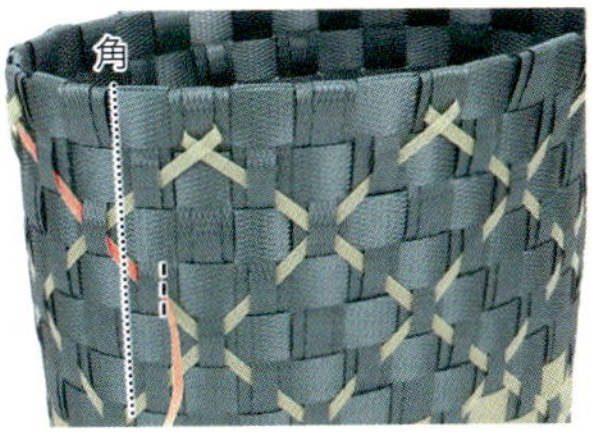

編み始めの上に沿って通し、余分をカットする。

30
右側面

飾り紐①を参考にして、飾り紐②を写真の位置に通す。＊

31
右側面

飾り紐①と同様に通す。編み終わりは編み始めの上に沿って通し、余分をカットする。

32
左側面

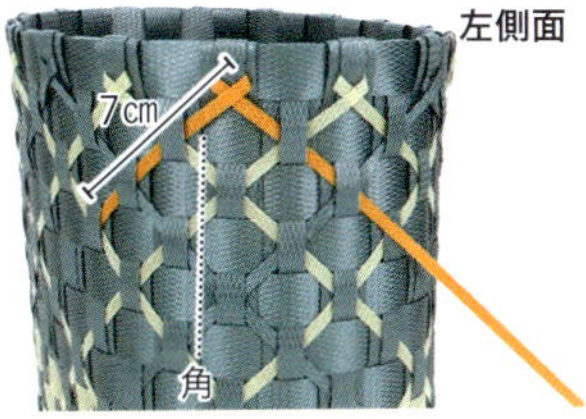

飾り紐①を参考にして、2本目の飾り紐②を写真の位置に通す。＊

33
左側面

飾り紐①と同様に通す。編み終わりは編み始めの上に沿って通し、余分をカットする。

34

正面・背面の柄。

35
側面

両側面の柄。

すべての飾り紐③の四隅をカットする。＊

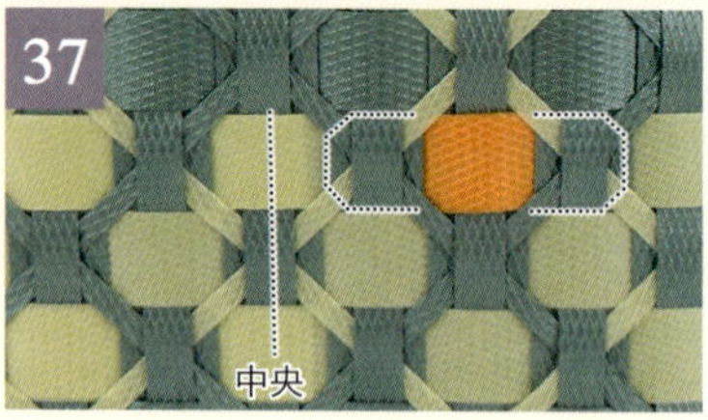

36を下から6段目の写真の位置に差し込む。

写真のように1周差し込む。2段下も同様にする。＊

側面から見たところ。

4本丸編みの持ち手の作り方

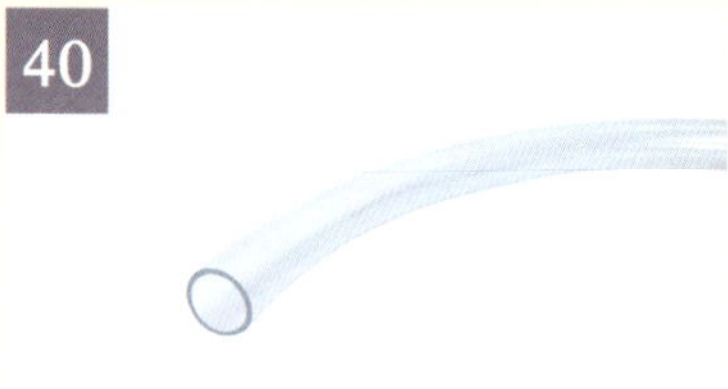

内径9～12㎜のビニールチューブを用意する（本書は内径10㎜を使用）。

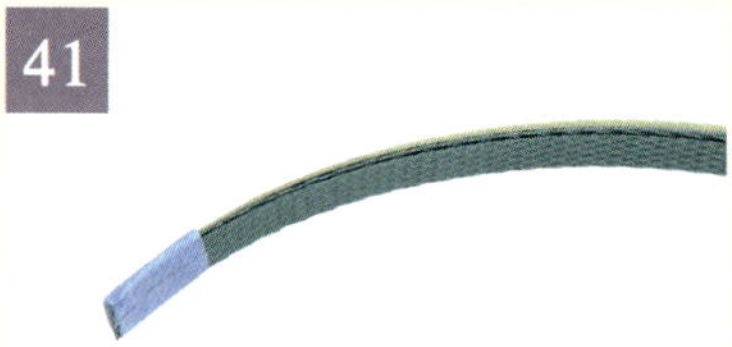

持ち手紐①1本と持ち手紐②3本の端を揃えて重ね、先端をマスキングテープで留める。

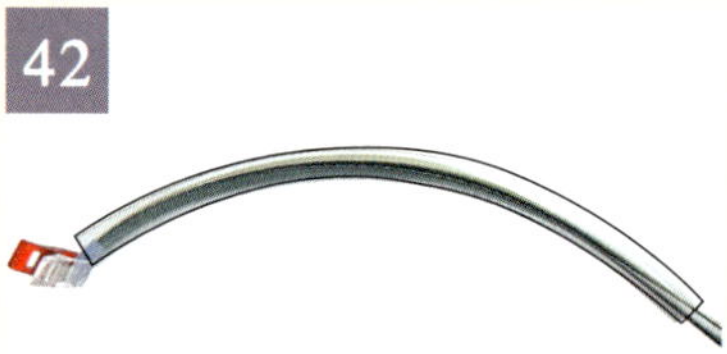

41をビニールチューブの中に通し、紐の先端をクリップで留めて抜けないようにする。

通した持ち手紐を写真のように組む。

Ⓓを後ろから回してⒶとⒷの間を通し、ⒷとⒸの間に出す。＊

Ⓐを後ろから回してⒹとⒸの間を通し、ⒷとⒹの間に出す。

Ⓒを後ろから回してⒷとⒶの間を通し、ⒶとⒹの間に出す。

Ⓑを後ろから回してⒸとⒹの間を通し、ⒶとⒸの間に出す。

引き締め、形を整えながら44～47を繰り返す（4本丸編み）。

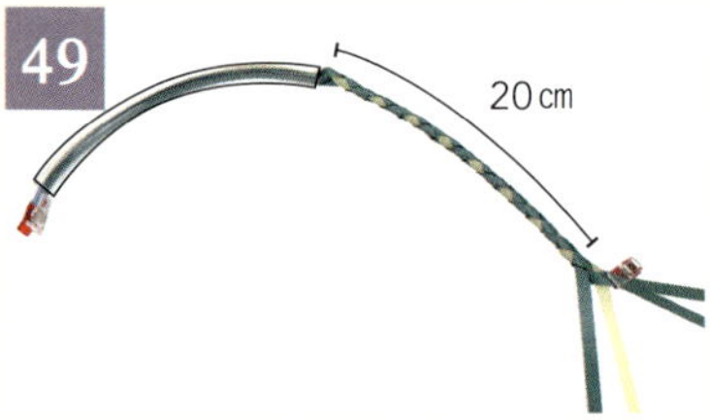

4本丸編みで20㎝編む。

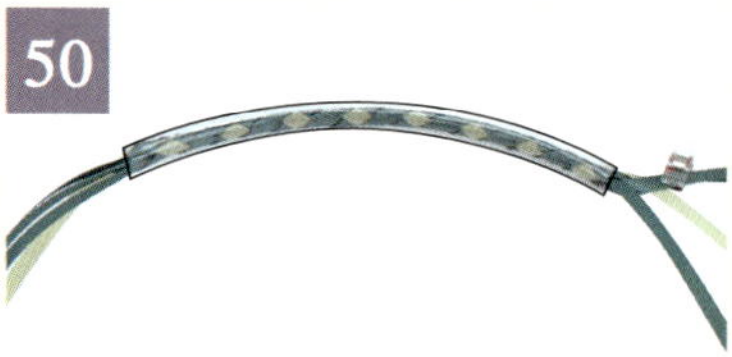

ビニールチューブをずらして編んだ部分を中に入れる。

持ち手の付け方

51

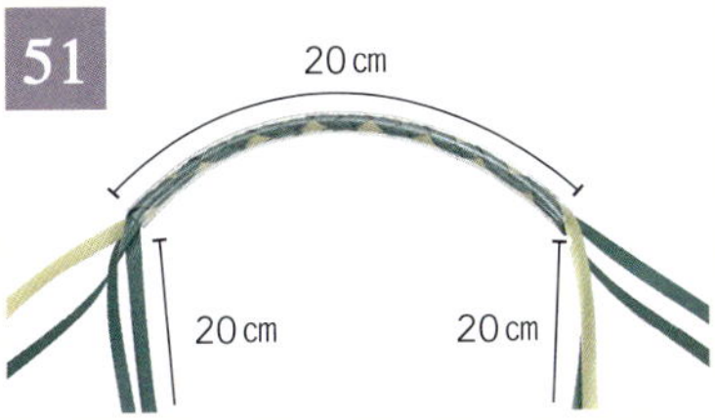

クリップとマスキングテープをはずし、両端20cmを残してカットする。持ち手を計2本作る。

52

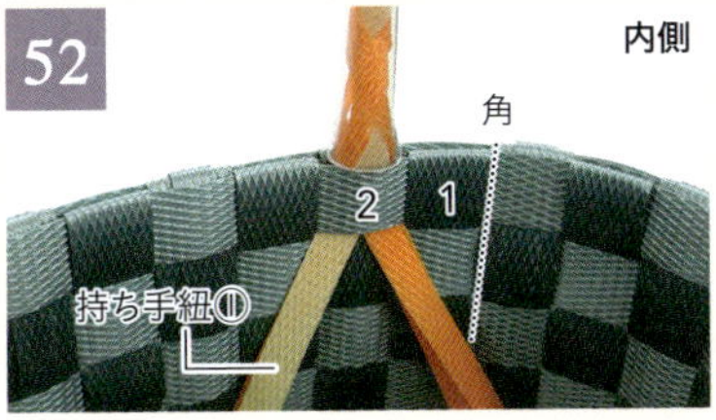

持ち手紐を左右2本ずつに分け、正面の角から2本目の内側の縁に差し込む。持ち手紐①は手前側にする。＊

53

右の2本をひねって右下に差し込む。

54

引き締める。

55

同様に右下に差し込み、引き締める。

56

ひねって左下に差し込む。

57

引き締める。

58

同様に左下に差し込み、引き締める。2段下へ差し込み、余分をカットする。

59

左の2本を右とは対称に差し込み、余分をカットする。

60

反対側と背面も同様に持ち手を付ける。

61

持ち手付け紐を半分に折り、角カンに掛ける。通しやすいように両端をV字にカットする。＊

62

61を側面中央の内側の縁に差し込む。

63

P.67「既製の持ち手の付け方」を参照し、持ち手付け紐を差し込む。反対側も同様にする。

64

角カンに持ち手を付ける。

65

完成！

No (13) ギザギザの小さなかご

Photo → P.55

材料と寸法

横紐　50cm×7本……MSグレー
縦紐　50cm×7本……MSグレー
編み紐①　53cm×2本……MSグレー
編み紐②　53cm×1本……シルクリボンシリーズ〈12〉
編み紐③　53cm×1本……シルクリボンシリーズ〈7〉
編み紐④　53cm×1本……シルクリボンシリーズ〈8〉
編み紐⑤　53cm×1本……シルクリボンシリーズ〈9〉
編み紐⑥　53cm×1本……シルクリボンシリーズ〈10〉
縁紐　53cm×2本……シルクリボンシリーズ〈10〉
★ガイド紐用PPバンド（約10cm×2本）を横紐と同じPPバンドでご用意ください。

必要な長さ

MSグレー……8m6cm
シルクリボンシリーズ〈12〉……53cm
シルクリボンシリーズ〈7〉……53cm
シルクリボンシリーズ〈8〉……53cm
シルクリボンシリーズ〈9〉……53cm
シルクリボンシリーズ〈10〉……1m59cm

完成サイズ

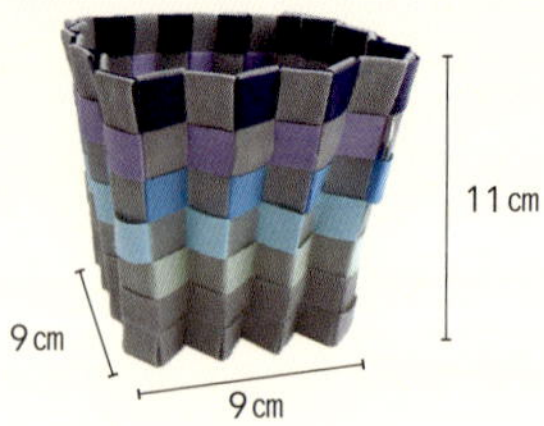

作り方

＊＝わかりやすいように紐の色を変えて説明しています。

ガイドを作る

1

ガイド紐2本を重ねて半分に折り、片側をマスキングテープで留める。＊

編み紐を折る

2

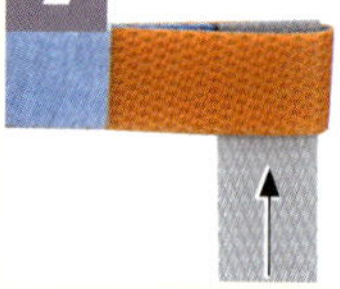

編み紐①をガイドの隙間に差し込む。ガイドの縁と紐の上端を揃える。

3

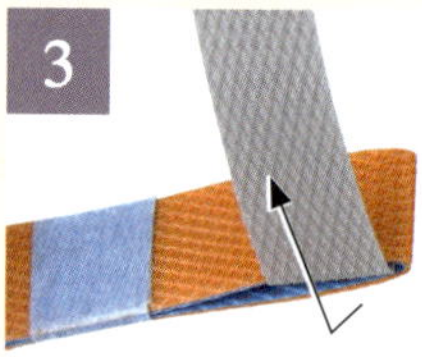

ガイドの下端で編み紐①を手前に折る（山折り▲）。

4

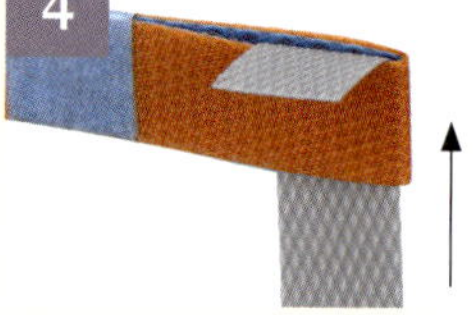

編み紐①を折り目まで上に引き出す。

5

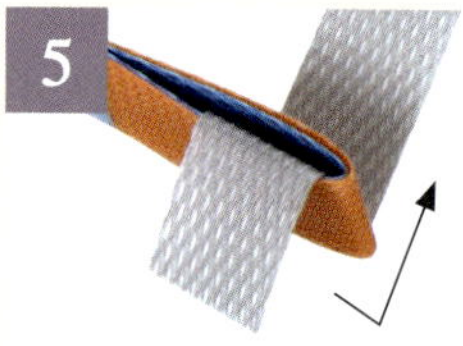

ガイドの下端で編み紐①を後ろに折る（谷折り▼）。

6

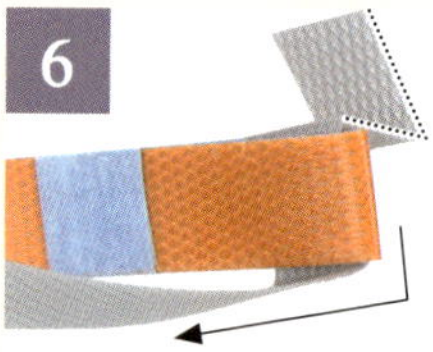

編み紐①を5の折り目まで上に引き出し、ガイドの下端で手前に折る（山折り▲）。

7

図1

図1を参照して5・6を繰り返し、編み紐①を折る。残りの編み紐①〜⑥を同様に折る。

Point

ペンチなどでしっかり折り目を付けると、きれいに仕上がります。

8

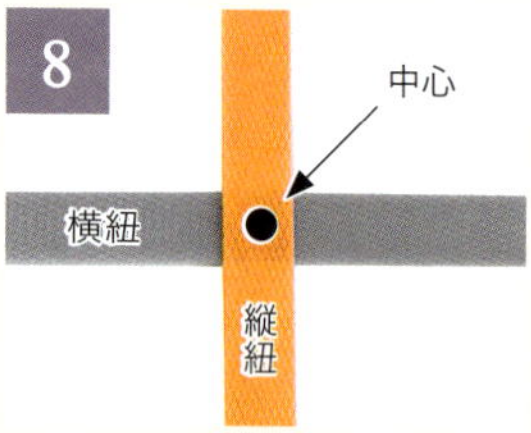

横紐の上に縦紐を重ねて十字に組み、中心を合わせる。＊

9

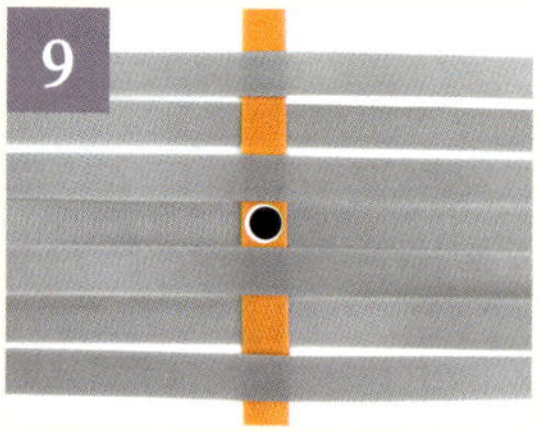

横紐を上側と下側へ3本ずつ、縦紐に対して交互に並べる。

10

縦紐3本を右側へ、編み目が写真のようになるよう差し込む。＊

11

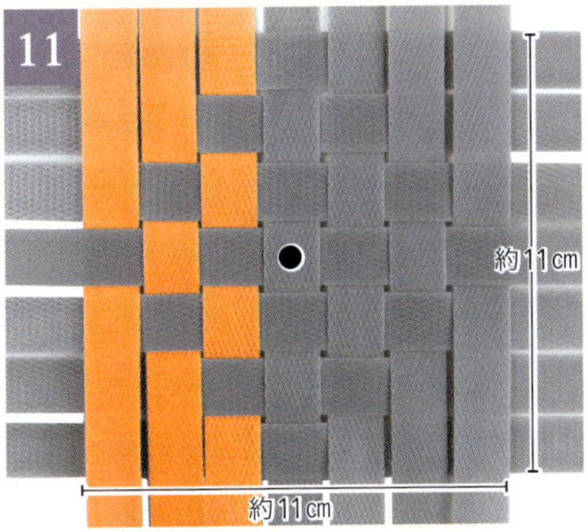

縦紐3本を左側へ右側と対称に差し込む。中心に向かってしっかりと隙間を詰め、形を整える。＊

図2 底面図

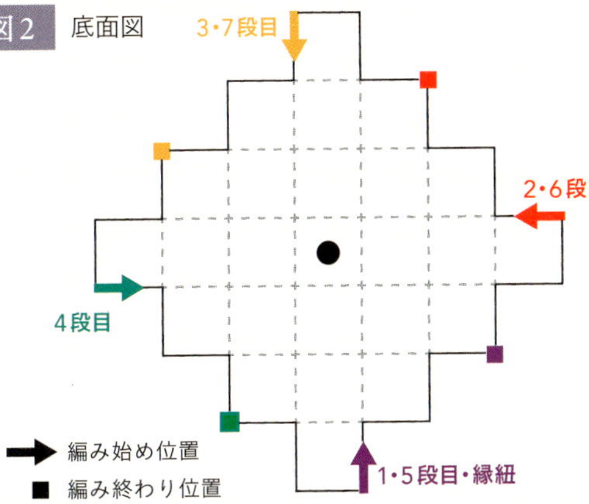

12

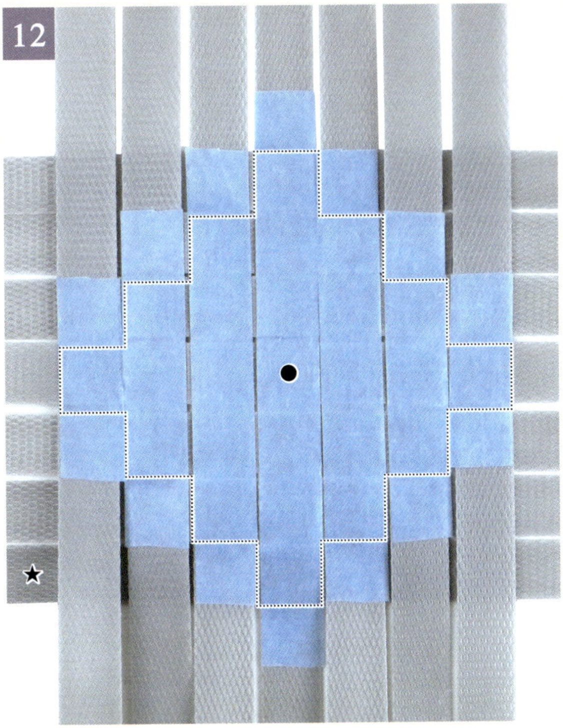

写真の位置にマスキングテープを縦方向に貼る。
※マスキングテープは、側面を編み、底面が固定された後にはがす。

13

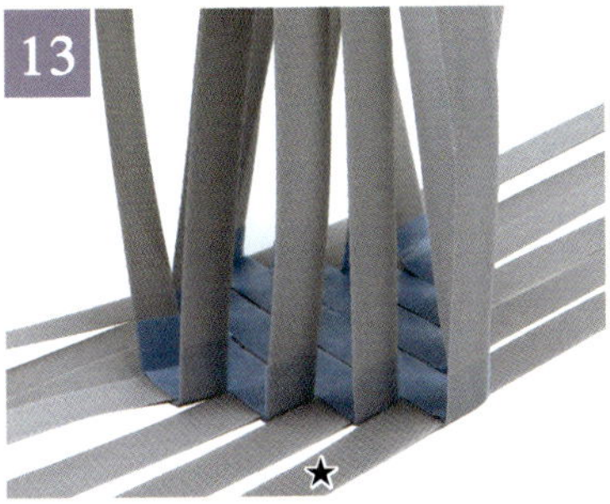

12の点線の位置で、縦紐を広がらないようにしっかりと立ち上げる。

14

12の点線の位置で、横紐を広がらないようにしっかりと立ち上げる。

15

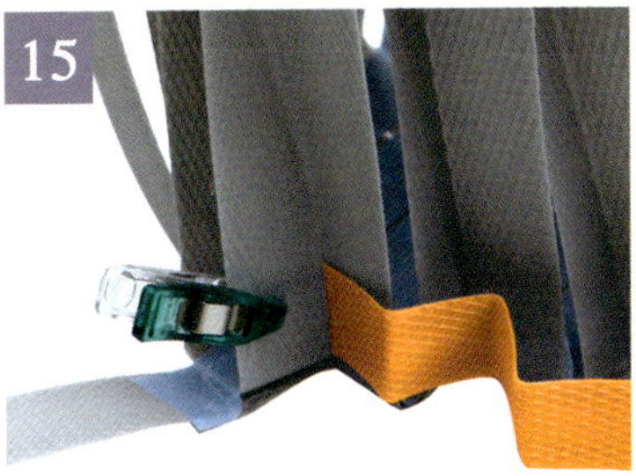

図2の**1段目**の編み始めの位置に7の編み紐①を縦紐の裏にクリップで留める。＊

16

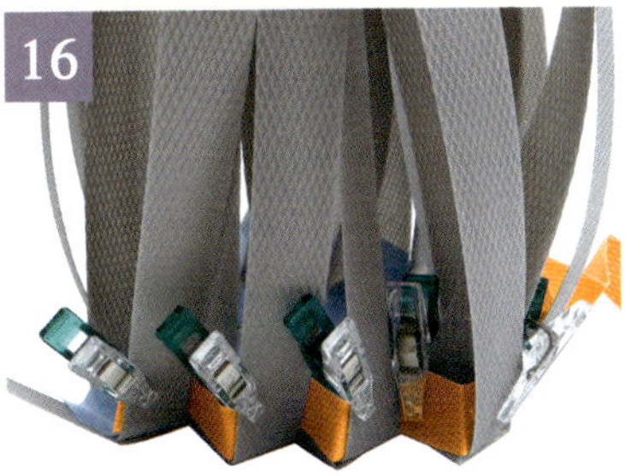

折り目に合わせながら右方向に交互に編む。

Point

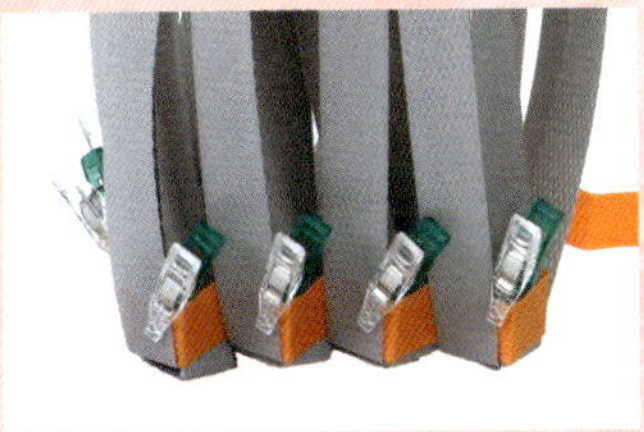

はずれやすいので、1本ずつクリップで固定しながら編みましょう。

17

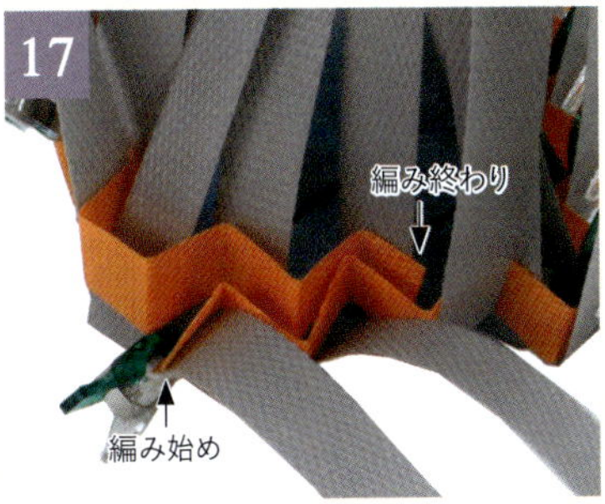

1周編み、編み終わりを編み始めの後ろに入れて縦紐4本分内側に重ねる。

18

1段目を編んだところ。

19

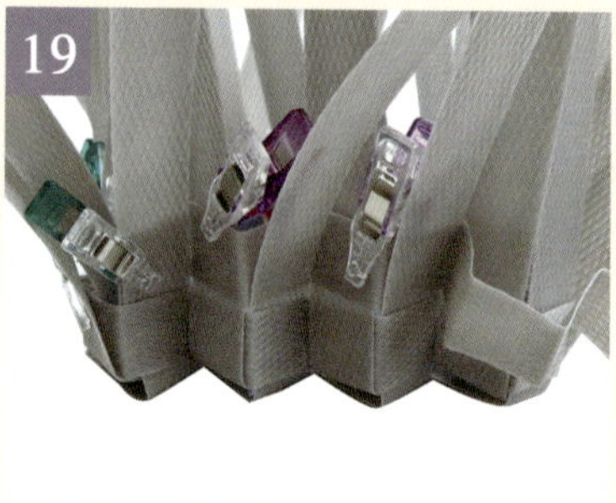

編み紐①で2段目を編む。図2の**2段目**の位置からスタートし、17と同様に始末する。

20

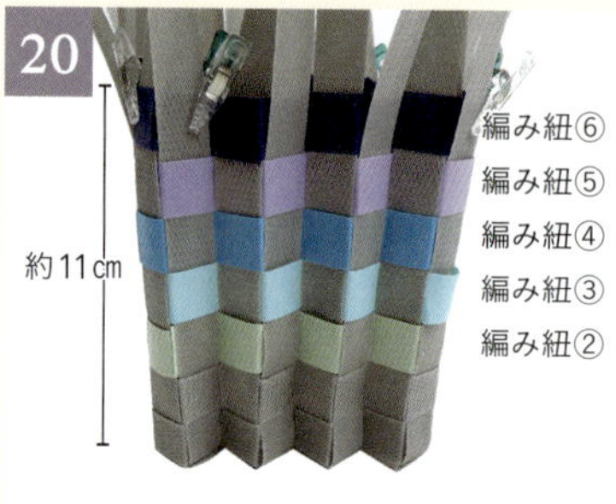

図2の通りにスタート位置を変え、隙間を詰めながら、編み紐②～⑥で5段編む（計7段）。

21

最上段を包むように紐を前後に折る。4.5㎝残し、余分をカットする。

22

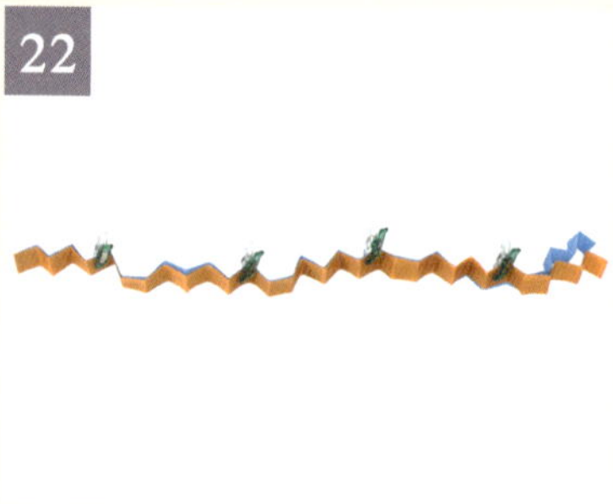

縁紐を2枚重ね、7と同様に折る。＊

23

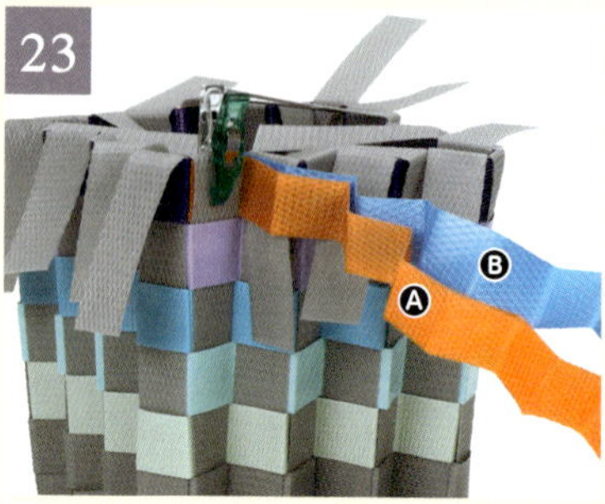

図2の**縁紐**の編み始めの位置に、2枚重ねた縁紐を紐の裏にクリップで留める。

24

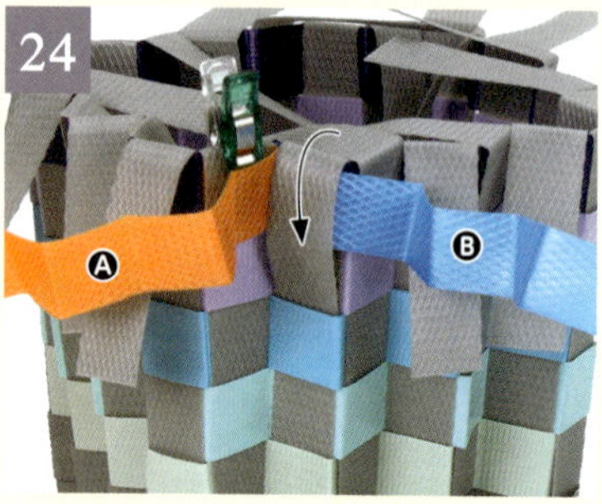

Aを手前に折る。内側から出ている紐をBの外側から下段に差し込む。

25

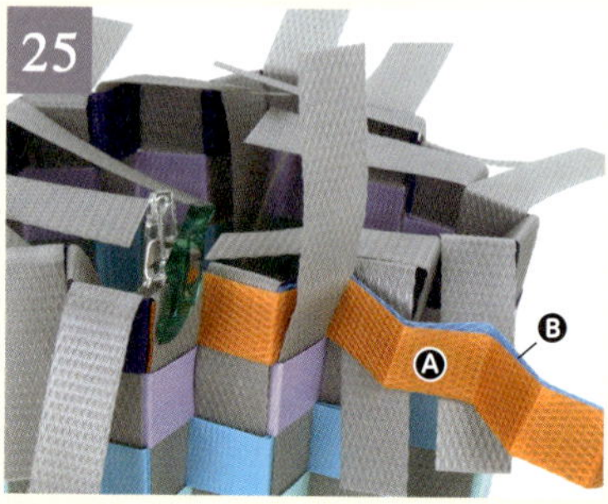

Aを戻してBに重ねる。外側から出ている紐をABの外側に出す。

26

24・25を1周繰り返す。

27

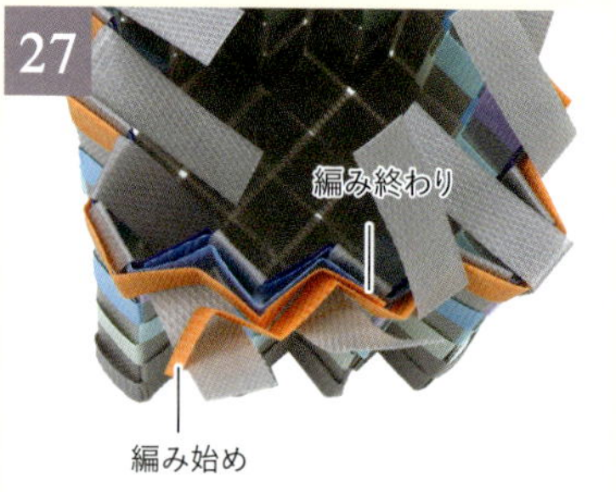

編み始めのクリップをはずし、編み終わりの2枚をAの編み始めの内側に重ねる。

28

外側から出ている紐をBと編み紐⑥の間に通し、上から3段目に差し込む。

29

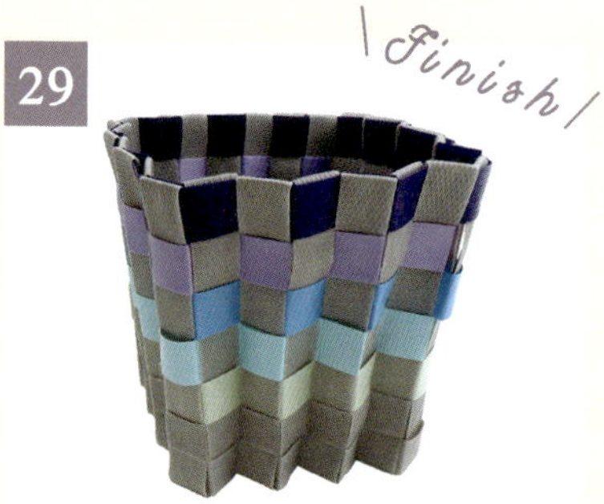

すべての紐を同様にし、完成！

No(14) ダイヤ柄の大きなバッグ

Photo → P.56

材料と寸法

横紐	110cm×7本	Gタイプ〈6〉
縦紐	85cm×25本	Gタイプ〈6〉
編み紐①	110cm×2本	Gタイプ〈6〉
編み紐②	110cm×15本	シルクリボンシリーズ〈12〉
縁紐	110cm×2本	Gタイプ〈6〉
重ね紐	30cm×64本(1/4幅)	シルクリボンシリーズ〈12〉
飾り紐①	40cm×32本(1/3幅)	Gタイプ〈6〉
飾り紐②	40cm×32本(1/4幅)	シルクリボンシリーズ〈12〉
持ち手紐	120cm×8本(1/2幅)	シルクリボンシリーズ〈12〉

★ビニールチューブ(内径10mm)〈M's Factory販売商品〉 40cm×2

必要な長さ

Gタイプ〈6〉	37m75cm
シルクリボンシリーズ〈12〉	29m30cm

完成サイズ

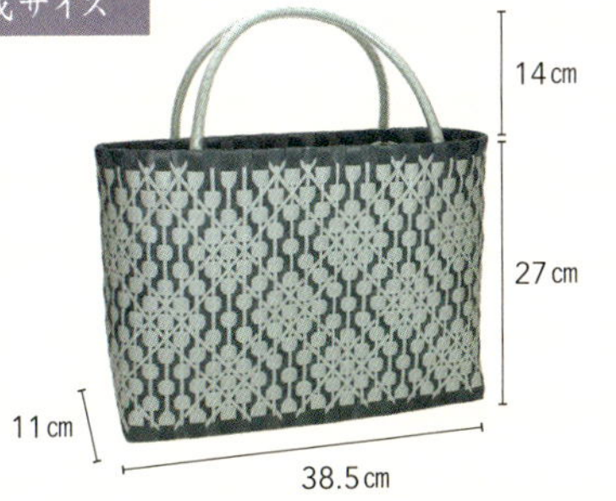

作り方

＊＝わかりやすいように紐の色を変えて説明しています。

1

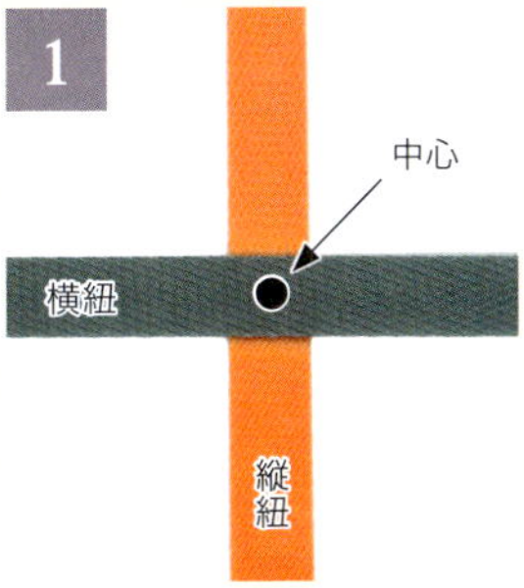

縦紐の上に横紐を重ねて十字に組み、中心を合わせる。＊

2

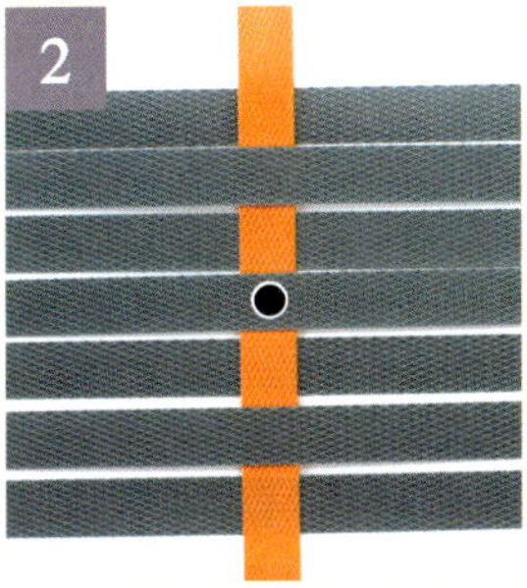

横紐を上側と下側へ3本ずつ、縦紐に対して交互に並べる。

3

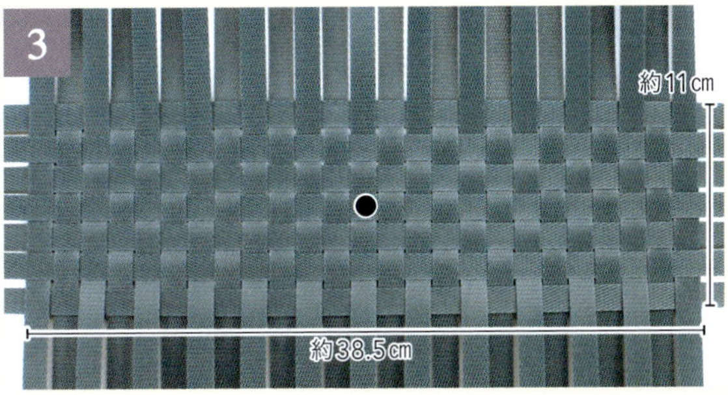

縦紐を右側と左側へ12本ずつ編み目が交互になるように差し込む。中心に向かってしっかりと隙間を詰め、形を整える。

4

P.65 5〜P.66 11を参照し、底にマスキングテープを貼って紐を立ち上げる。編み紐①で1段編む。角は1段目のみ折り目を付ける。＊

5

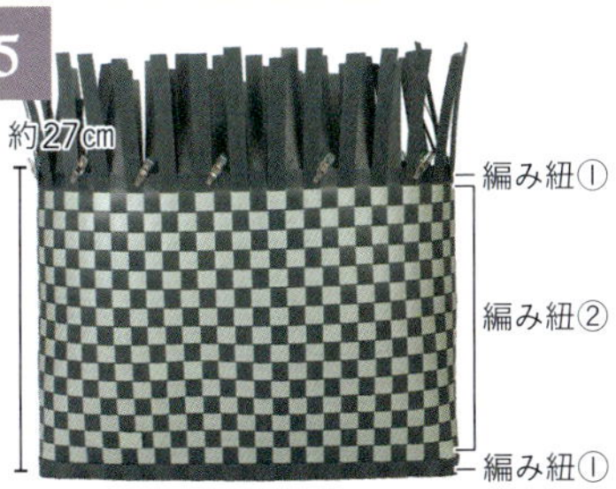

下段と編み目が交互になるようにスタート位置を変え、編み紐②①で隙間を詰めながら計17段編む。高さを揃え、形を整える。

6

P.66「縁の始末の仕方」を参照し、縁紐を使って縁を始末する。＊

7

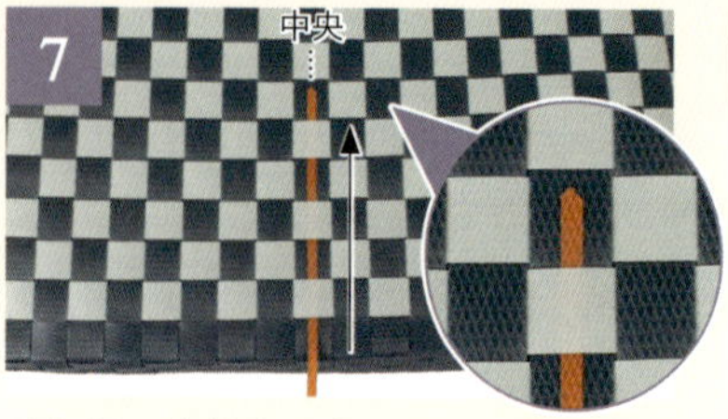

重ね紐の先端をV字にカットし、縦方向に交互に通す。＊

8

上から2段目まで通し、下端の余分をカットする。

9

右隣に重ね紐を最下段から最上段まで通し、下端の余分をカットする。＊

10

7〜9を1周繰り返す。

11

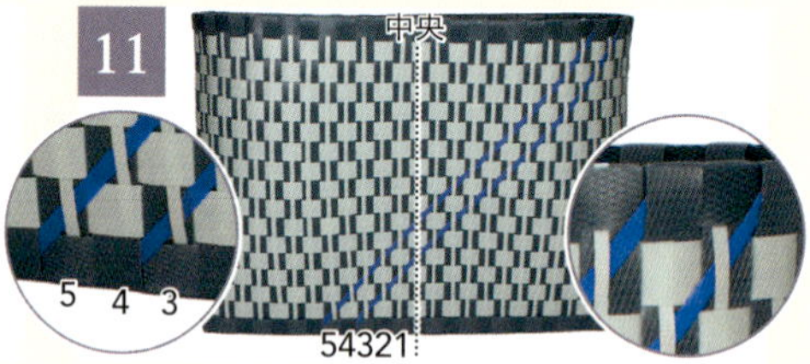

飾り紐①2本を、写真の位置の重ね紐の下へ右上がりに通す。両端は余分をカットし、縦紐の下に差し込む。＊
※飾り紐①の太さは1/3幅。

12

飾り紐②2本を、11の右隣に同様に通す。＊
※飾り紐②の太さは1/4幅。

13

11・12を1周繰り返す。

14

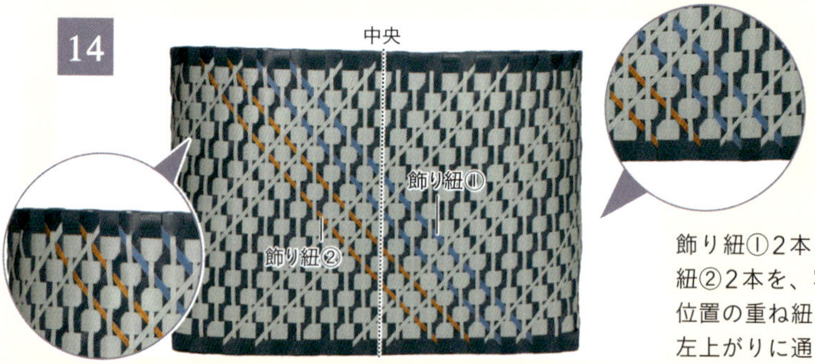

飾り紐①2本と飾り紐②2本を、写真の位置の重ね紐の下へ左上がりに通す。＊

15

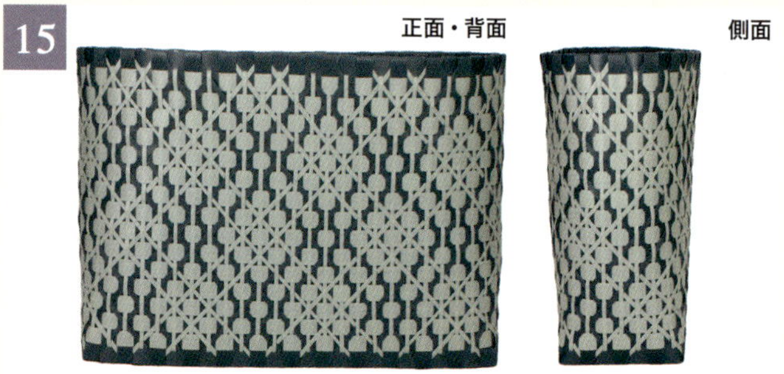

14を1周繰り返す。

16

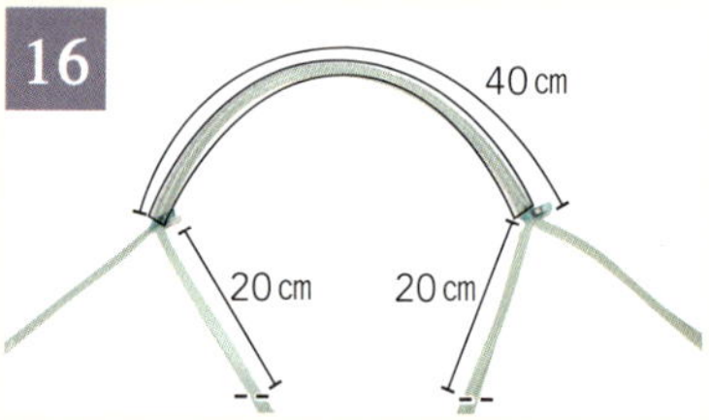

P.74「4本丸編みの持ち手の作り方」を参照し、持ち手紐とビニールチューブで40cmの持ち手を計2本作る。

17

持ち手紐を左右2本ずつに分け、正面の角から5本目の内側の縁に差し込む。＊

18

P.75「持ち手の付け方」を参照し、持ち手を付ける。

19

反対側と背面も同様に持ち手を付け、完成！

No (15) ストレージバスケット

Photo → P.57

材料と寸法

横紐	88cm×15本	MSクッキー
縦紐	78cm×21本	MSクッキー
編み紐	120cm×13本	MSクッキー
縁紐	124cm×2本	MSクッキー
重ね紐①	76cm×8本(1/2幅)	MSクッキー
重ね紐②	76cm×7本(1/2幅)	MSミルクココア
重ね紐③	66cm×11本(1/2幅)	MSミルクココア
重ね紐④	66cm×10本(1/2幅)	MSクッキー
重ね紐⑤	120cm×6本(1/2幅)	MSクッキー
重ね紐⑥	120cm×6本(1/2幅)	Gタイプ〈1〉
縁飾り紐	120cm×2本(1/2幅)	MSミルクココア
持ち手紐①	80cm×2本	MSクッキー
持ち手紐②	51cm×2本	MSクッキー
持ち手巻き紐	150cm×4本(1/2幅)	MSクッキー

★アルミ針金（直径3㎜）124cm×1

必要な長さ

MSクッキー	63m22cm
MSミルクココア	8m20cm
Gタイプ〈1〉	3m60cm

完成サイズ

※表紙掲載色

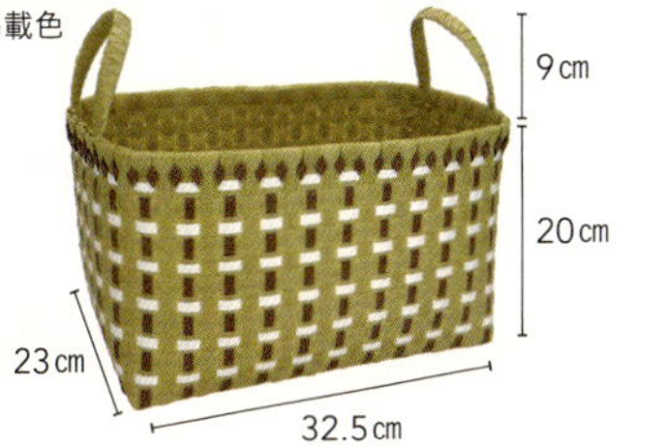

作り方

＊＝わかりやすいように紐の色を変えて説明しています。

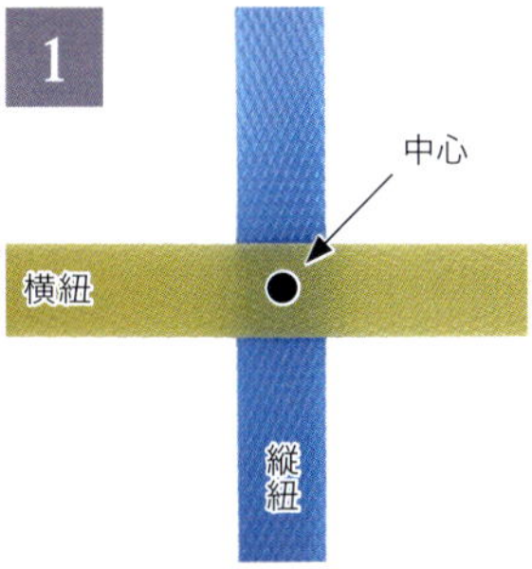

縦紐の上に横紐を重ねて十字に組み、中心を合わせる。＊

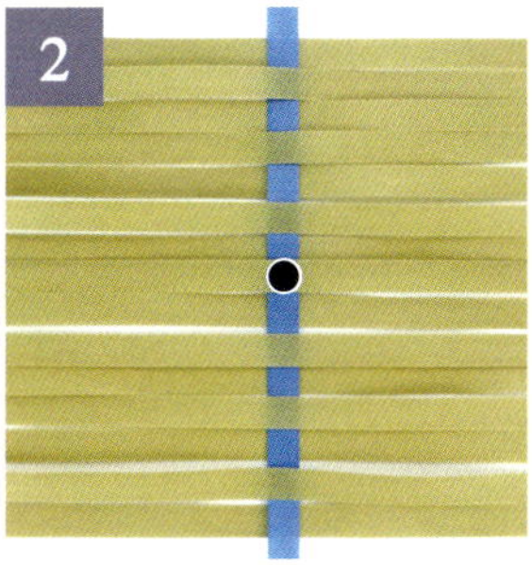

横紐を上側と下側へ7本ずつ、縦紐に対して交互に並べる。

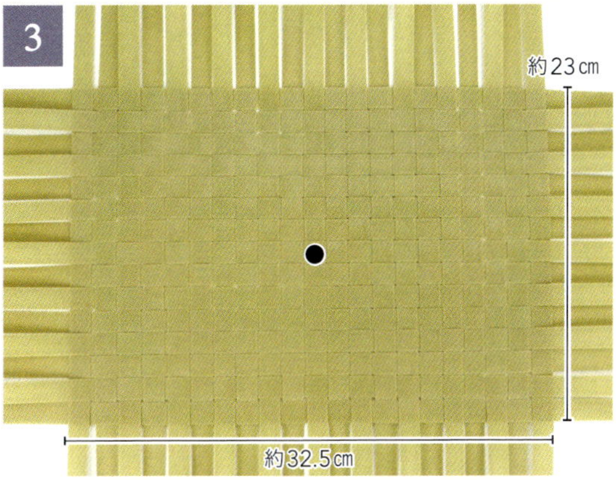

縦紐を右側と左側へ10本ずつ編み目が交互になるように差し込む。中心に向かってしっかりと隙間を詰め、形を整える。

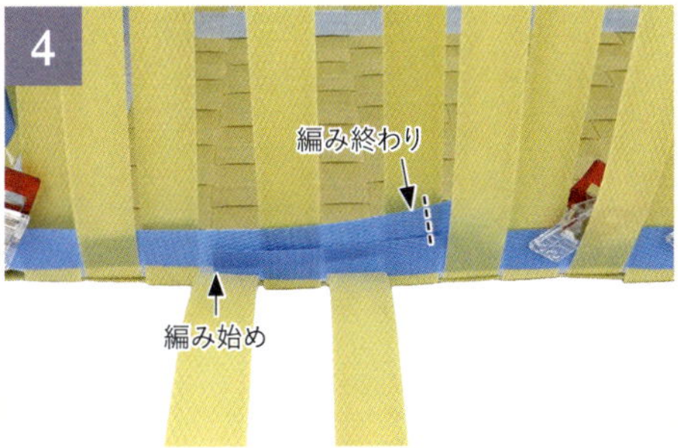

P.65 5～P.66 11を参照し、底にマスキングテープを貼る。紐を立ち上げ、編み紐で1段編む。角は1段目のみ折り目を付ける。＊

下段と編み目が交互になるようにスタート位置を変え、編み紐で隙間を詰めながら計13段編む。高さを揃え、形を整える。

アルミ針金を最上段の編み紐の上側に重ねて1周通し、クリップで留める。

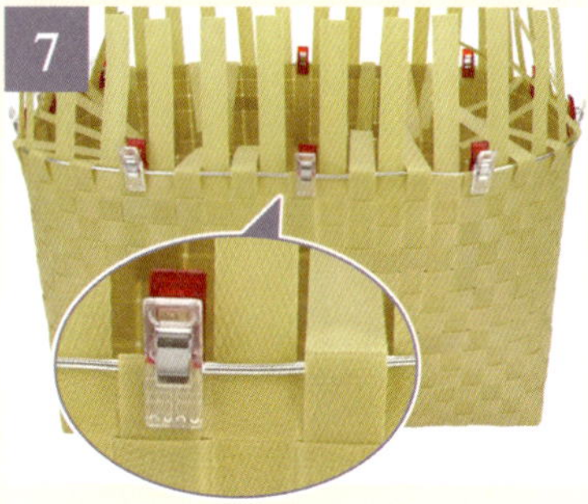

外側から出ている紐を内側に折り、クリップで留める。

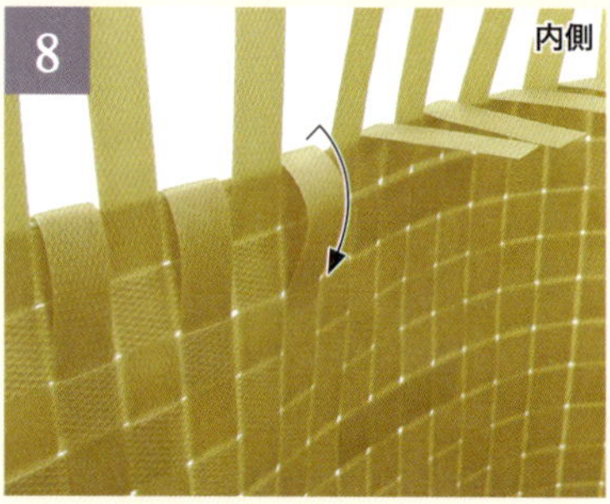

折った紐の余分をカットし、上から3段目に差し込む。

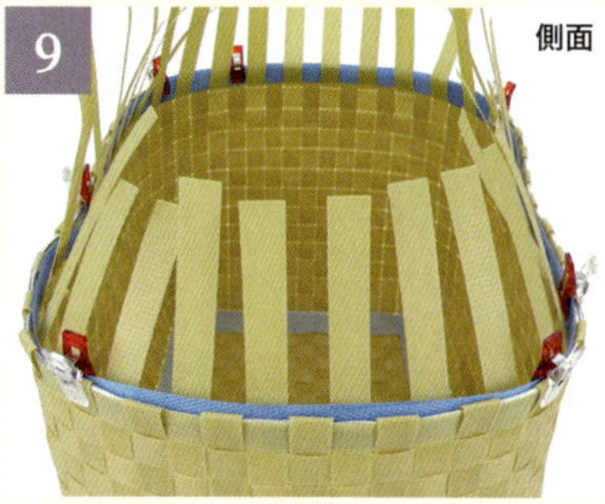

縁紐を内側から出ている紐と最上段の間に差し込む。縁紐の両端は側面で紐の内側に隠れるようにする。＊

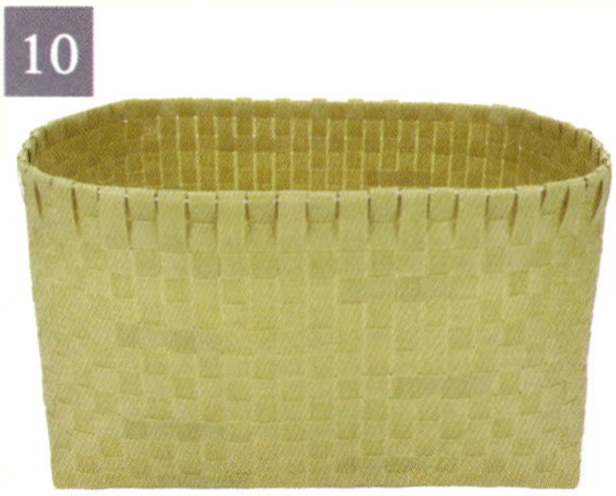

内側から出ている紐を外側に折り、余分をカットして上から3段目に差し込む。

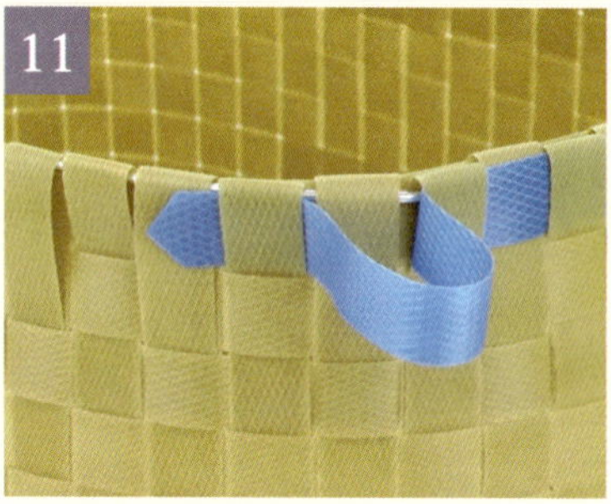

縁紐の先端をV字にカットし、最上段の外側へ交互に通す。＊

1周通す。先端が編み目の内側に隠れるように余分をカットして差し込み、始末する。

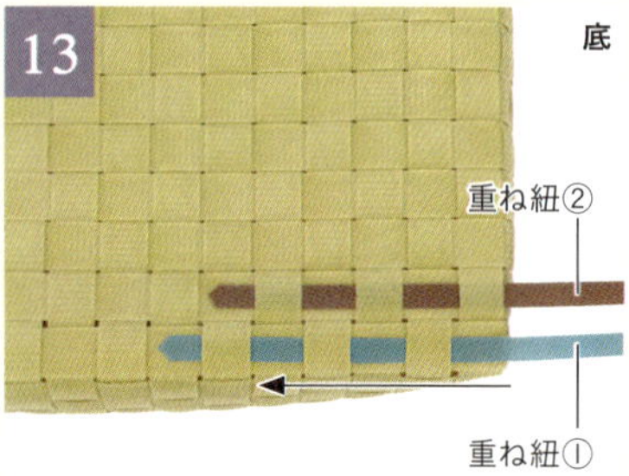

底に向きを変える。重ね紐①②の先端をV字にカットし、横方向に交互に通す。＊

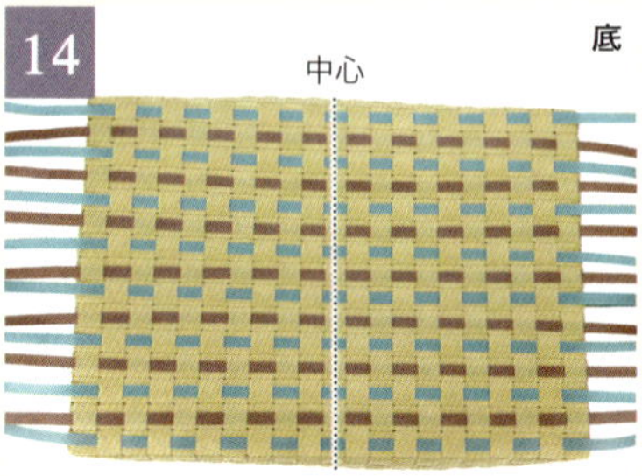

重ね紐①②計15本の中心を合わせ交互に通す。＊

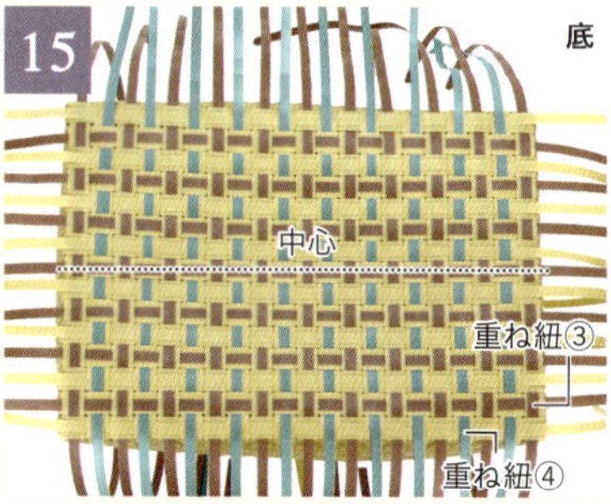

重ね紐③④計21本の中心を合わせ縦方向へ交互に通す。＊

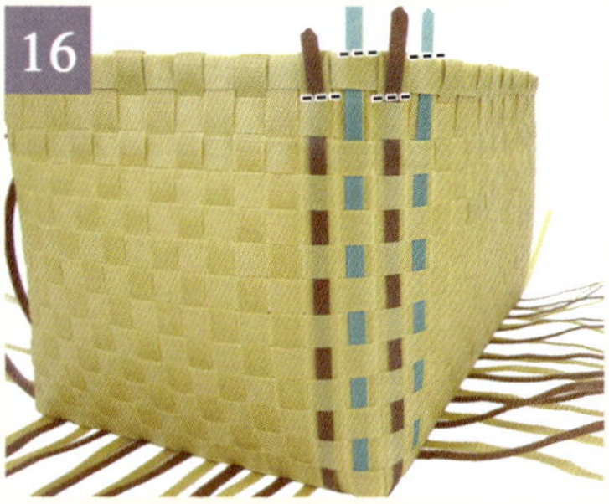

本体の向きを元に戻す。重ね紐①～④を立ち上げ、上まで交互に通して余分をカットする。＊

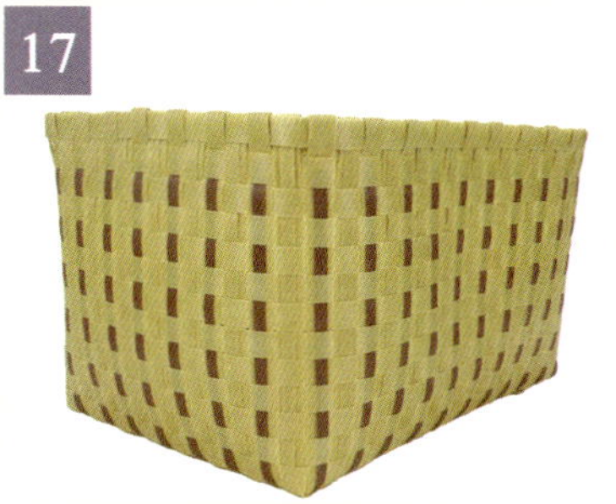

すべての紐を同様にする。

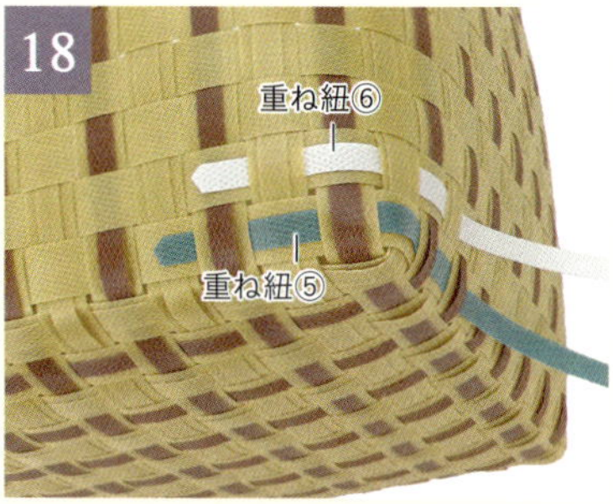

重ね紐⑤⑥を最下段と下から2段目の編み紐に重ねて1周通す。重ね紐の位置は編み紐の中央に合わせる。＊

19

1周通す。先端が編み目の内側に隠れるように余分をカットして差し込み、始末する。

20

重ね紐⑤⑥を交互に計12段通す。＊

21

縁飾り紐の端を、右側面中央の最上段に右から差し込みクリップで留める。

22

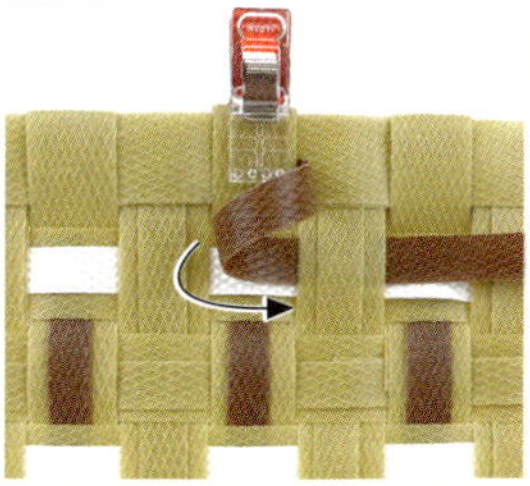

ひねって右下に差し込む。

23

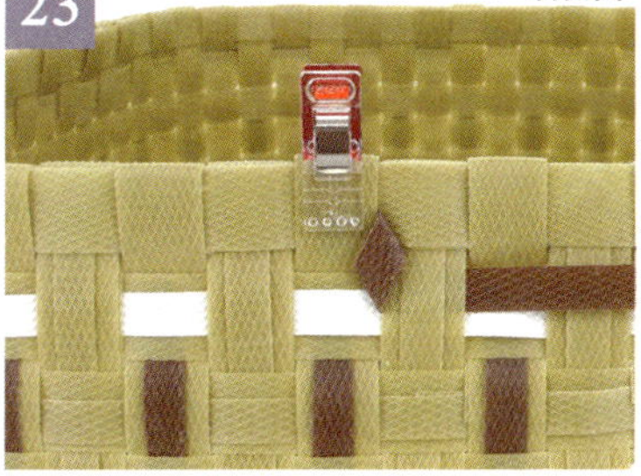

引き締め、しっかりと折る。

24

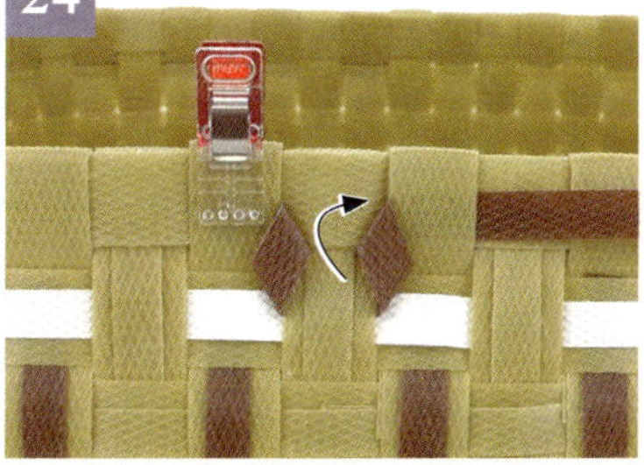

ひねって右上に差し込む。引き締め、しっかりと折る。

25

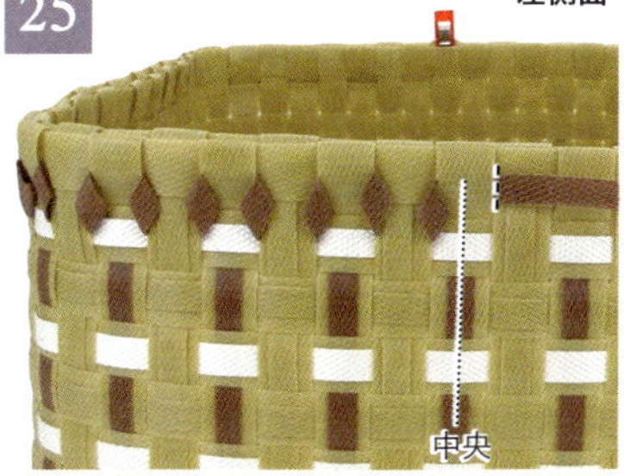

22～24を左側面中央まで繰り返し、余分をカットする。

26

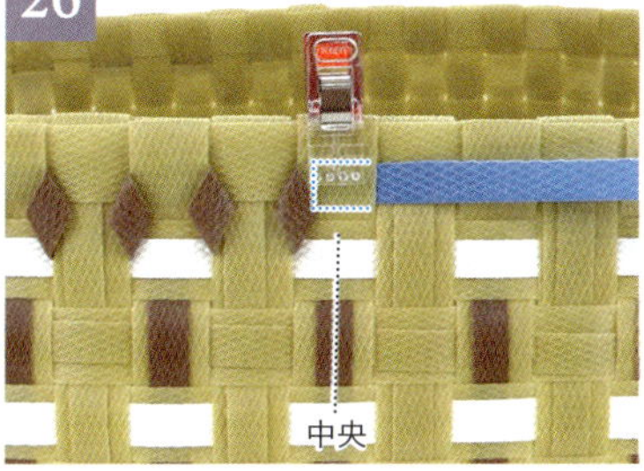

2本目の縁飾り紐を、左側面中央の最上段に右から差し込み、クリップで留める。＊

27

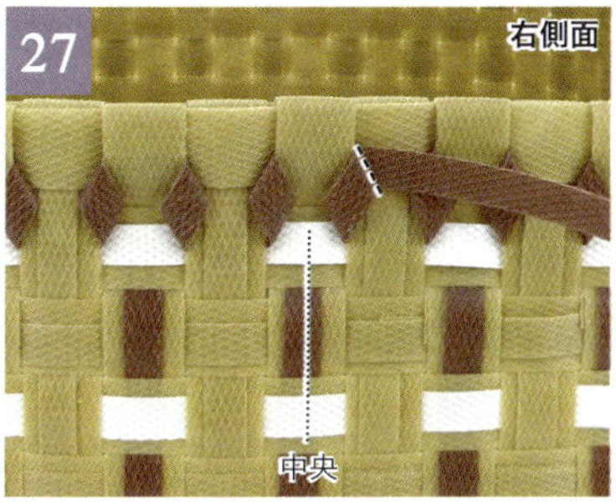

22～24を右側面中央まで繰り返し、余分をカットする。

28

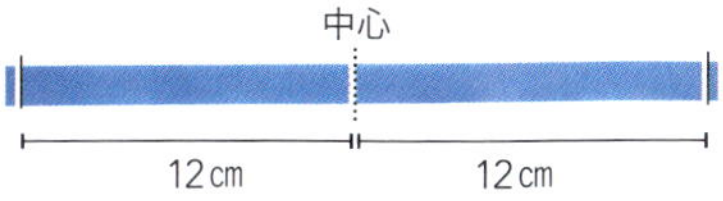

持ち手紐①の中心から左右12㎝の位置に印を付ける。＊

29

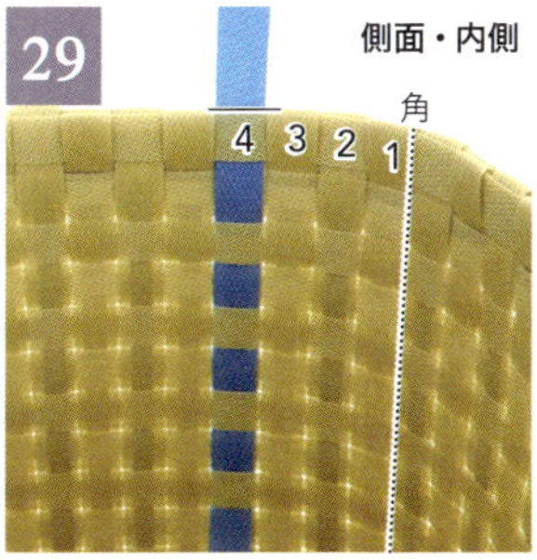

28を側面の角から4本目の内側の縁に差し込み、下段に4回差し込む。印を縁に合わせる。

30

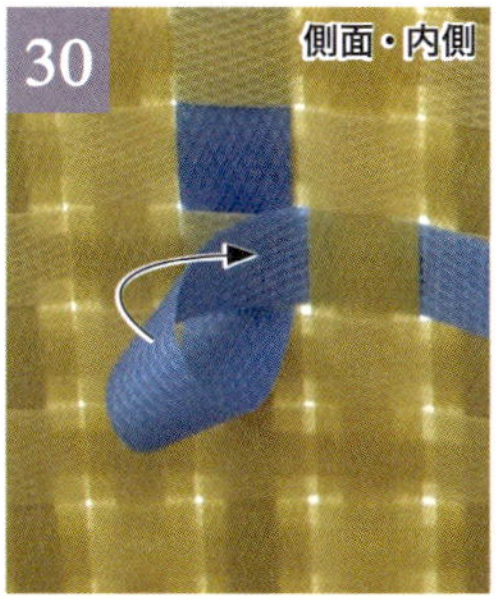

29で差し込んだ先端をひねって右に差し込む。

31

引き締める。ひねって下段に差し込む。

32

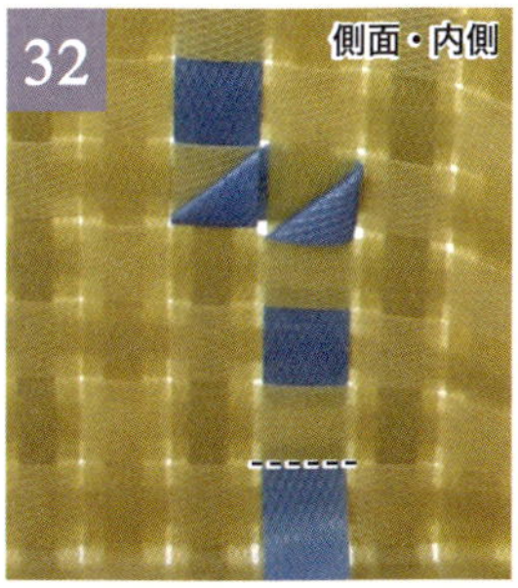

引き締め、さらに下段へ差し込み、余分をカットする。

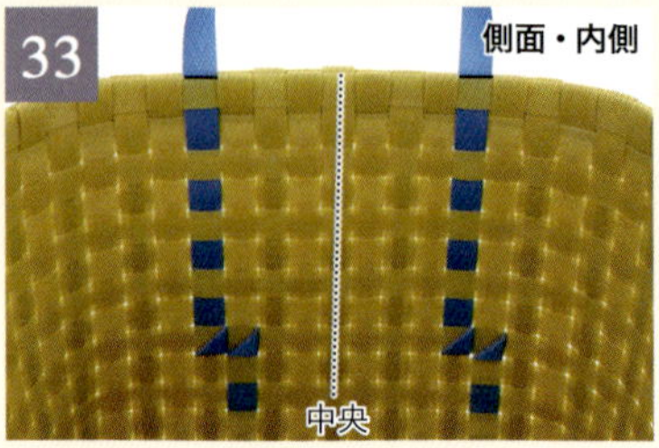

反対側も29〜32と同様にする。

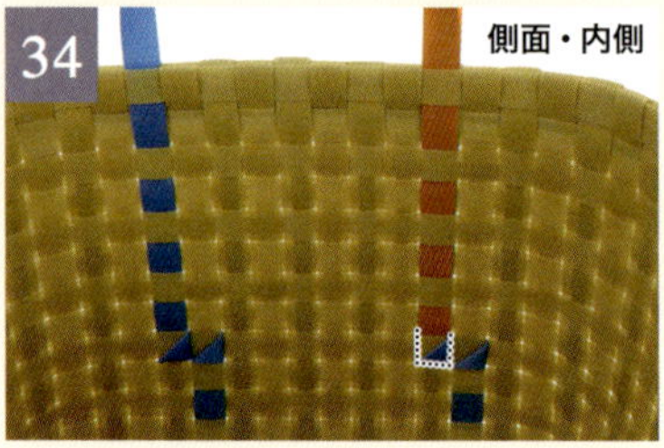

持ち手紐②を持ち手紐①の内側に沿わせて、点線の位置まで差し込む。＊

反対側まで差し込んだところ。

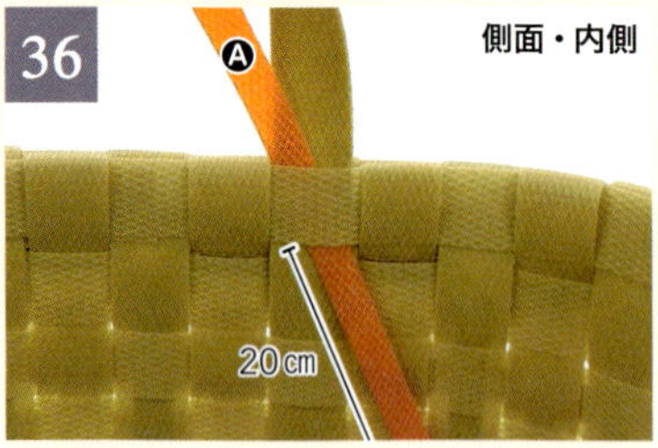

持ち手巻き紐を持ち手の根元の内側に20㎝通す。＊

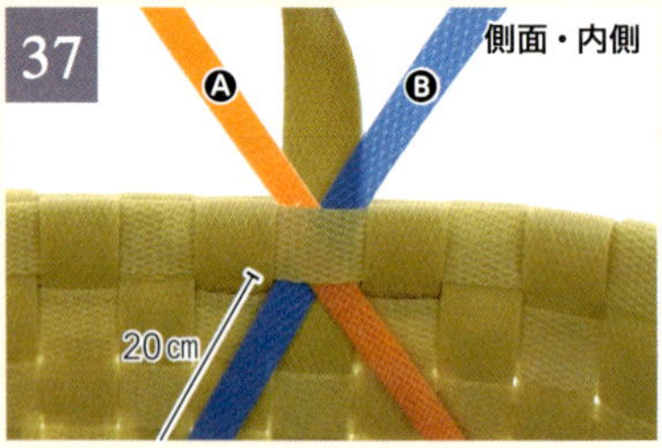

2本目の持ち手巻き紐を通して交差させる。＊

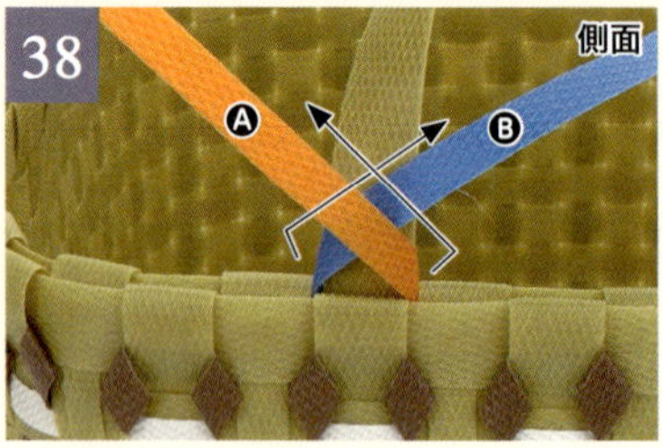

外側に向きを変える。Ⓑを右上に折り、Ⓐを交差させて折る。

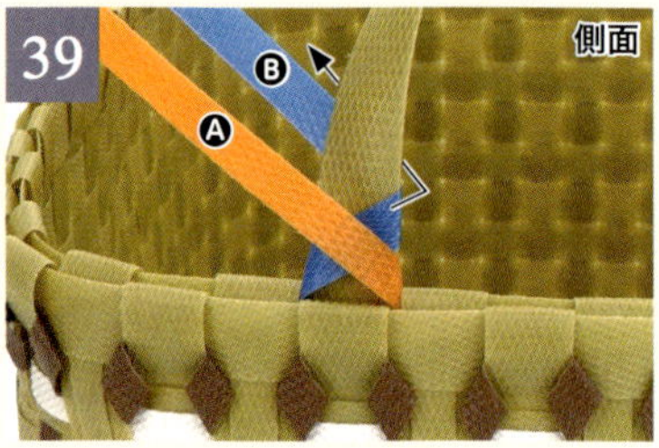

Ⓑを後ろに折る。

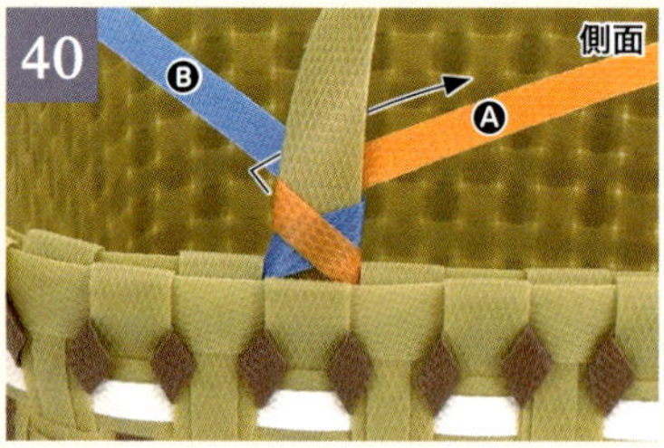

ⒶをⒷと持ち手の間に折る。

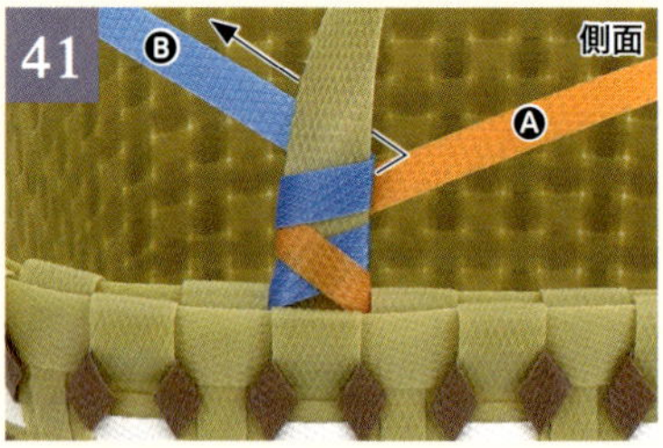

ⒷをⒶと持ち手の間に折る。

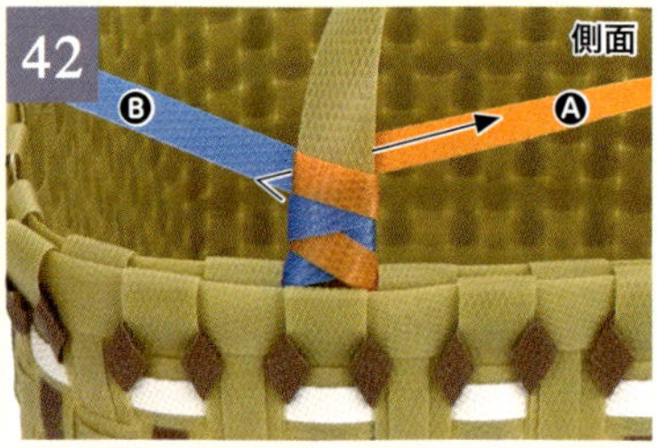

ⒶをⒷと持ち手の間に折る。

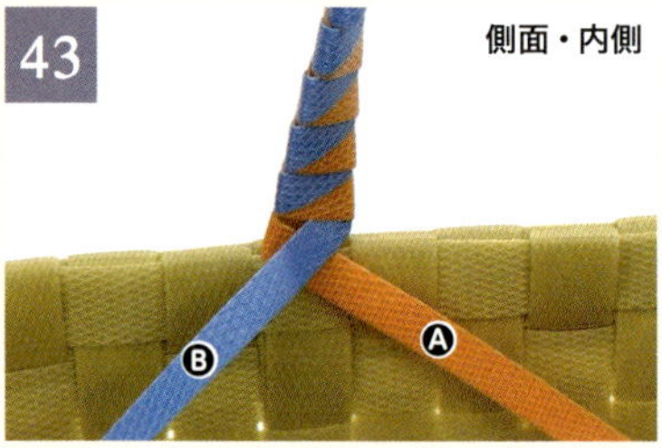

41・42を反対側まで繰り返す。

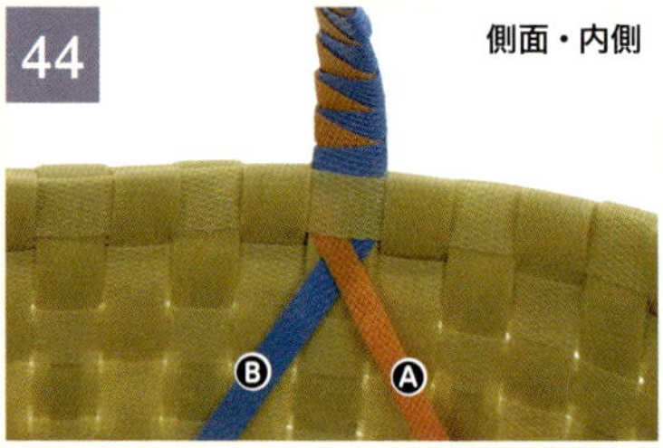

ⒶとⒷを持ち手の根元の内側に通す。

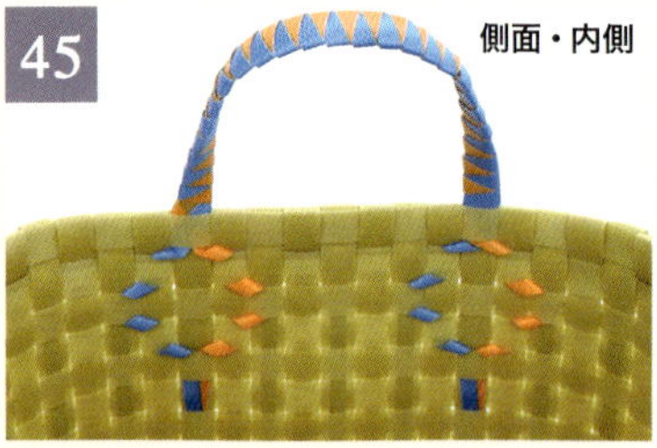

P.75「持ち手の付け方」を参照し、持ち手巻き紐を始末する。

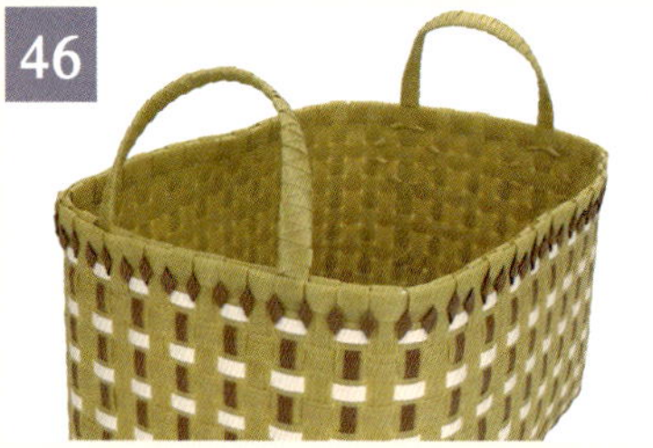

反対側側面も同様に持ち手を付ける。

\ Finish /

完成！

No (16) ブロック柄のミニバッグ

Photo → P.58

材料と寸法

横紐①	68cm×3本	MSミルクココア
横紐②	68cm×4本（1/2幅）	シルクリボンシリーズ〈16〉
縦紐①	58cm×5本	MSミルクココア
縦紐②	58cm×12本（1/2幅）	シルクリボンシリーズ〈16〉
編み紐①	66cm×5本	MSミルクココア
編み紐②	66cm×8本（1/2幅）	シルクリボンシリーズ〈16〉
縁紐	66cm×2本	MSミルクココア
持ち手紐	70cm×8本（1/2幅）	MSミルクココア

★ビニールチューブ（内径10㎜）〈M's Factory販売商品〉 29cm×2本

必要な長さ

MSミルクココア ………… 12m36cm
シルクリボンシリーズ〈16〉 ………… 7m48cm

完成サイズ

※表紙掲載色

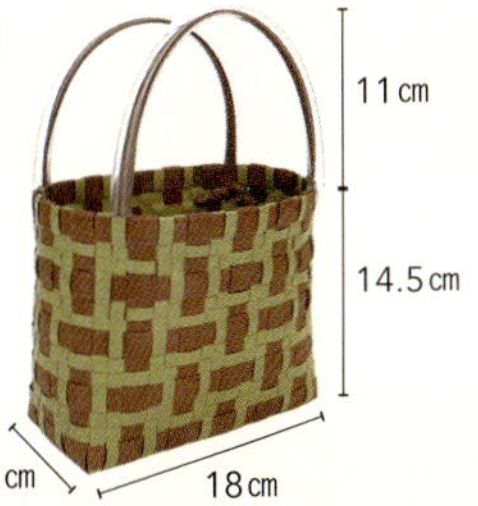

作り方

＊＝わかりやすいように紐の色を変えて説明しています。

1

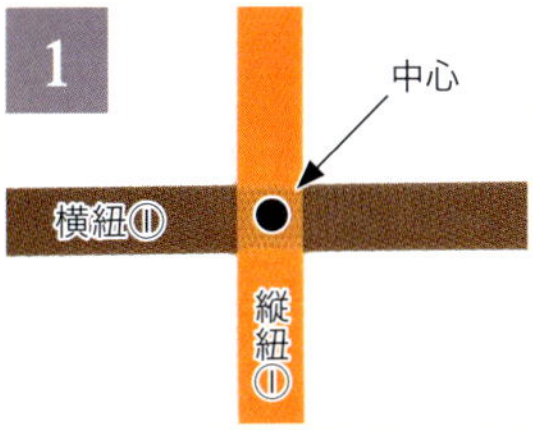

横紐①の上に縦紐①を重ねて十字に組み、中心を合わせる。＊

2

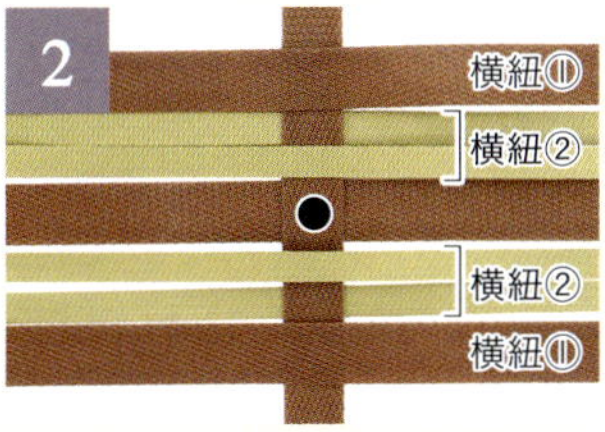

横紐②2本・横紐①1本の順で上側と下側へ計3本ずつ、縦紐①に対して交互に並べる。

3

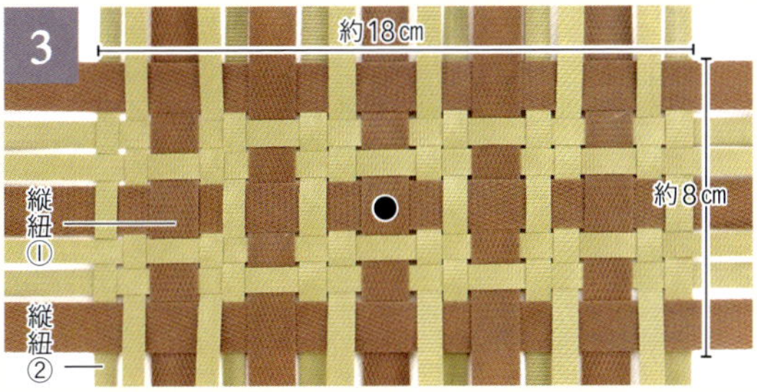

縦紐②①を写真のように右側と左側へ8本ずつ編み目が交互になるように差し込む。中心に向かってしっかりと隙間を詰め、形を整える。

4

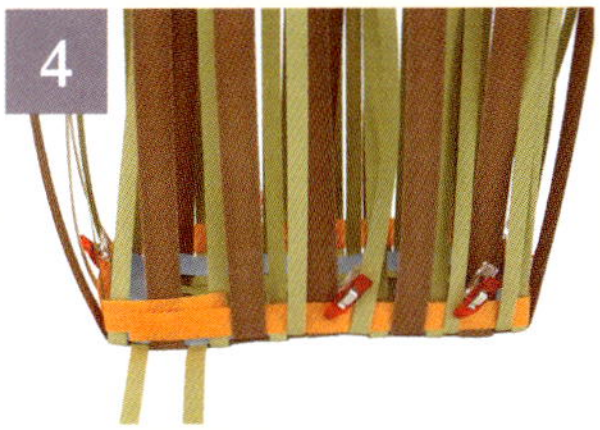

P.65 5〜P.66 11を参照し、編み紐①で1段編む。角は1段目のみ折り目を付ける。＊

5

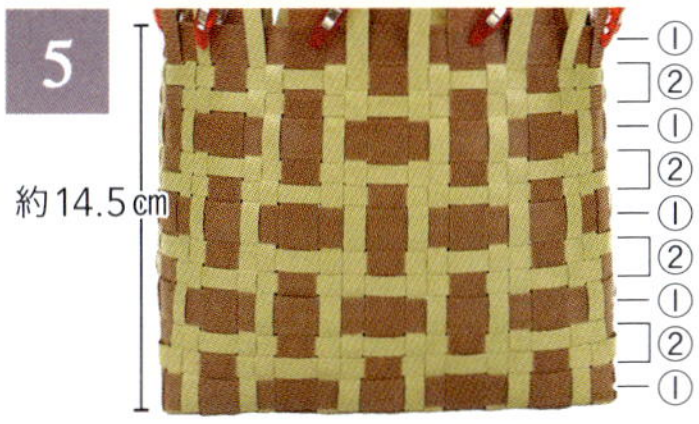

下段と編み目が交互になるようにスタート位置を変え、編み紐②①で隙間を詰めながら計13段編む。高さを揃え、形を整える。

6

P.66「縁の始末の仕方」を参照し、縁紐を使って縁を始末する。＊

7

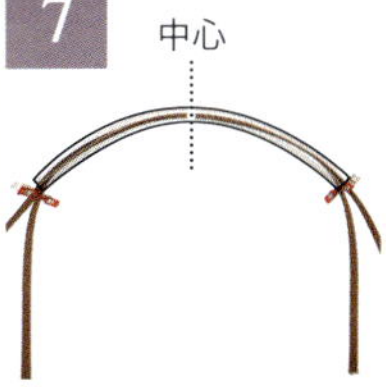

持ち手紐4本を重ねてビニールチューブに通し、中心を揃える。

8

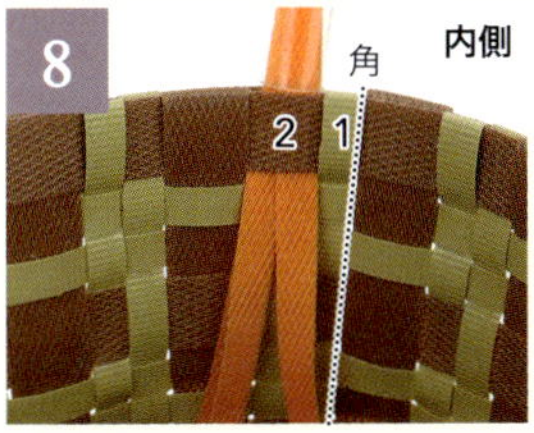

持ち手紐を正面の角から2本目の内側の縁に差し込み、2本ずつの束に分ける。＊

9

P.75「持ち手の付け方」を参照し、持ち手を付ける。

10

反対側と背面も同様に持ち手を付ける。

11

Finish

完成！

No.(17) ツートンカラーのハート型ミニかご

Photo → P.59

材料と寸法

【内側】

縦紐①	34cm×4本	シルクリボンシリーズ〈2〉
横紐①	34cm×4本	シルクリボンシリーズ〈2〉
横紐②	31cm×2本	シルクリボンシリーズ〈2〉
縦紐②	31cm×2本	シルクリボンシリーズ〈2〉
編み紐①	48cm×4本	シルクリボンシリーズ〈2〉
縁紐①	48cm×2本	シルクリボンシリーズ〈2〉

【外側】

縦紐③	36cm×4本	MSミルクココア
縦紐④	33cm×2本	MSミルクココア
横紐③	36cm×4本	MSミルクココア
横紐④	33cm×2本	MSミルクココア
編み紐②	50cm×4本	MSミルクココア
縁紐②	50cm×1本	MSミルクココア

必要な長さ

シルクリボンシリーズ〈2〉	6m84cm
MSミルクココア	6m70cm

完成サイズ

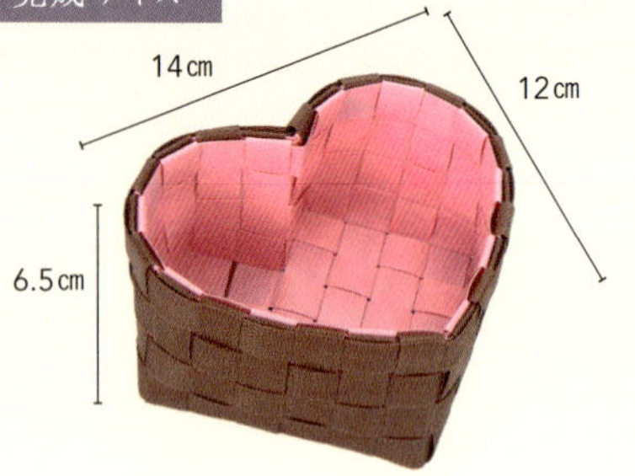

作り方

＊＝わかりやすいように紐とマスキングテープの色を変えて説明しています。

内側を編む

1

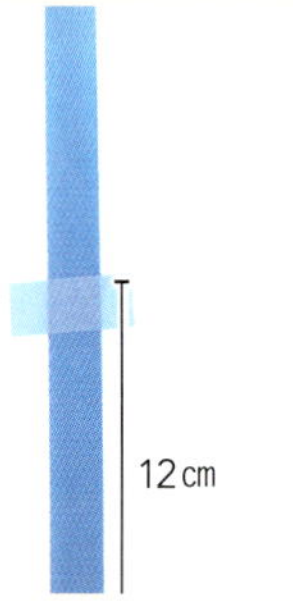

縦紐①の下から12cmの位置をマスキングテープで仮止めする。＊

2

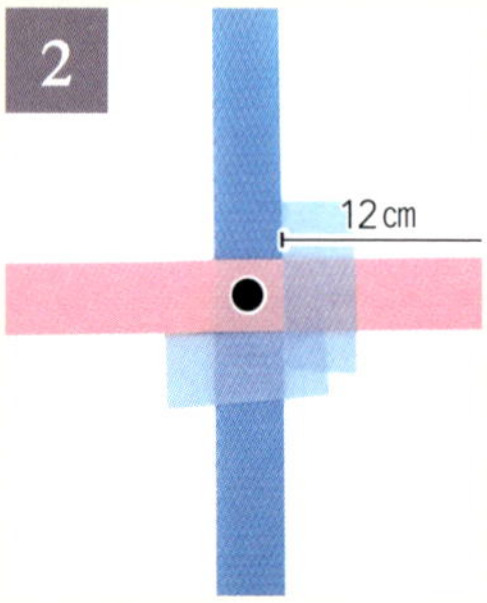

横紐①の右から12cmの位置を直角に重ね、マスキングテープで仮止めする。

3

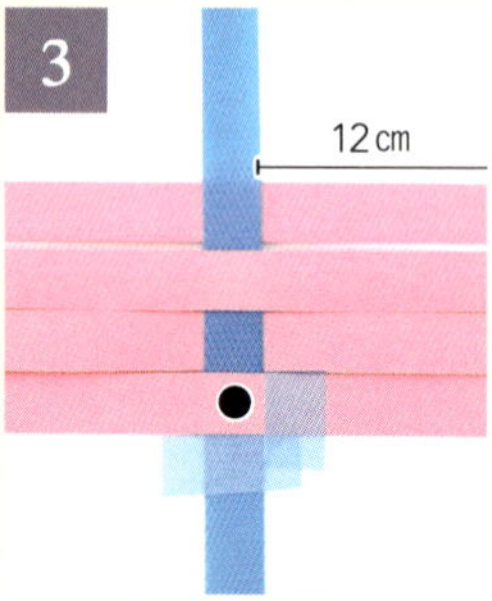

横紐①3本を右に長さを揃え、縦紐①に対して交互に並べる。

4

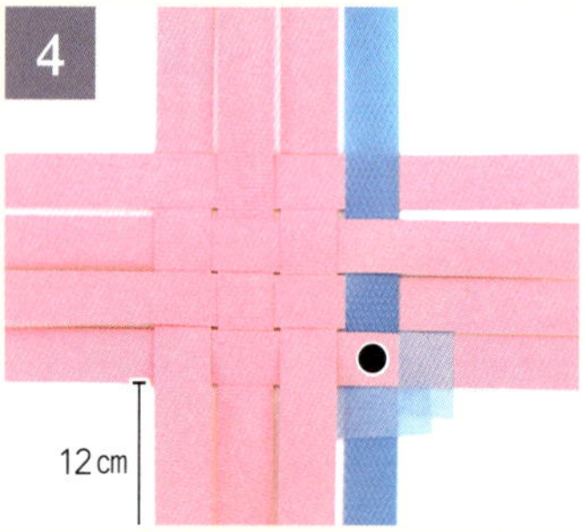

縦紐①3本を下に長さを揃え、左側へ編み目が交互になるように差し込む。隙間を詰め、形を整える。

5

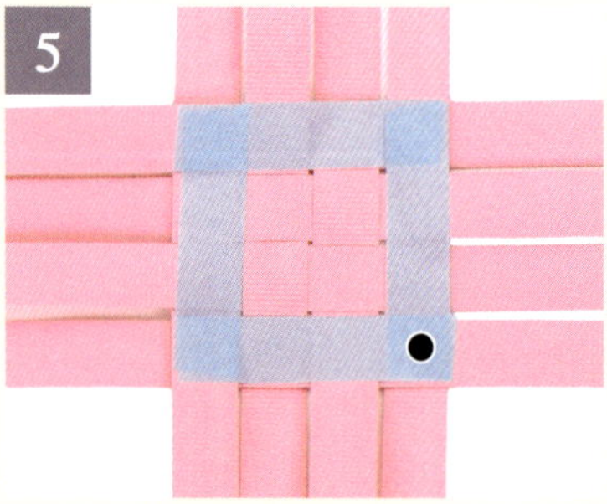

仮止めのマスキングテープをはがし、交差している箇所の四方にマスキングテープを貼る。

6

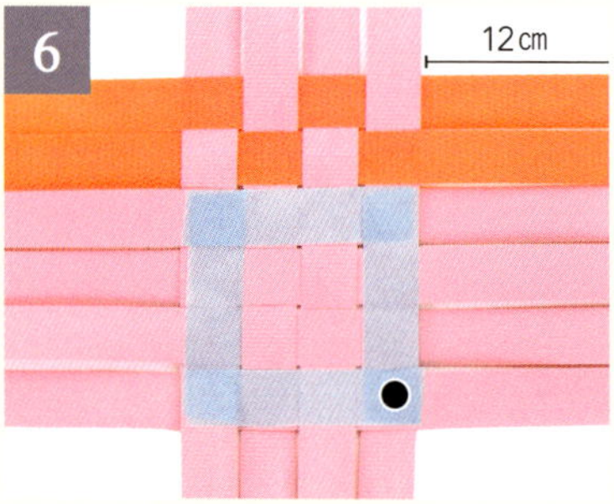

横紐②2本を右に長さを揃え、交互に差し込む。＊

7

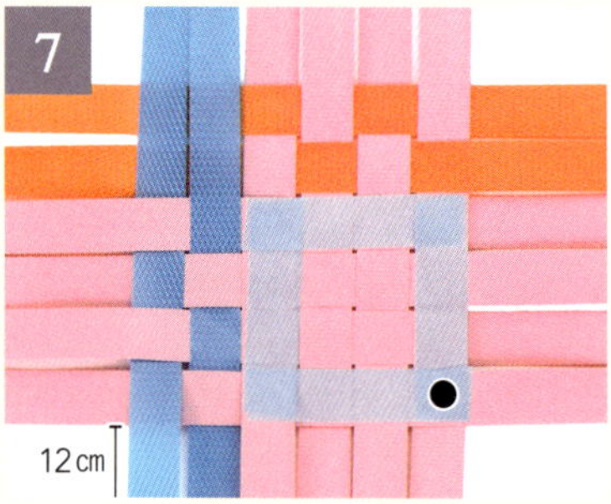

縦紐②2本を下に長さを揃え、横紐①に交互に差し込む。＊

8

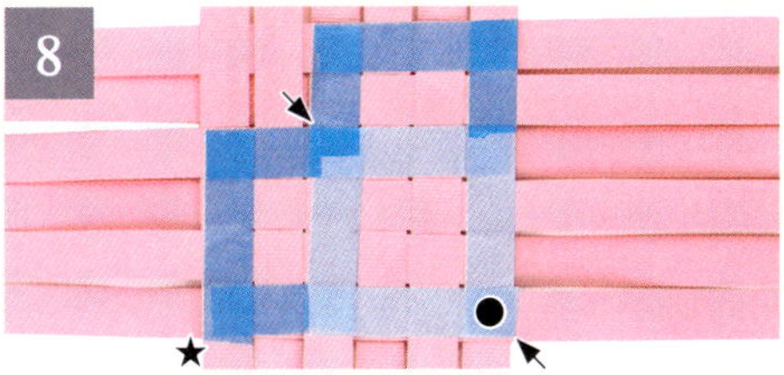

交差している箇所に、写真のようにマスキングテープを貼る。この面が底の内側になる。＊
※マスキングテープは、側面を編み底面が固定された後にはがす。

9

マスキングテープの外側に定規を当て、紐にしっかりと折り目を付けて立ち上げる。

10

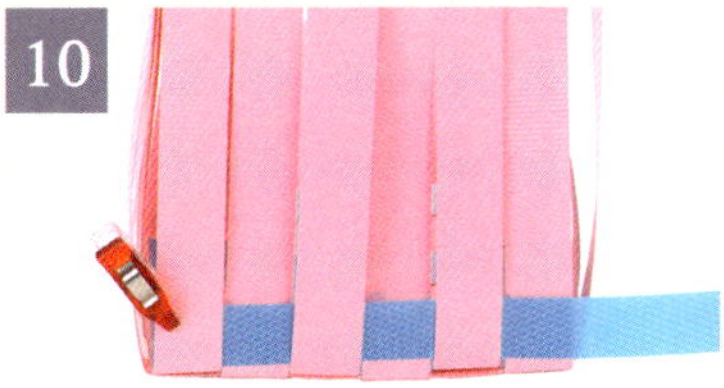

1段目は8の★からスタートする。編み紐①を縦紐の裏にクリップで留め、右方向に交互に編む。＊

11

角は1段目のみしっかりと折り目を付け、所どころクリップで編み紐①を押さえながら編み進める。

12

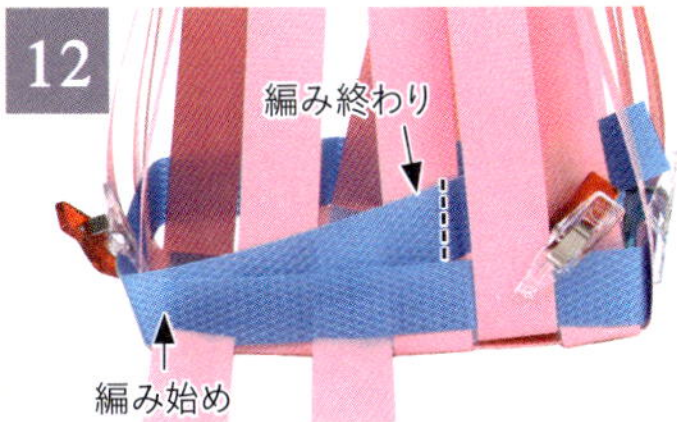

1周編み、編み終わりを編み始めの後ろに入れて縦紐4本分重ねる。先端が縦紐の内側に隠れるように余分をカットする。

13

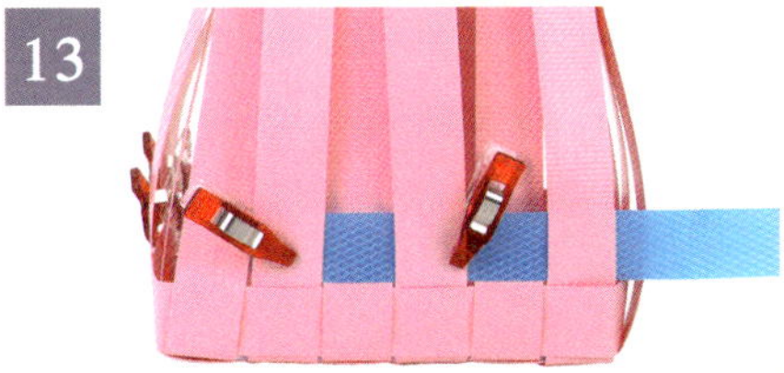

下段と編み目が交互になるようにスタート位置を変え、編み紐①で2段目を編む。2〜4段目は8の矢印の2か所に折り目を付ける。＊

14

隙間を詰めながら、編み紐①で計4段編む。高さを揃え、形を整える。

15

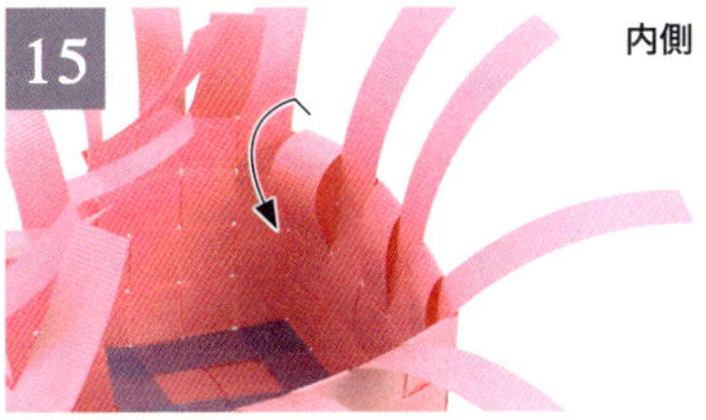

外側から出ている紐を内側に折り、折った紐の余分をカットして上から3段目に差し込む。

16

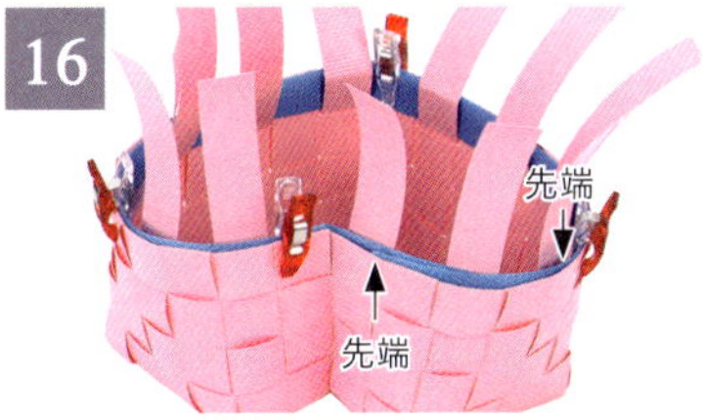

縁紐①を内側から出ている紐と最上段の間に差し込む。縁紐①の両端は写真のように紐の内側に隠れるようにする。＊

17

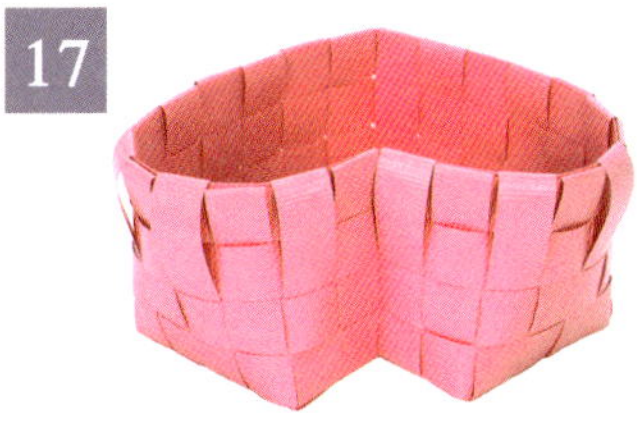

内側から出ている紐を外側に折り、余分をカットして上から3段目に差し込む。

18

縁紐①の先端を通しやすいようにV字にカットし、最上段の外側へ交互に通す。＊

19

1周通し、先端が編み目の内側に隠れるように余分をカットして差し込み、始末する。本体の内側を編んだところ。

外側を編む

20

底に向きを変える。縦紐③の両端をV字にカットする。写真の位置へ交互に通し、中心を合わせる。

21

縦紐③3本を同様に右へ交互に通し、中心を合わせる。

22

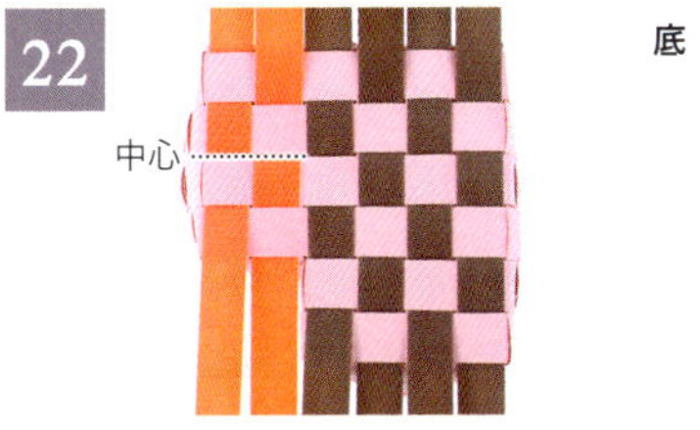

縦紐④2本の両端をV字にカットする。交互に通し、中心を合わせる。＊

横紐③の両端をV字にカットする。写真の位置の縦紐③④と内側のかごの間に交互に通し、中心を合わせる。＊

横紐③3本を同様に上へ交互に通し、中心を合わせる。

横紐④2本の両端をV字にカットする。縦紐③と内側のかごの間へ交互に通す。＊

本体の向きを元に戻す。紐に折り目を付け、立ち上げる。

1段目は底と互い違いになる位置からスタートする。編み紐②を縦紐の裏にクリップで留め、右方向に交互に編む。＊

内側に沿わせながら1周編み、編み終わりを編み始めの後ろに入れて縦紐4本分重ねる。先端が縦紐の内側に隠れるように余分をカットする。

隙間を詰めながら、編み紐②で計3段編む。

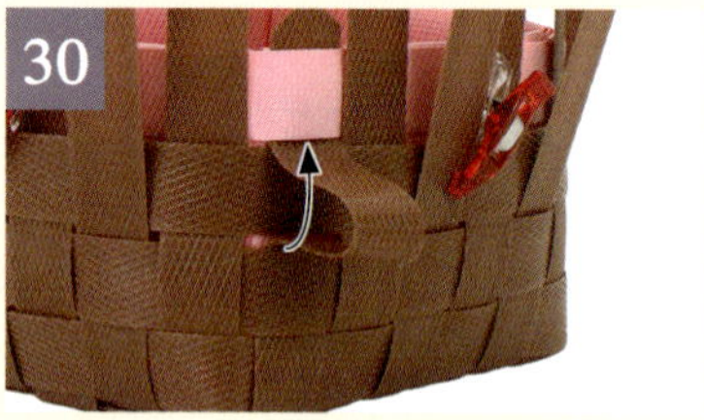

外側から出ている紐を内側の縁に差し込む。

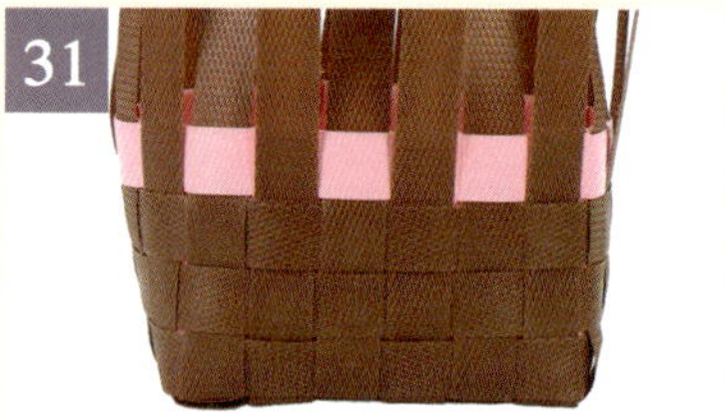

すべて差し込んだところ。

編み紐②を外側から出ている紐と最上段の間に差し込む。＊

28と同様に1周編み、始末する。

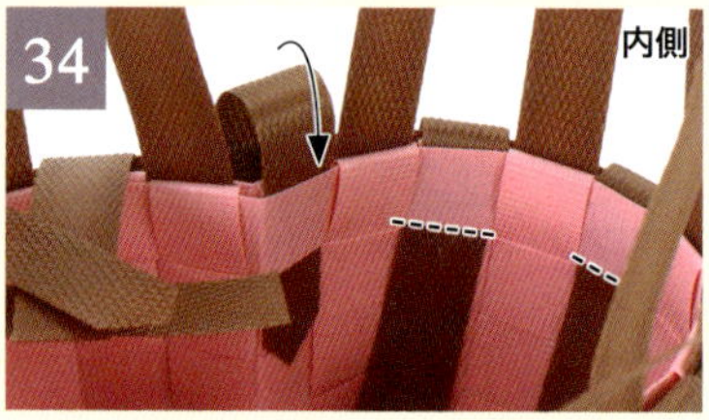

外側から出ている紐を内側に折り、縁に差し込む。余分をカットする。

残りの紐を外側に折り、余分をカットして上から3段目に差し込む。

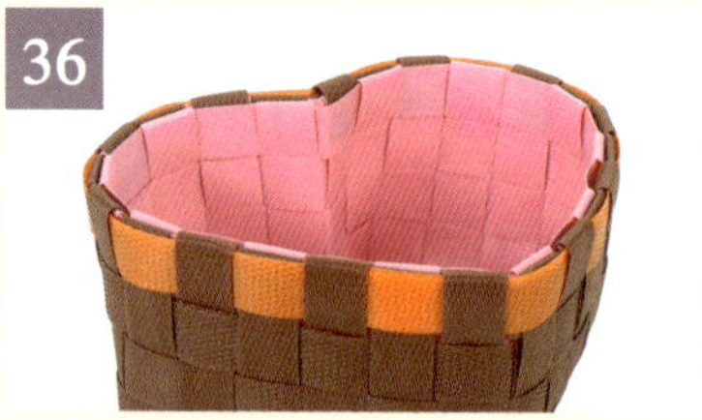

P.66 18～P.67 20を参照して縁紐②を最上段の外側に通し、始末する。＊

Finish

ハート型に整え、完成！

No (18) V字模様のバッグ

Photo → P.60

材料と寸法

横紐	81cm×7本	紫
縦紐	70cm×13本	紫
編み紐	74cm×14本	紫
縁紐	74cm×2本	紫
飾り紐	31cm×80本（1/4幅）	MSクッキー
持ち手付け紐	50cm×4本	紫

★べっ甲風持ち手〈M's Factory販売商品〉　1セット

必要な長さ

紫 ……… 28m61cm
MSクッキー ……… 6m20cm

完成サイズ

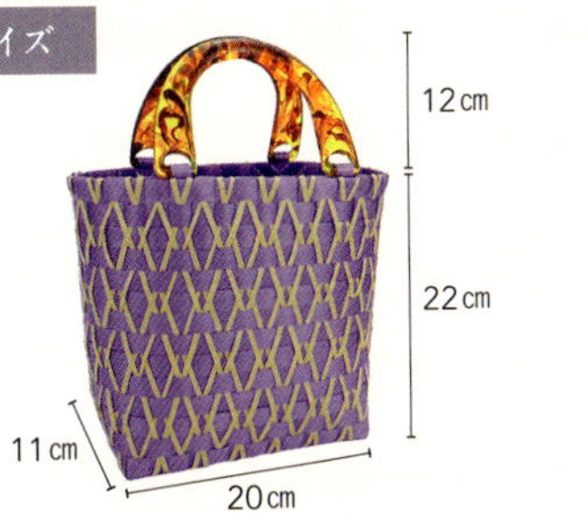

作り方

＊＝わかりやすいように紐の色を変えて説明しています。

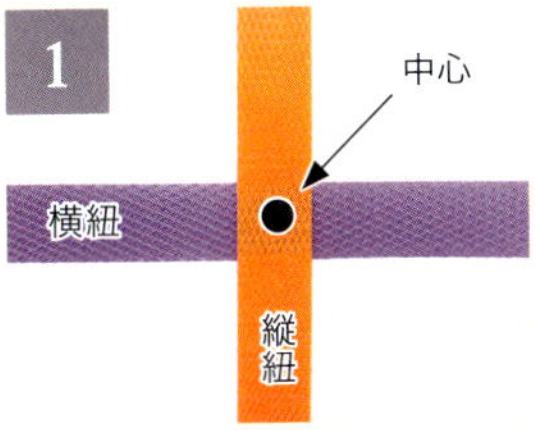

横紐の上に縦紐を重ねて十字に組み、中心を合わせる。＊

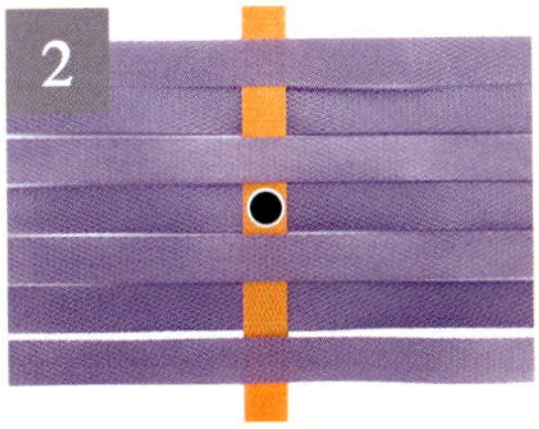

横紐を上側と下側へ3本ずつ、縦紐に対して交互に並べる。

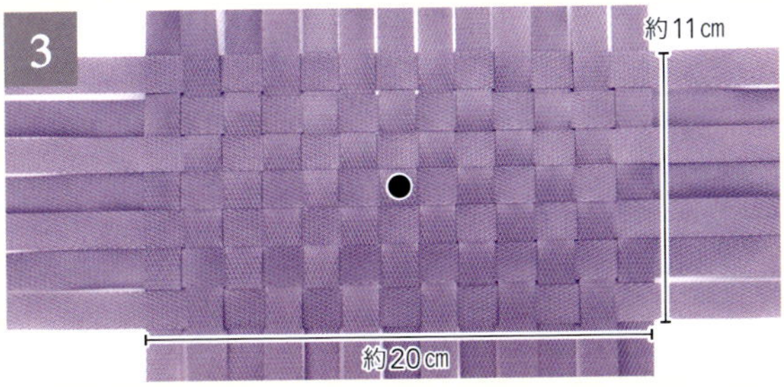

縦紐を右側と左側へ6本ずつ編み目が交互になるように差し込む。中心に向かってしっかりと隙間を詰め、形を整える。

P.65 5〜P.66 11を参照し、底にマスキングテープを貼って紐を立ち上げ、編み紐で1段編む。角は1段目のみ折り目を付ける。＊

下段と編み目が交互になるようにスタート位置を変え、編み紐で隙間を詰めながら計14段編む。高さを揃え、形を整える。

P.66「縁の始末の仕方」を参照し、縁紐を使って縁を始末する。＊

飾り紐を中央の最下段から3段上へ右上がりに4回通す。

内側の縁に差し込む。

余分をカットし、上から3段目に差し込む。

10

7〜9を1周繰り返す(計20本)。

11

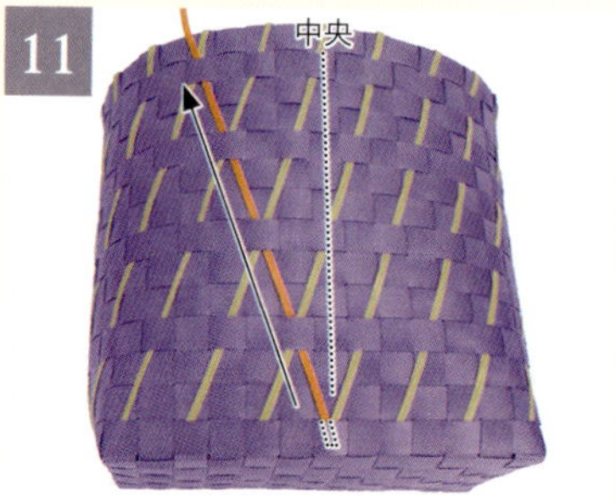

飾り紐を中央の最下段から3段上へ左上がりに4回通す。*

12

内側

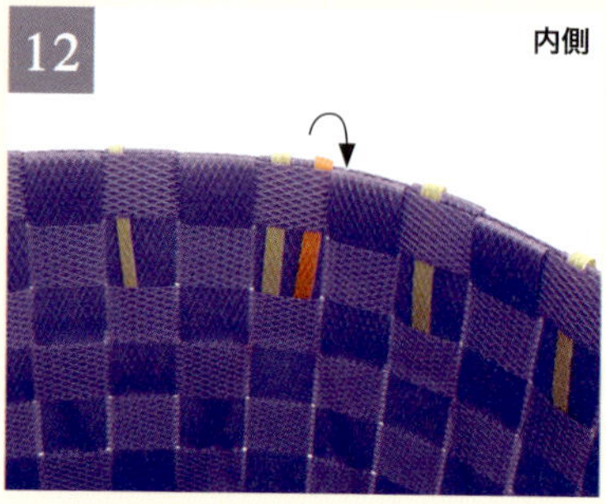

内側の縁に差し込む。余分をカットし、上から3段目に差し込む。

13

11・12を1周繰り返す(計20本)。

14

飾り紐を中央の右隣の2段目から3段上へ右上がりに4回通し、編み終わりを外側の縁に差し込む。*

15

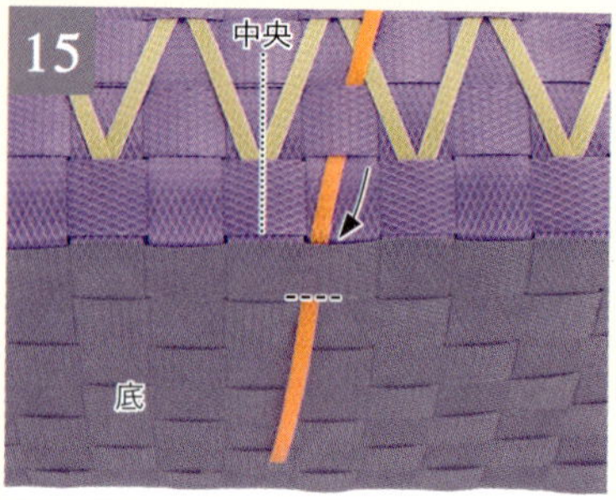

編み始めは底に差し込み、余分をカットする。

16

14・15を1周繰り返す(計20本)。

17

飾り紐を14・15と対称に通す。*

18

正面・背面

側面

17を1周繰り返す(計20本)。

19

持ち手付け紐を半分に折り、持ち手の穴に掛ける。通しやすいように両端をV字にカットする。＊

20

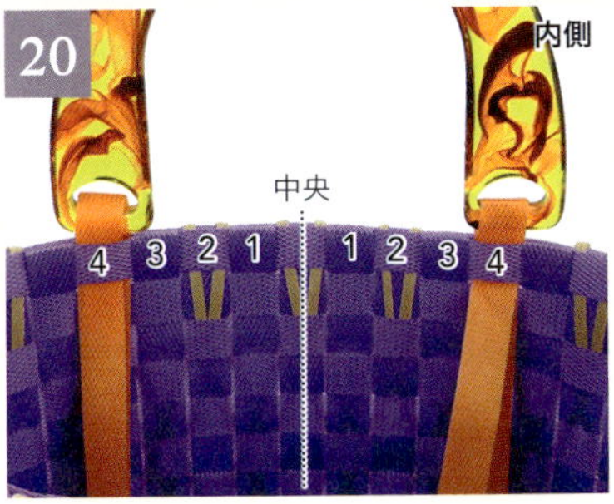

19を正面の中央から4本目の内側の縁に、持ち手の裏表に注意して差し込む。

21

上側の紐を、ひねって右隣に差し込む。＊

22

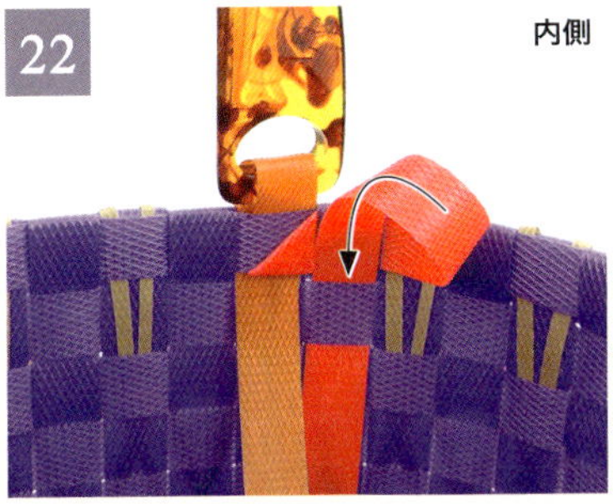

引き締めてしっかりと折り、ひねって下段に差し込む。

23

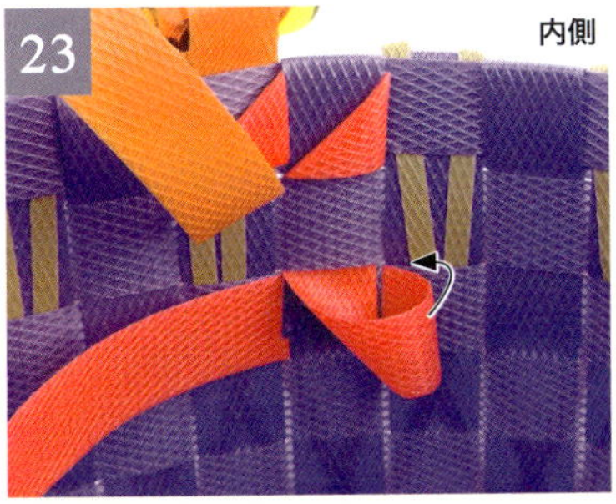

引き締めてしっかりと折り、ひねって下段に右から差し込む。

24

引き締めてしっかりと折る。左へ差し込み、余分をカットする。

25

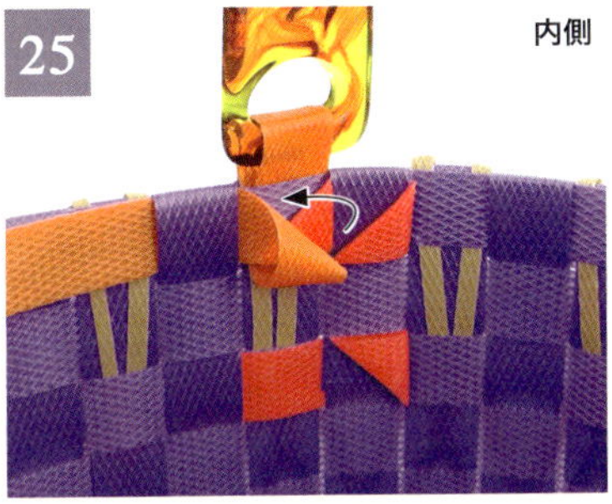

下側の紐を、ひねって左隣に差し込む。

26

引き締めてしっかりと折り、ひねって下段に差し込む。

27

引き締めてしっかりと折り、ひねって下段に左から差し込む。

28

引き締めてしっかりと折り、3㎝にカットする。

29

下側の紐に沿って右に差し込む。

30

反対側と背面も同様に持ち手を付ける。

31

完成！

No

(19) 5色のあじろ編みバッグ

Photo → P.61

材料と寸法

横紐	77cm×10本（1/2幅）	MS紺
縦紐①	61cm×10本（1/2幅）	青
縦紐②	61cm×10本（1/2幅）	紫
縦紐③	61cm×10本（1/2幅）	メタリックピンク
編み紐①	75cm×23本（1/2幅）	MSグレー
編み紐②	75cm×1本	MSグレー
縁紐①	75cm×1本	MSグレー
縁紐②	75cm×2本（1/2幅）	MSグレー
持ち手付け紐	40cm×4本	MSグレー

★着脱ホック式持ち手-ブラック〈M's Factory販売商品〉 1セット

必要な長さ

MS紺	3m85cm
青	3m5cm
紫	3m5cm
メタリックピンク	3m5cm
MSグレー	12m85cm

完成サイズ

作り方

＊＝わかりやすいように紐の色を変えて説明しています。

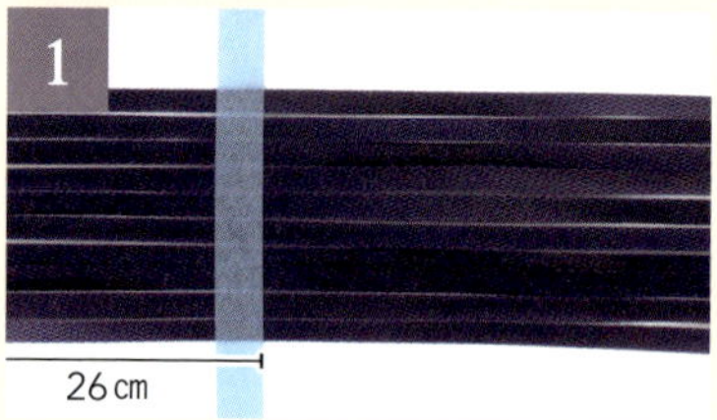

すべての横紐を揃えて並べ、左端から26cmの位置をマスキングテープで留める。

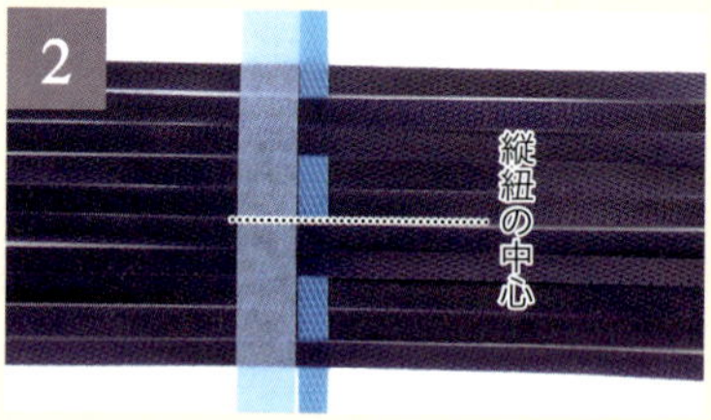

縦紐①を写真のように2本飛ばしに差し込み、中心を合わせる。

2本目の縦紐①を写真のように1目ずらして2本飛ばしに差し込む。

3本目の縦紐①を写真のように1目ずらして2本飛ばしに差し込む。

4本目の縦紐①を写真のように1目ずらして2本飛ばしに差し込む（4本で1パターン）。

縦紐①を同様のパターンで4本差し込む。

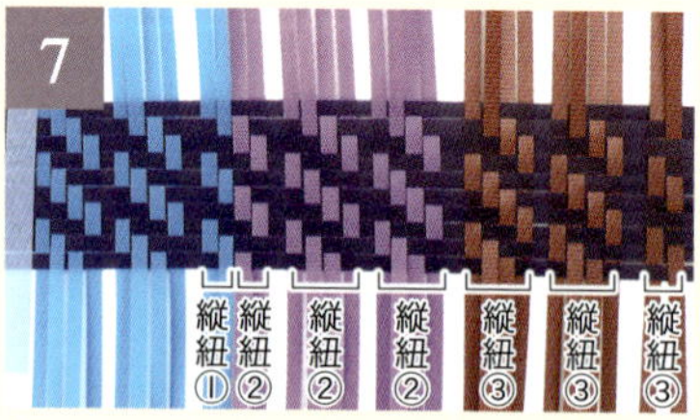

縦紐①②③を同様のパターンで計7回差し込み、最後に2本差し込む。

左に向かって隙間を詰め、マスキングテープをはがす。

底の四方にマスキングテープを貼る。この面が底の内側になる。※マスキングテープは、側面を編み、底面が固定された後にはがす。

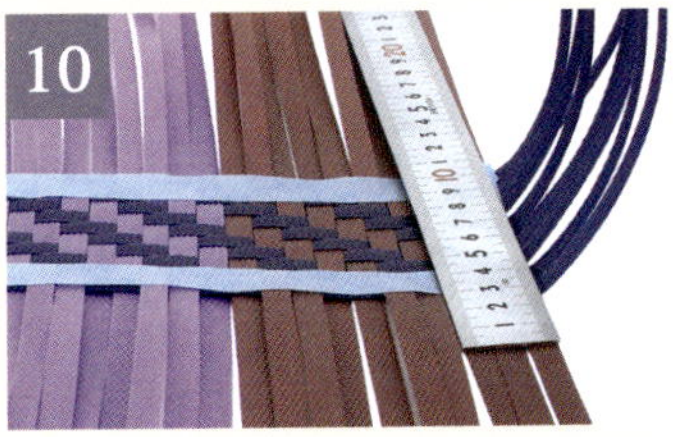

マスキングテープの外側に定規を当て、紐にしっかりと折り目を付けて立ち上げる。

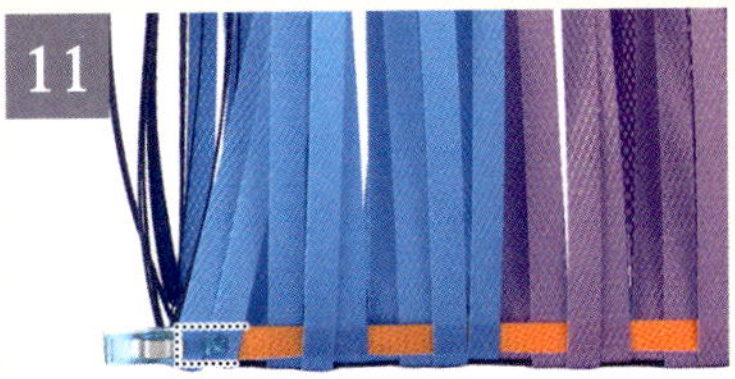

編み紐①を左端の縦紐の裏にクリップで留め、右方向に2本飛ばしで交互に編む。＊

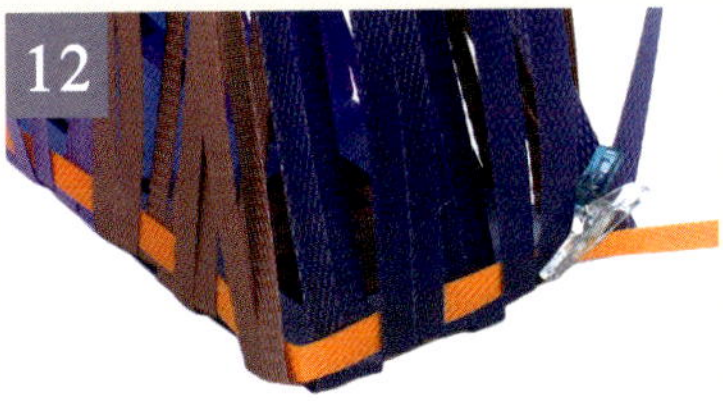

角は1段目のみしっかりと折り目を付け、所どころクリップで編み紐を押さえながら編み進める。

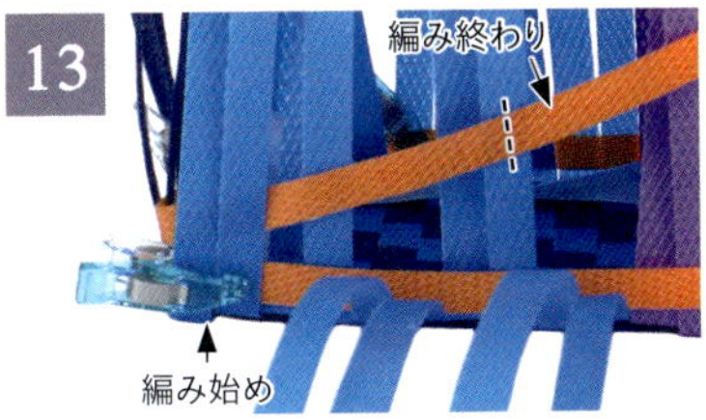

1周編み、編み終わりを編み始めの後ろに入れて重ねる。先端が縦紐の内側に隠れるように余分をカットする。

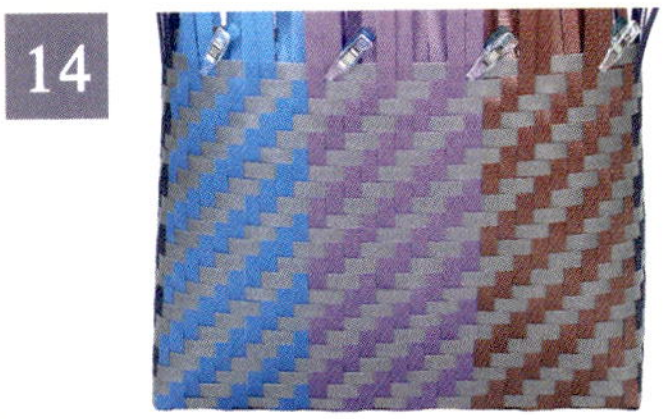

スタート位置を変え、下段から右へ1目ずつずらして、編み紐①で2本飛ばしに計23段編む。隙間を詰める。

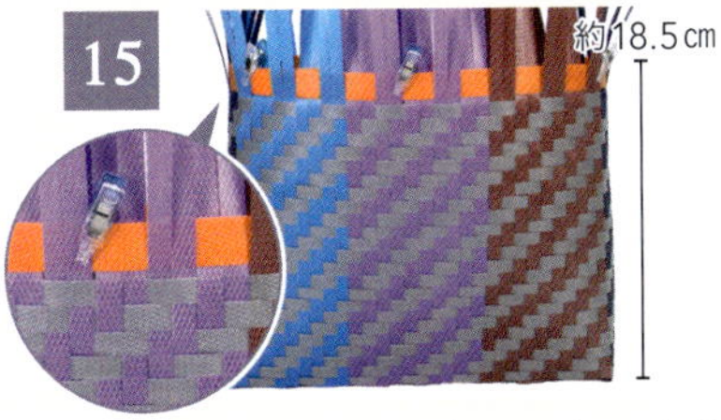

23段目と編み目が交互になるように、編み紐②で2本飛ばしに最上段を編む。高さを揃え、形を整える。＊

外側から出ている紐を内側に折る。

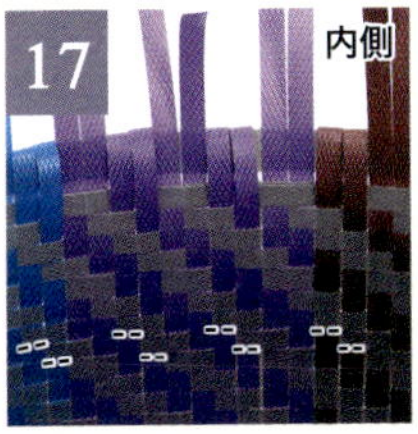

折った紐の余分をカットし、写真のように下段に差し込む。

縁紐①を内側から出ている紐と最上段の間に差し込む。縁紐①の両端は側面で紐の内側に隠れるようにする。＊

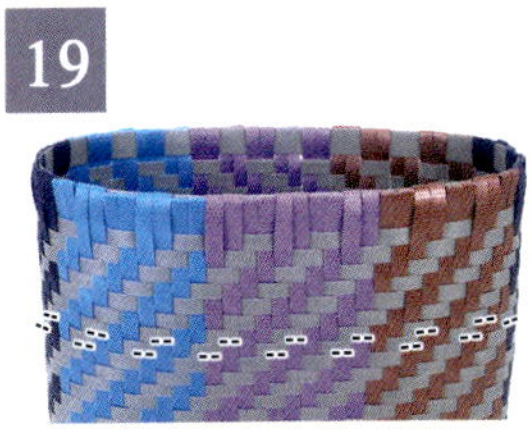

内側から出ている紐を外側に折り、余分をカットして写真のように下段に差し込む。

縁紐②の先端をV字にカットし、最上段の外側へ編み紐①と柄を合わせて2本飛ばしに通す。＊

1周通し、先端が編み目の内側に隠れるように余分をカットして差し込み、始末する。

残りの縁紐②も同様に1周通す。＊

持ち手付け紐を半分に折り、持ち手の金具に掛ける。＊

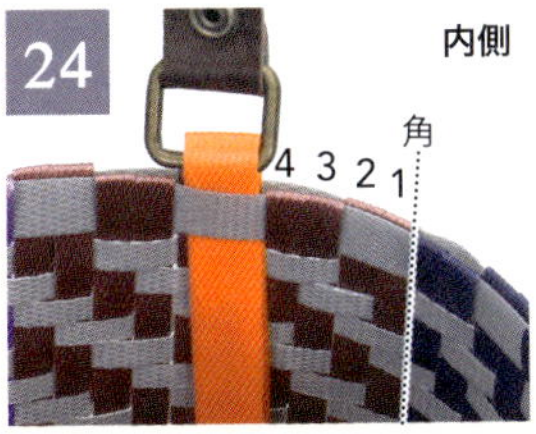

23を正面の写真の位置の内側の縁に差し込む。

P.67「既製の持ち手の付け方」を参照し、持ち手付け紐を差し込む。

反対側と背面も同様に持ち手を付ける。

完成！

No (20) 六角底のかご

Photo → P.62

材料と寸法

底紐①	50㎝×6本	MSピンク
底紐②	50㎝×6本	MSクッキー
編み紐	50㎝×6本	赤
縁紐	50㎝×1本(1/2幅)	MSクッキー

完成サイズ

※表紙掲載色

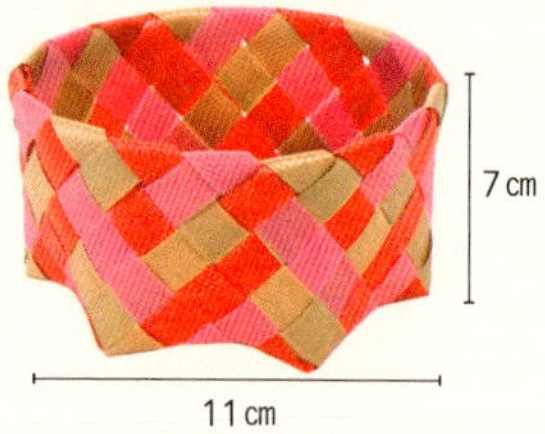

必要な長さ

MSピンク	3m
MSクッキー	3m50㎝
赤	3m

作り方

＊＝わかりやすいように紐の色を変えて説明しています。

1

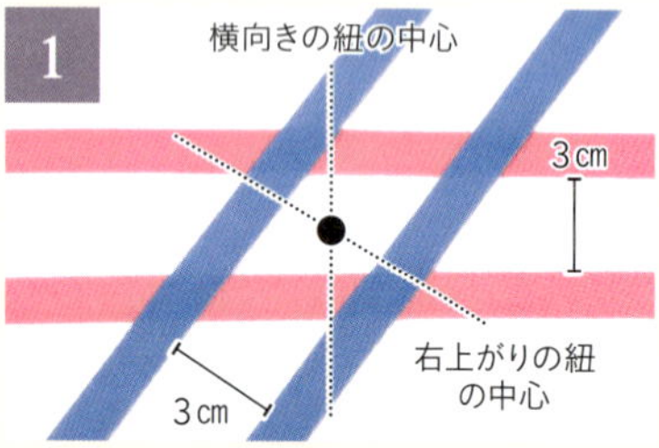

底紐①2本を横向きに並べ、中心を合わせてさらに2本を斜めに重ねる。紐の間隔はすべて3㎝にする。＊

2

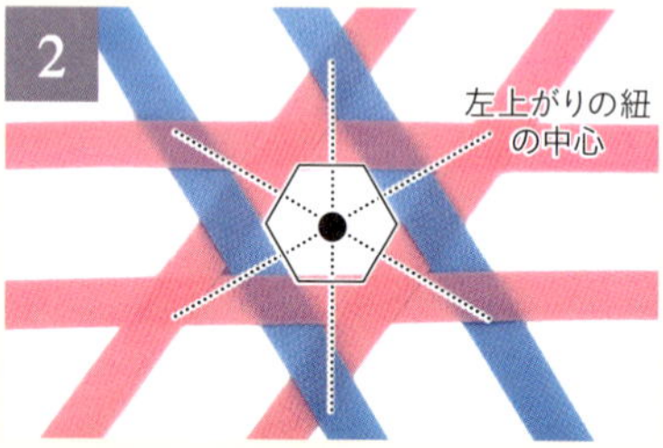

底紐①2本を互い違いになるように斜めに差し込み、穴を正六角形に整える。＊

3

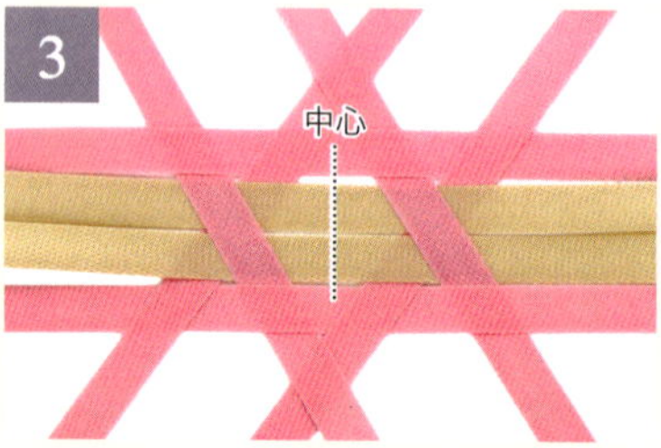

中心を合わせて底紐②2本を底紐①の間に通す。

4

底紐②2本を右上がりに通す。＊

5

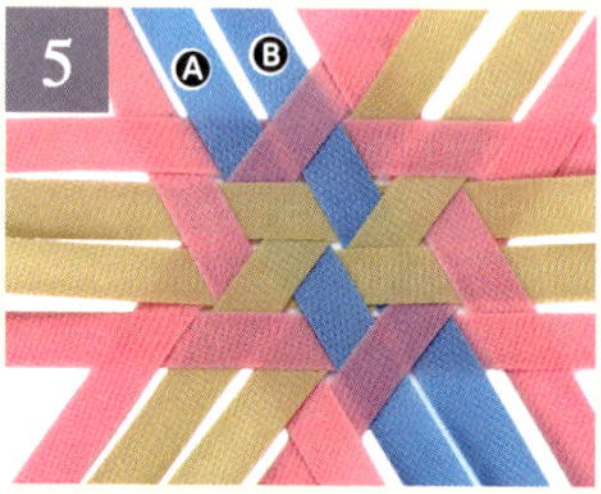

底紐②2本を左上がりに通す。＊

6

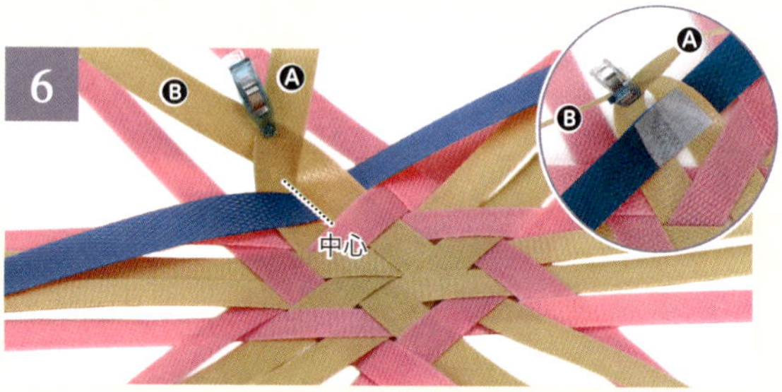

編み紐をⒶⒷの間に差し込み、中心を合わせる。Ⓐを手前にして交差させ、クリップで留める。以降11まで写真のようにマスキングテープで仮止めすると紐がずれにくい。＊

7

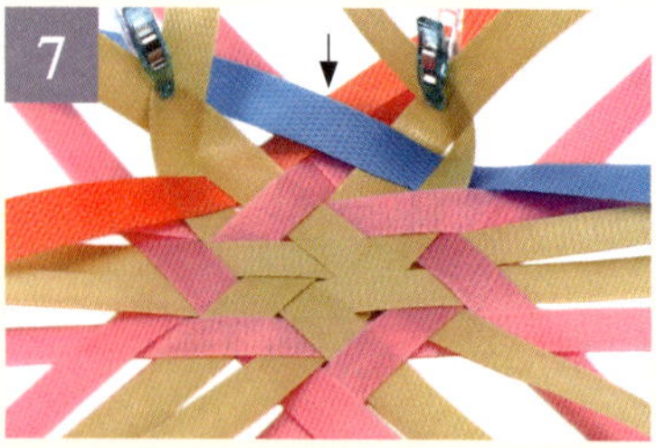

右隣の底紐②2本を6と同様にし、編み紐は6の編み紐の上に重ねる。ここから時計回りに繰り返す。＊

8

3か所目。＊

9

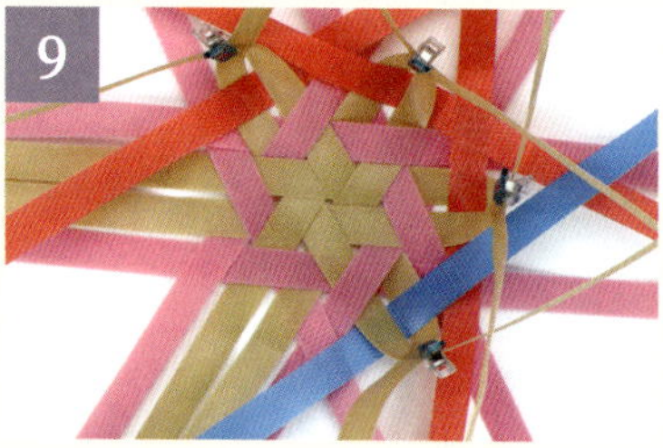

4か所目。＊

5か所目。＊

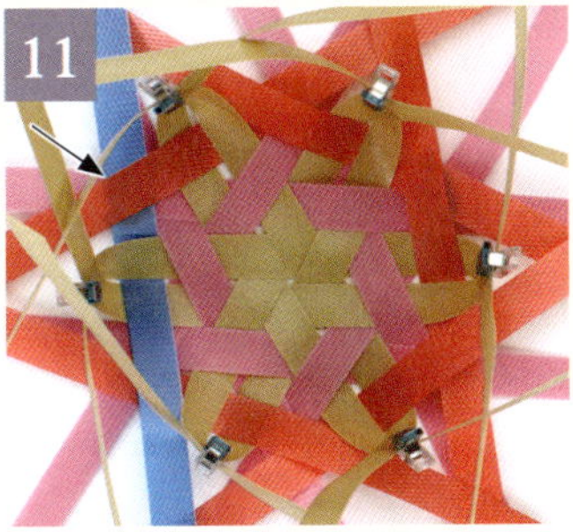

6か所目。6本目の編み紐と1本目の編み紐の交差部分の上下を入れ替える。＊

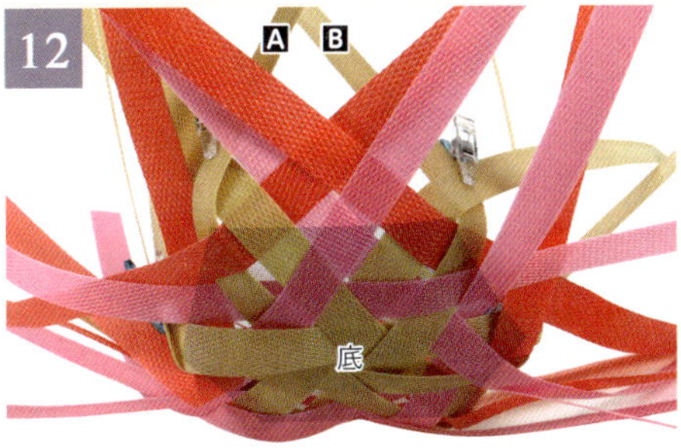

紐を立ち上げる。

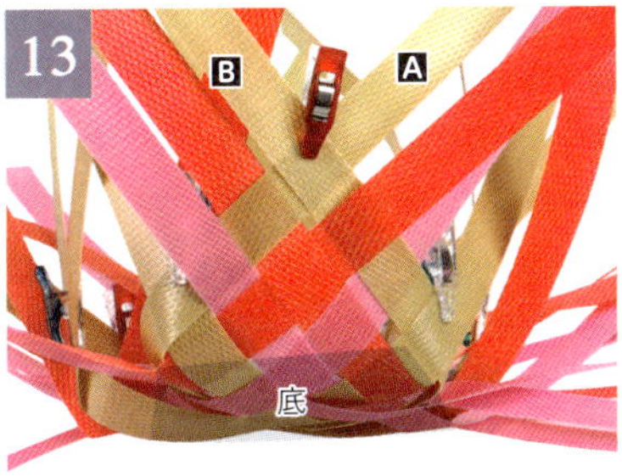

ABを交互に編みクリップで留める。

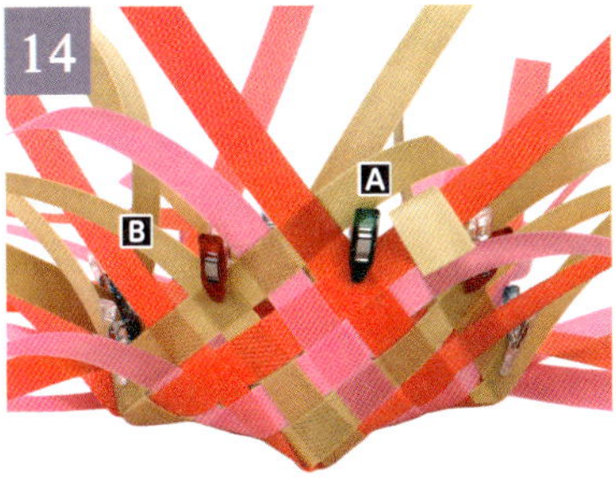

同様に編み目が交互になるように繰り返す。

高さは3目の位置に揃え、隙間を詰めて形を整える。左上がりの紐が外側になる。

点線部分に折り目を付ける(折り目はカーブする)。縁紐の下辺を3目の中央に合わせて1周巻き、クリップで留める。＊

左上がりの紐を縁紐に合わせて外側に折り、下段に差し込む。＊

1周同様にし、余分をカットする。

右上がりの紐を外側に折り、下段に差し込む。＊

1周同様にし、余分をカットする。

底を外側から見たところ。

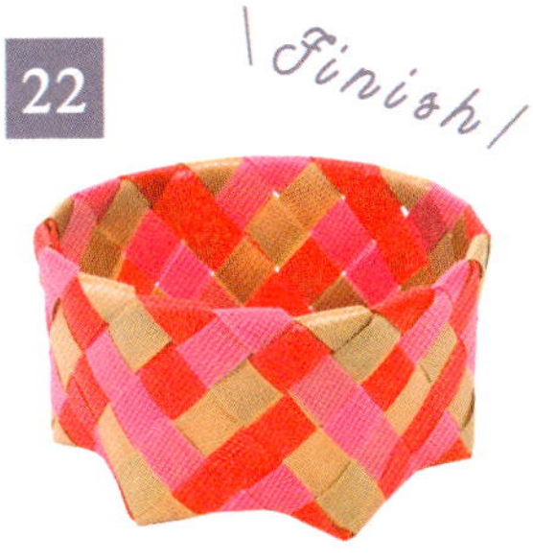

完成！

No (21) ガーデニングバッグ

Photo → P.68

材料と寸法

【内側】

横紐①	80㎝×11本	Gタイプ〈3〉
縦紐①	62㎝×23本	Gタイプ〈3〉
編み紐①	120㎝×9本	Gタイプ〈3〉
縁紐①	120㎝×2本	Gタイプ〈3〉

【外側】

縦紐②	62㎝×23本	MSミルクココア
横紐②	80㎝×11本	MSミルクココア
編み紐②	120㎝×9本	MSミルクココア
縁紐②	120㎝×1本	MSミルクココア
重ね紐①	120㎝×3本（1/2幅）	MSクリーム
重ね紐②	120㎝×2本（1/3幅）	Gタイプ〈3〉
飾り紐	15㎝×68本（1/4幅）	MSクリーム
持ち手紐	83㎝×8本（1/2幅）	Gタイプ〈3〉

★ビニールチューブ（内径10㎜）〈M's Factory販売商品〉 36㎝×2本

必要な長さ

Gタイプ〈3〉	40m78㎝
MSミルクココア	35m6㎝
MSクリーム	4m95㎝

完成サイズ

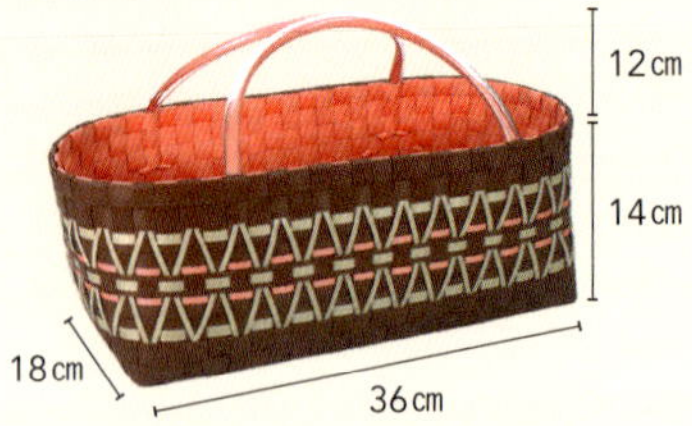

作り方

＊＝わかりやすいように紐の色を変えて説明しています。

内側を編む

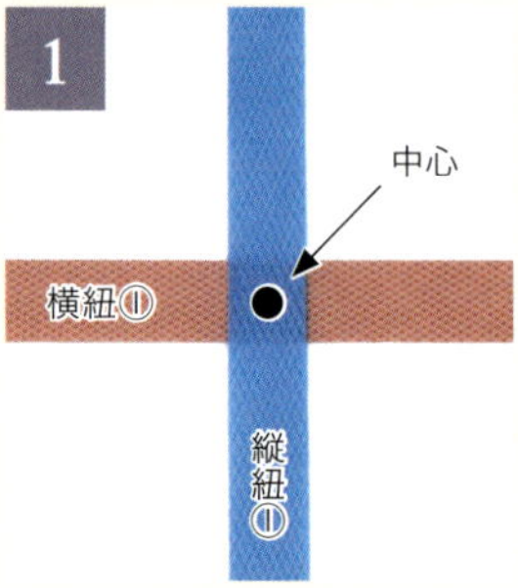

横紐①の上に縦紐①を重ねて十字に組み、中心を合わせる。＊

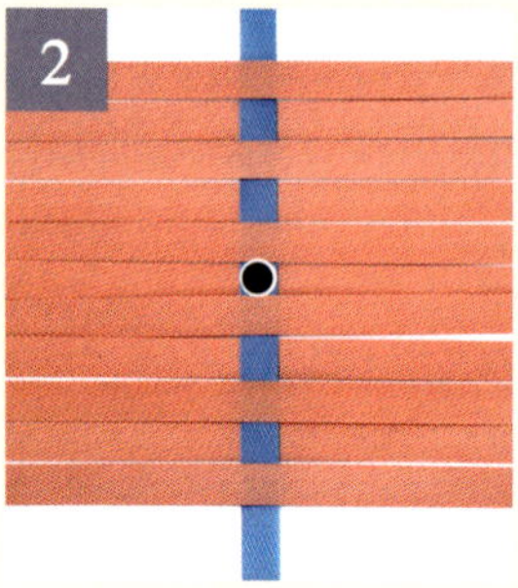

横紐①を上側と下側へ5本ずつ、縦紐①に対して交互に並べる。

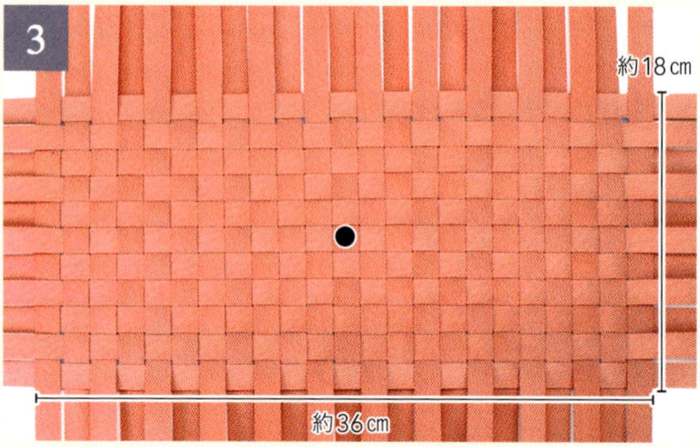

縦紐①を右側と左側へ11本ずつ編み目が交互になるように差し込む。中心に向かってしっかりと隙間を詰め、形を整える。

P.65 5〜P.66 11を参照し、底にマスキングテープを貼って紐を立ち上げ、編み紐①で1段編む。角は1段目のみ折り目を付ける。＊

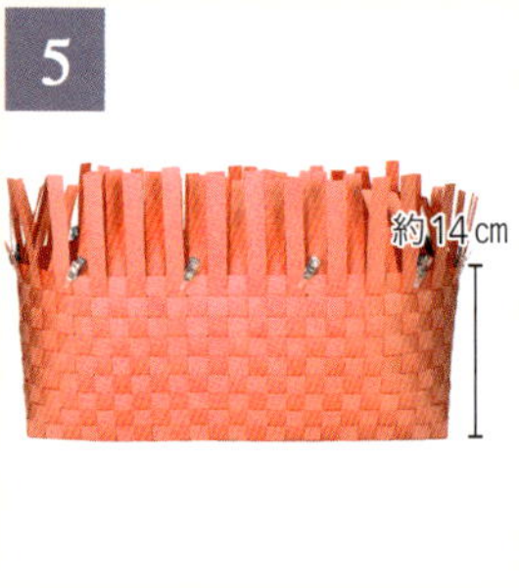

下段と編み目が交互になるようにスタート位置を変え、編み紐①で隙間を詰めながら計9段編む。高さを揃え、形を整える。

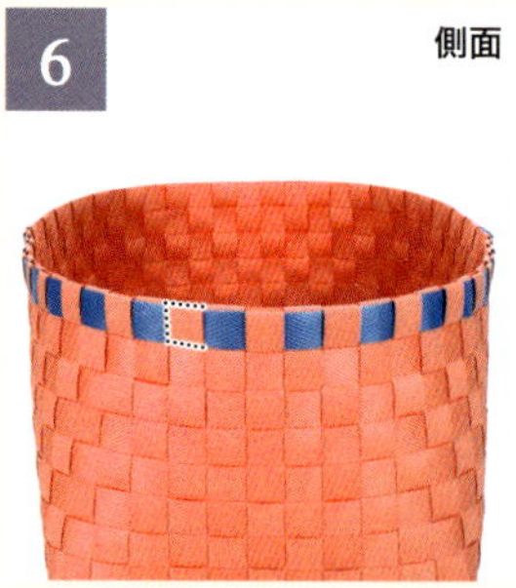

P.66「縁の始末の仕方」を参照し、縁紐①を使って縁を始末する。本体の内側を編んだところ。＊

外側を編む

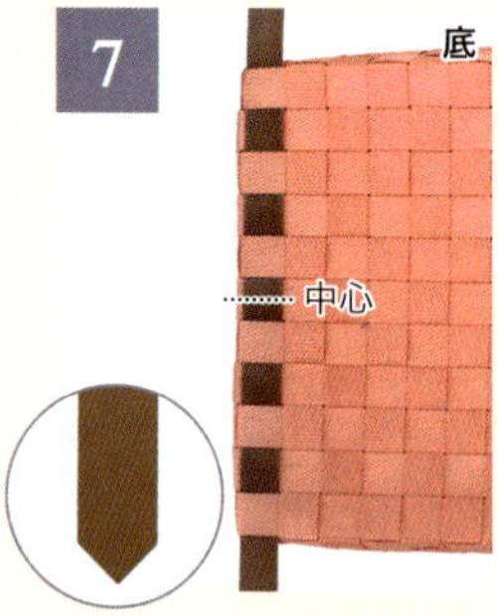

底に向きを変える。縦紐②の両端をV字にカットする。縦方向へ交互に通し、中心を合わせる。

8

残りの縦紐②を7と同様に通す。

9
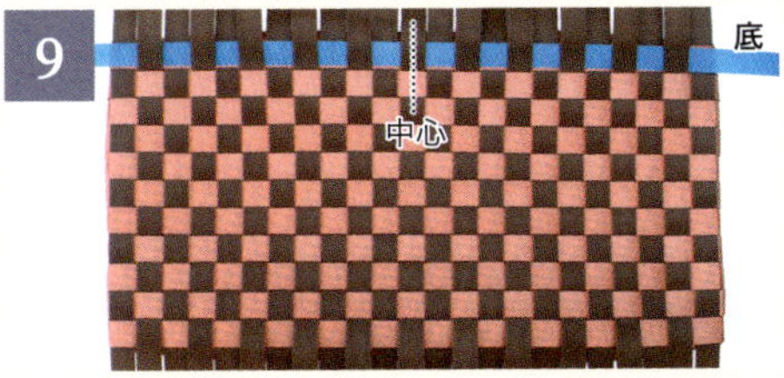

横紐②の両端をV字にカットする。縦紐①②の間に横方向へ交互に通し、中心を合わせる。＊

10
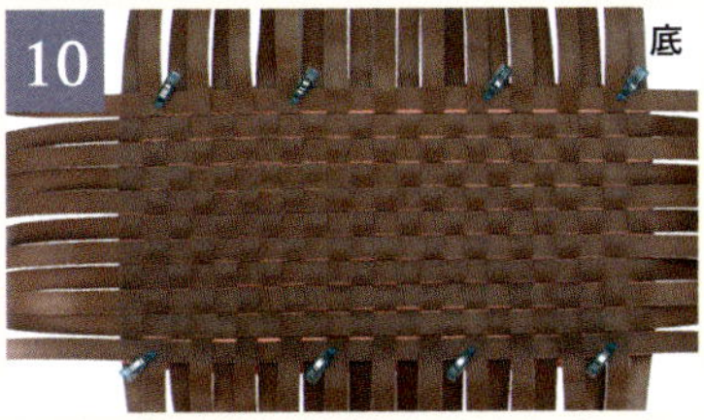

残りの横紐②を同様に通す。

11

本体の向きを元に戻す。紐にしっかりと折り目を付け、立ち上げる。

12
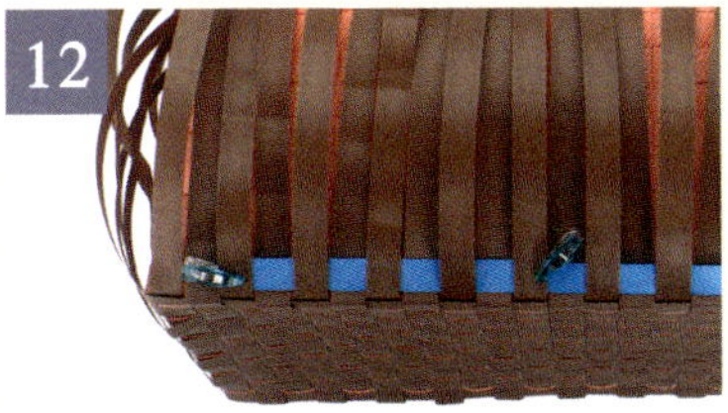

1段目は底と互い違いになる位置からスタートする。編み紐②を縦紐②の裏にクリップで留め、右方向に交互に編む。＊

13
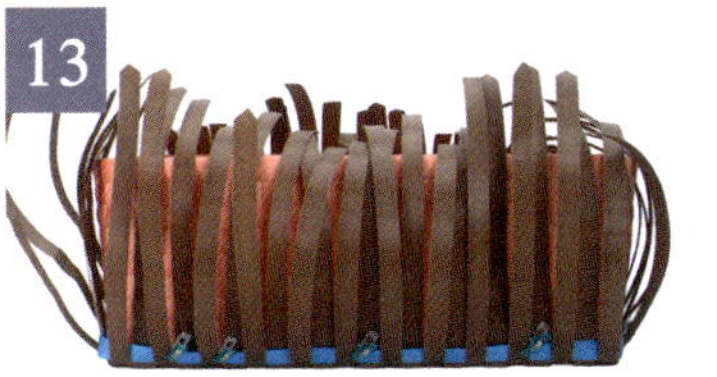

内側に沿わせながら1周編み、編み終わりを編み始めの後ろに入れて縦紐4本分重ねる。先端が縦紐の内側に隠れるように余分をカットする。

14
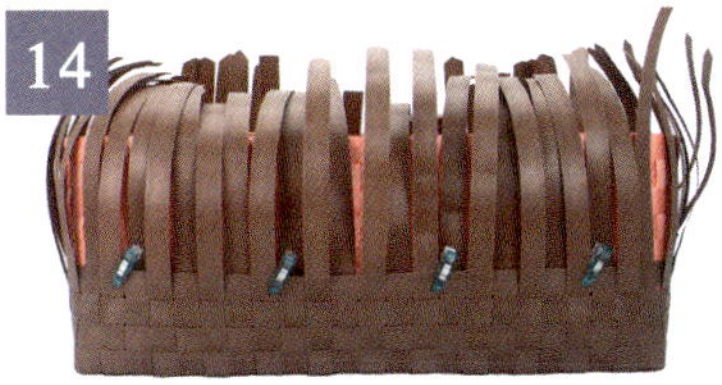

隙間を詰めながら、編み紐②で計4段編む。

15
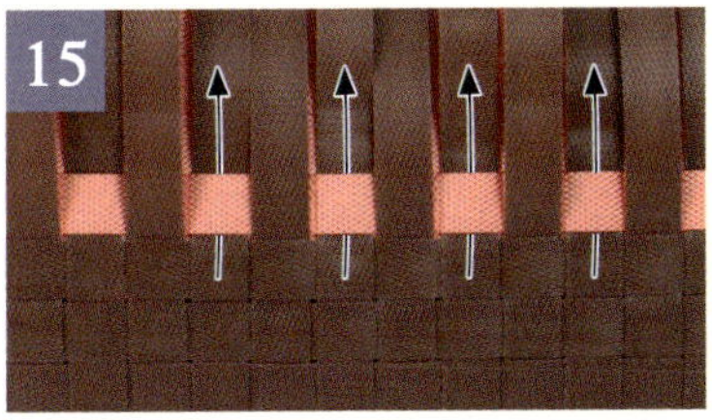

外側から出ている紐を内側の下から5段目に差し込む。

16

編み紐②を外側から出ている紐と下から5段目の間に差し込み、交互に1周編む。＊

17

編み紐②で交互に3段編む。

18

15と同様に外側から出ている紐を内側の最上段に差し込む。

19

編み紐②を外側から出ている紐と最上段の間に差し込み、交互に1周編む。

20
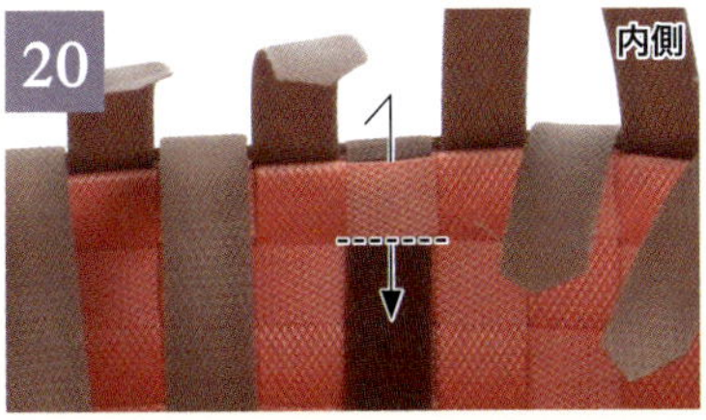

外側から出ている紐を内側に折り、縁に差し込む。余分をカットする。

21
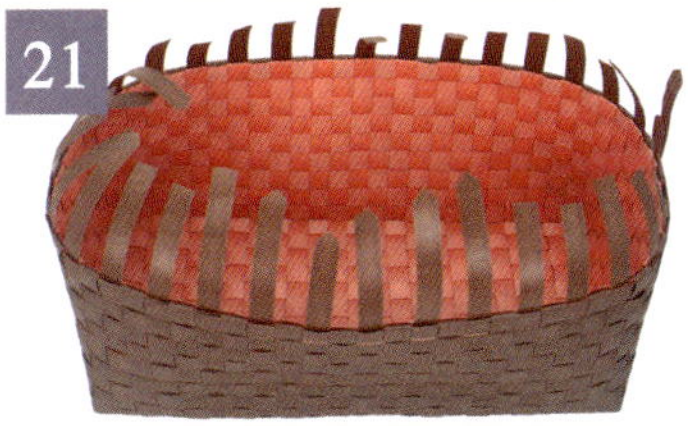

1周同様にする。

22

残りの紐を外側に折り、余分をカットして上から3段目に差し込む。

23

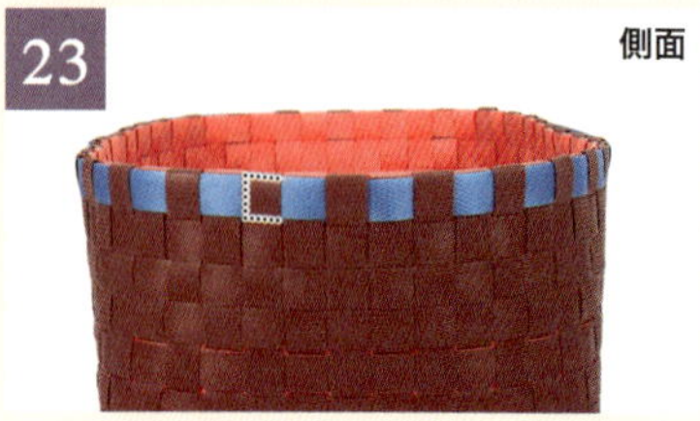

P.66 18〜P.67 20を参照し、縁紐②を最上段の外側に通して始末する。＊

24

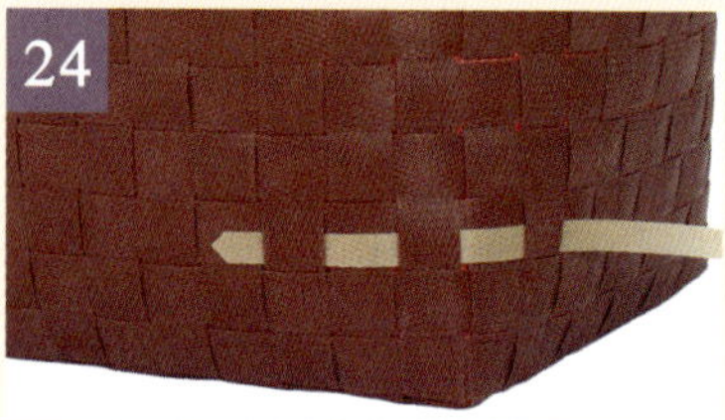

先端をV字にカットした重ね紐①を下から3段目の編み紐に重ねて通す。重ね紐①の位置は編み紐の下側に合わせる。

25

1周通す。先端が編み目の内側に隠れるように余分をカットして差し込み、始末する。

26

重ね紐①を上から3段目の編み紐に重ねて1周通す。重ね紐①の位置は編み紐の上側に合わせる。

27

重ね紐①を下から5段目の編み紐に重ねて1周通す。重ね紐①の位置は編み紐の中央に合わせる。

28

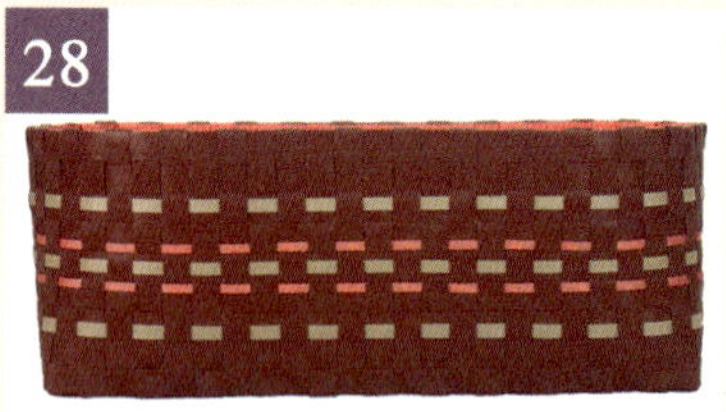

重ね紐②を上から4段目(位置は編み紐の下側に合わせる)と下から4段目(位置は編み紐の上側に合わせる)に通す。

29

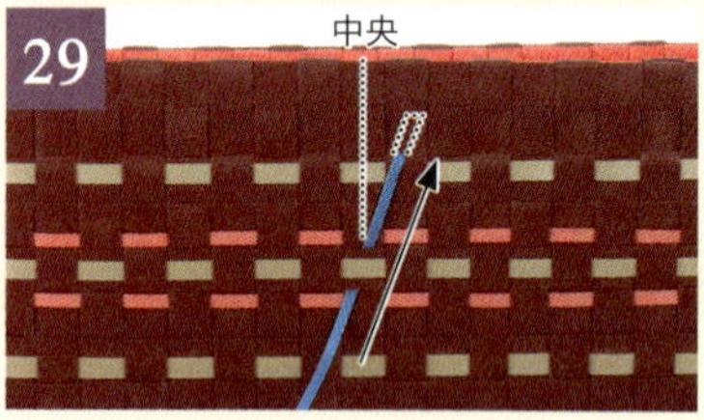

飾り紐を中央の下から5段目に下から差し込み、上端を上から2段目に差し込む。＊

30

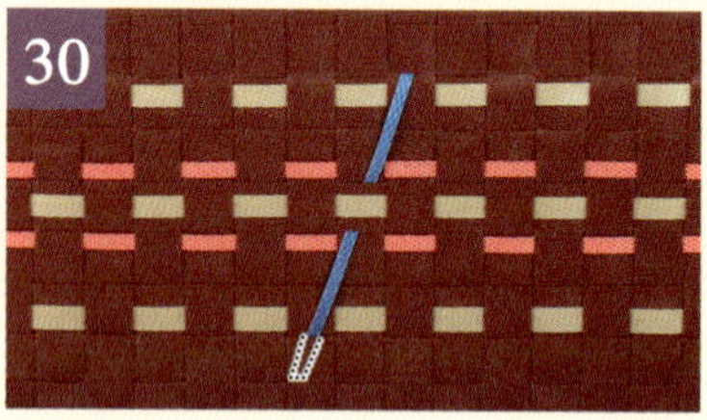

下端の余分をカットし、下から2段目に差し込む。

31

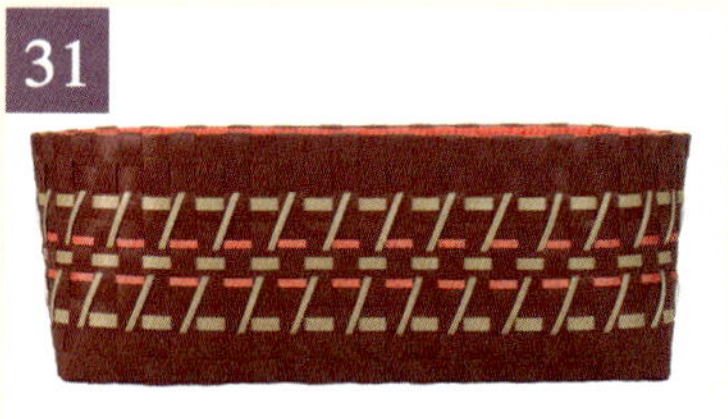

29・30を1周繰り返す(計34本)。

32

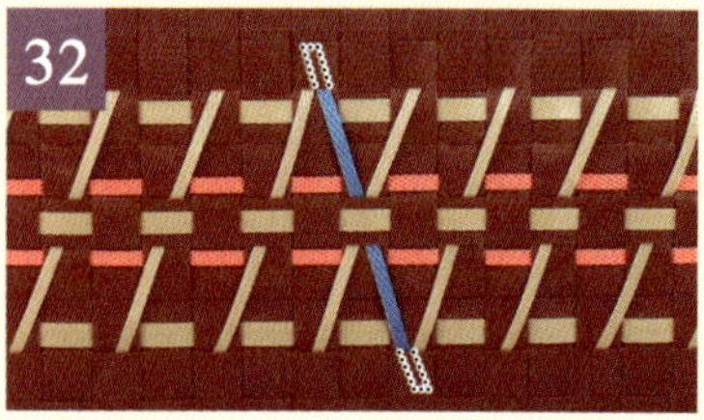

飾り紐を29・30と対称に差し込む。＊

33

32を1周繰り返す(計34本)。

34

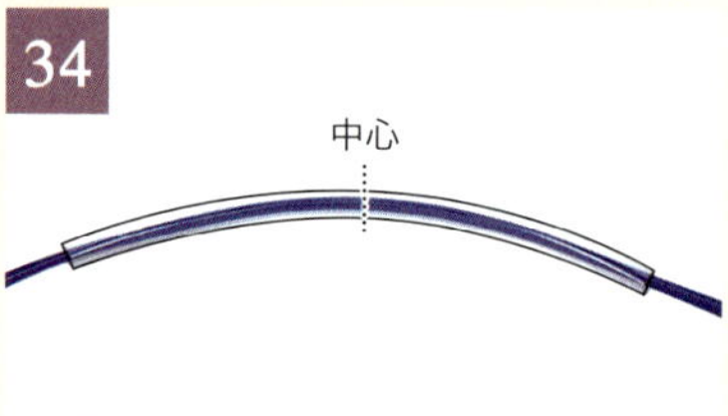

持ち手紐4本を重ねてビニールチューブに通し、中心を揃える。＊

35

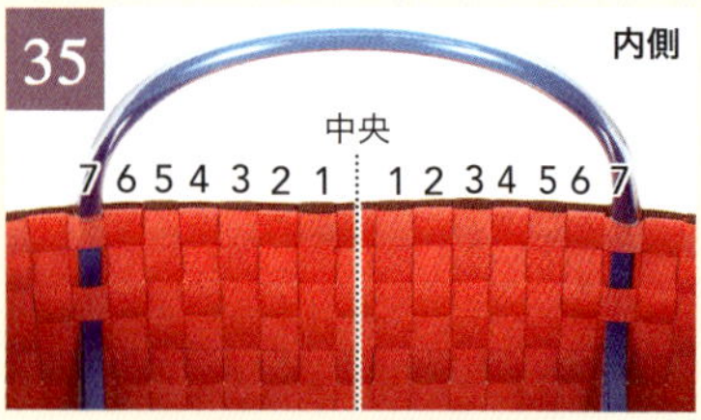

34を正面の中央から7本目の内側の縁に差し込み、さらに下段に差し込む。

36

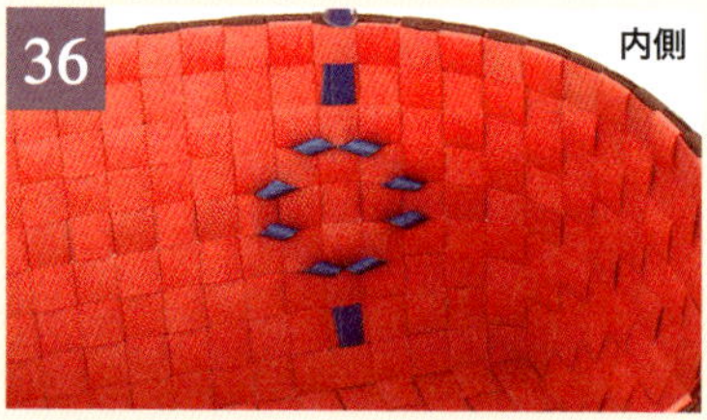

P.75「持ち手の付け方」を参照し、持ち手を付ける。

37

反対側と背面も同様に持ち手を付け、完成！

No. 22 トライアングルカットの肩掛けバッグ

Photo → P.64

材料と寸法

横紐①	106cm×5本	メタリックブルー
横紐②	106cm×4本	MSクッキー
縦紐①	91cm×7本	メタリックブルー
縦紐②	91cm×10本	MSクッキー
縦紐③	156cm×2本	メタリックブルー
編み紐①	100cm×7本	MSクッキー
編み紐②	100cm×6本	メタリックブルー
編み紐③	60cm×6本	メタリックブルー
編み紐④	60cm×4本	MSクッキー
縁紐	30cm×4本	メタリックブルー
補強紐	11cm×2本	MSクッキー
飾り紐①	15cm×12本	メタリックブルー
飾り紐②	15cm×12本	MSクッキー
持ち手紐①	70cm×2本	メタリックブルー
持ち手紐②	50cm×2本	メタリックブルー
持ち手巻き紐	115cm×4本	メタリックブルー
ボタン付け紐	60cm×1本(1/4幅)	メタリックブルー

★ヘアゴム×1　★ボタン約3.5cm×1

必要な長さ

メタリックブルー	34m99cm
MSクッキー	24m76cm

完成サイズ

作り方

＊＝わかりやすいように紐の色を変えて説明しています。

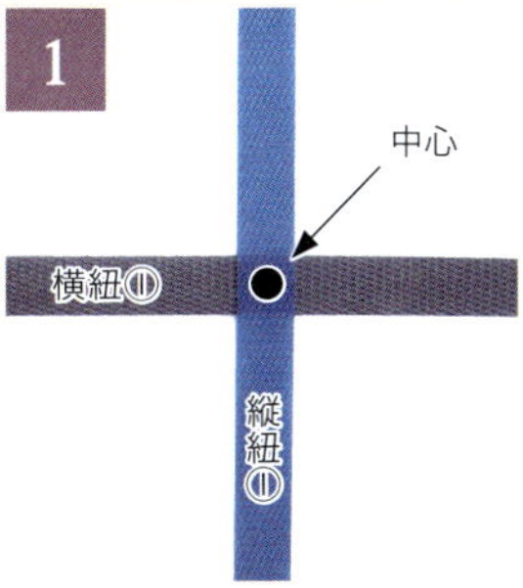

横紐①の上に縦紐①を重ねて十字に組み、中心を合わせる。＊

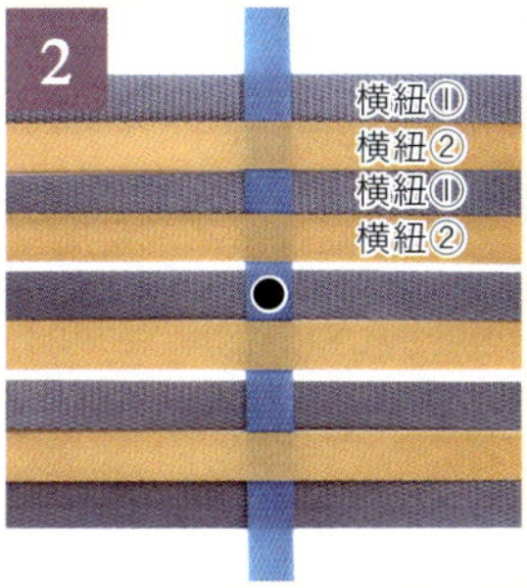

横紐②①②①の順で、上側と下側へ4本ずつ、縦紐①に対して交互に並べる。

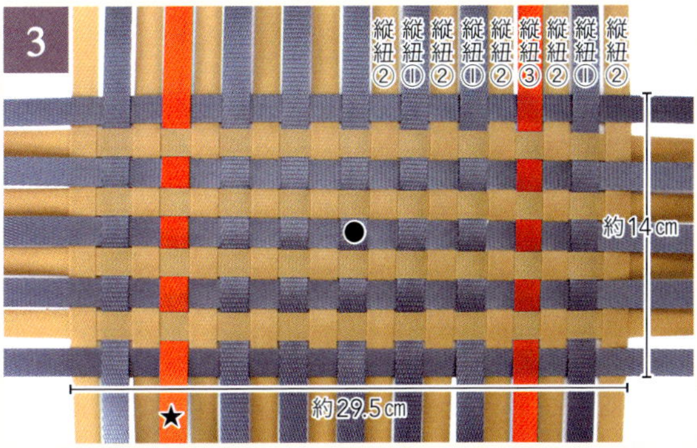

縦紐②①③を左右へ9本ずつ、写真のような配色で編み目が交互になるように差し込む。中心に向かってしっかりと隙間を詰め、形を整える。＊

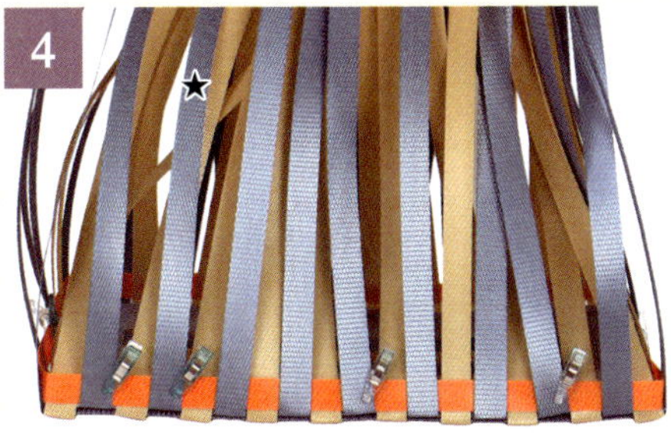

P.65 5～P.66 11を参照し、底にマスキングテープを貼る。紐を立ち上げ、編み紐①で1段編む。角は1段目のみ折り目を付ける。＊

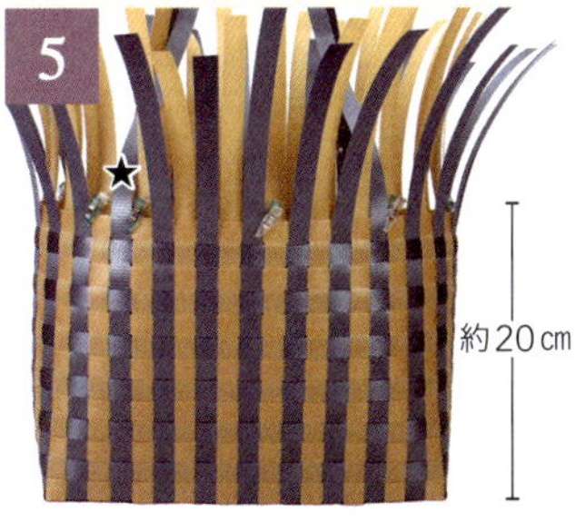

下段と編み目が交互になるようにスタート位置を変え、編み紐②①の順で隙間を詰めながら計13段編む。

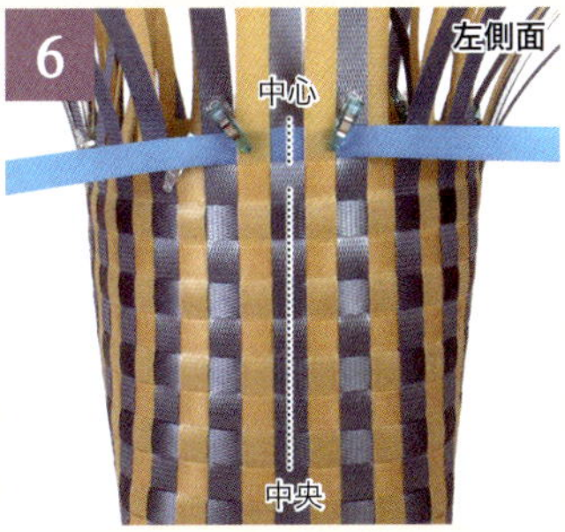

編み紐③を側面中央の両隣の紐の裏に通し、中心を合わせてクリップで留める。＊

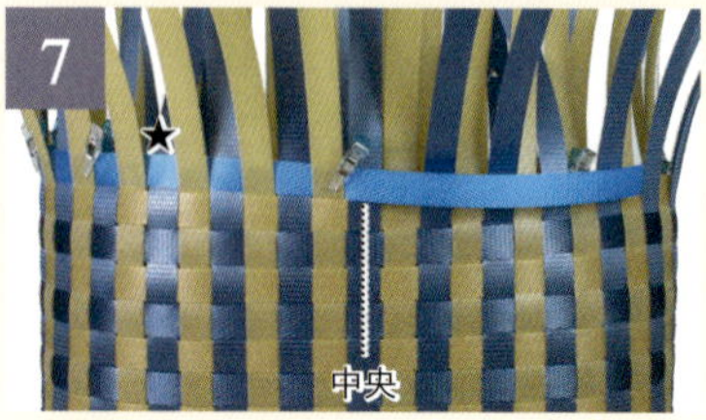

正面中央の1本手前まで交互に編む。背面も同様の位置まで編む。

編み紐④を左側面中央の紐の裏に通し、中心を合わせてクリップで留める。＊

7の1本手前まで交互に編む。背面も同様の位置まで編む。

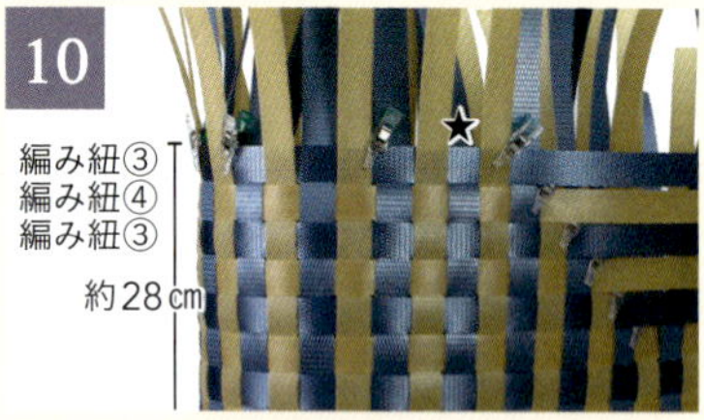

同様に左側面中央に中心を合わせて編み紐③④③の順で3段編む（編み終わりは下段から1本ずつ減らしていく）。

左側の外側から出ている8本を内側に折る。

折った紐の余分をカットし、上から3段目に差し込む。

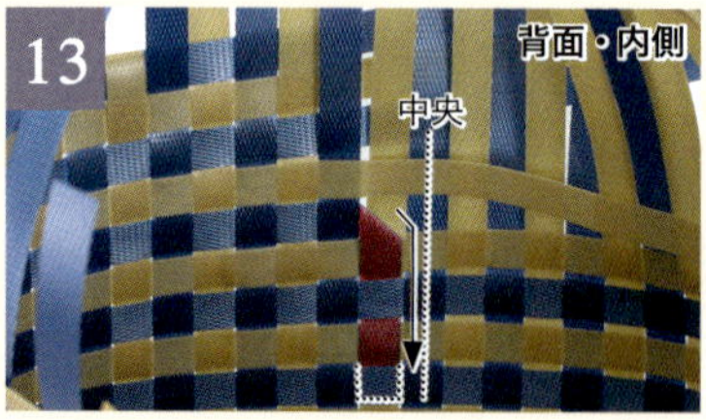

上から5段目の編み紐③を下に折り、余分をカットして4段下まで交互に差し込む。＊

最上段まで同様に繰り返す。

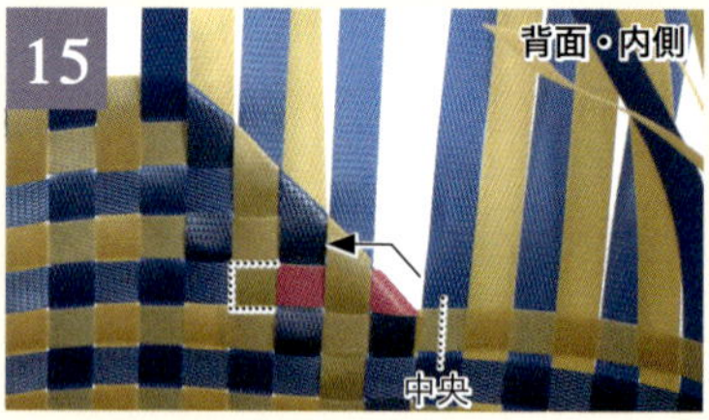

中央の左隣の紐を左に折り、余分をカットして3本左まで交互に差し込む。＊

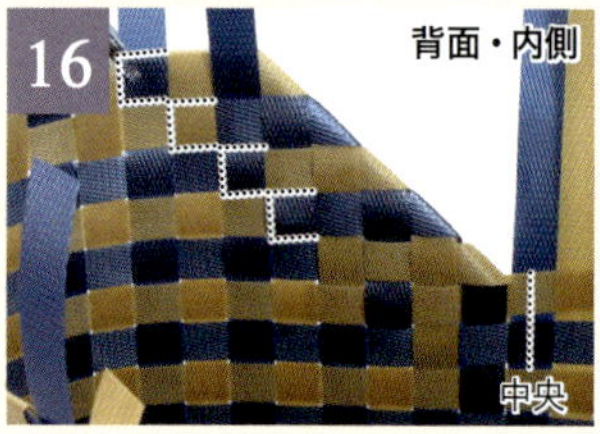

左の4本を同様に繰り返す。

正面も13〜16と同様に始末する。

縁紐を左側の内側から出ている紐と最上段の間に差し込む。縁紐の両端は縦紐③の内側に隠れるように余分をカットする。＊

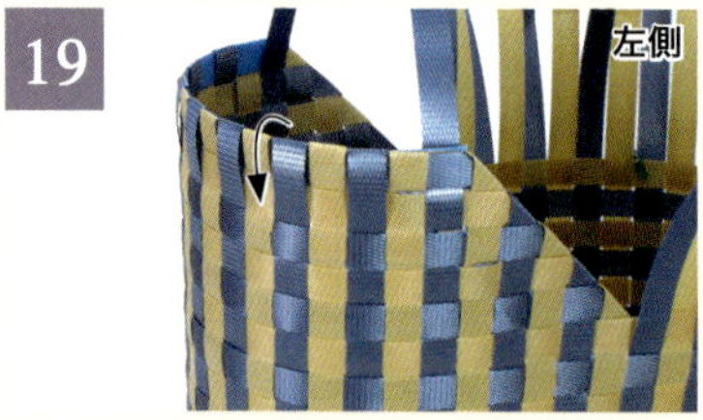

縦紐③を残し、内側から出ている紐を外側に折る。余分をカットし、上から3段目に差し込む。

縁紐の先端をV字にカットし、最上段の外側へ交互に通す。＊

背面まで通し、端に形を合わせてカットして差し込む。編み始めも同様に始末する。

22
右側も6～21と同様に編んで始末する。

23
補強紐を上から6段目の写真の位置に通す。＊

24
中央の縦紐を内側に折り、余分をカットして3段下まで差し込む。

25
背面中央の縦紐にヘアゴムを通す。

26
背面も23・24と同様に始末する。＊

27
飾り紐①の端を写真の位置の縁紐の下に差し込む。＊

28
先端をV字にカットし、ひねって下段に左から差し込む。

29
引き締めしっかりと折り、ひねって下段に差し込む。

30
引き締めしっかりと折り、余分をカットする。

31
中央の右隣まで27～30と同様に飾り紐①②を差し込む(計6本)。＊

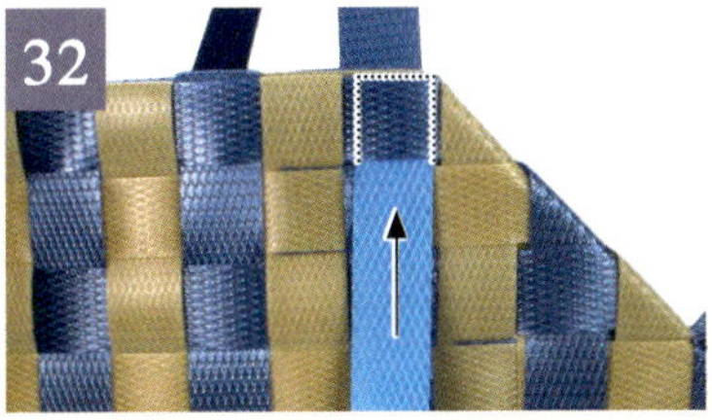
32
27と対称の位置に飾り紐①の端を差し込む。＊

33
ひねって下段に右から差し込む。

34
引き締めしっかりと折り、ひねって下段に差し込む。

35
引き締めしっかりと折り、余分をカットする。

36
中央の左隣まで32～35と同様に飾り紐①②を差し込む(計6本)。背面も27～36と同様にする。

37
持ち手紐①の両端16㎝に印を付ける。縦紐③の内側の上から2段目に差し込み、印を最上段に揃える。＊

28〜30・33〜35と同様に両端を差し込む。

縦紐③を持ち手紐①に沿って曲げ、余分をカットして反対側の根元に差し込む。

残りの縦紐③を重ねて曲げ、余分をカットして反対側の根元に差し込む。

持ち手紐②の端を最上段と飾り紐①の間に上から3段目まで差し込む。＊

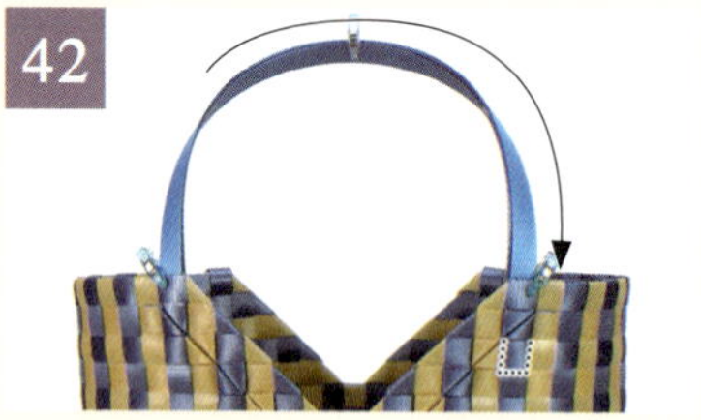

持ち手に沿って重ねて曲げ、余分をカットして反対側の根元に上から3段目まで差し込む。

持ち手巻き紐の端を持ち手の右隣に差し込む。＊

2本目の持ち手巻き紐の端を持ち手の裏に通し、2本右まで差し込む。＊

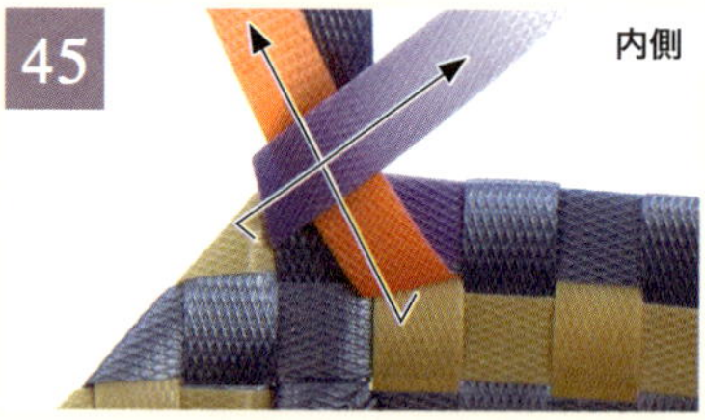

持ち手巻き紐2本を交差させて折る。

P.84 38〜43を参照し、持ち手を巻く。

交差している下の持ち手巻き紐を、縁に下から差し込んで余分をカットする。

残りの持ち手巻き紐を持ち手の裏に通し、2本左隣に差し込んで余分をカットする。背面も同様に持ち手を付ける。

ボタン付け紐をボタンに中心を合わせて通す。＊

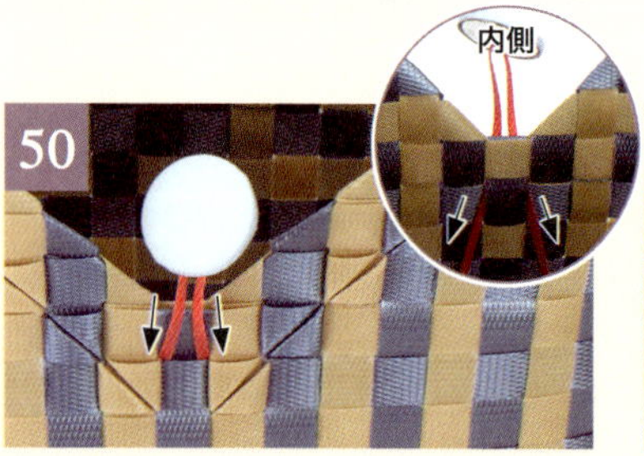

ボタン付け紐の両端を、中央の写真の位置から差し込み、内側の編み目の左右から出す。

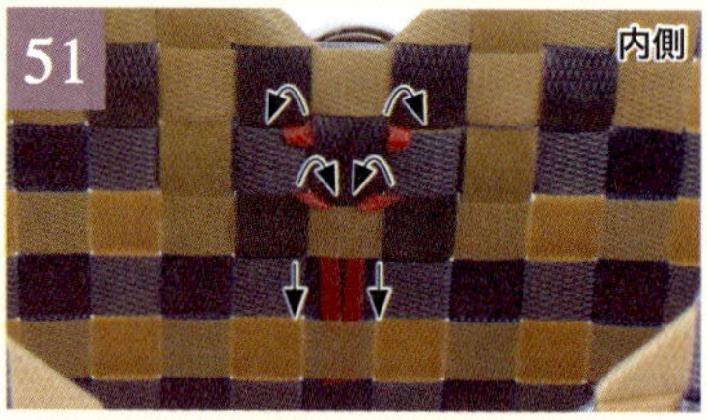

P.70「持ち手の付け方」を参照し、ボタン付け紐を付ける。

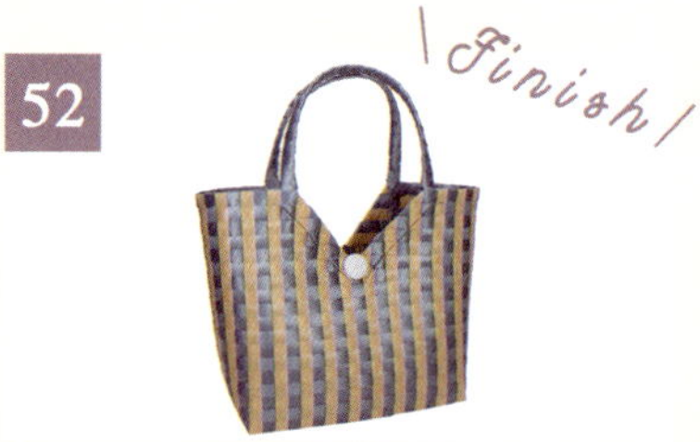

完成！

クラフトバンド色見本

幅 ★★★ 12本幅（約1.5〜1.6㎝）、13本幅（約1.6〜1.7㎝）　予＝予約販売

単色カラー
12本幅

- スノーホワイト　50m
- バニラクリーム　10m 50m 400m
- カスタードクリーム　10m 50m 400m
- ひまわり　10m 50m 400m
- スウィートオレンジ　10m 50m 400m
- ラズベリー　10m 50m 400m
- レッド　10m 50m 400m
- りんご　10m 50m 400m
- チェリー　10m 50m 400m
- サーモン　10m 50m 400m
- さくら　10m 50m 400m
- ピンク　10m 50m 400m
- スカイ　10m 50m 400m
- アクアブルー　10m 50m 400m
- レインドロップ　10m 50m 400m
- 紺　10m 50m 400m
- ネイビー　10m 50m 400m
- すみれ　10m 50m 400m
- プルシャンブルー　10m 50m 400m
- ターコイズ　10m 50m 400m
- メロンソーダ　10m 50m 400m
- 煎茶（せんちゃ）　10m 50m 400m
- ピーターズグリーン　10m 50m 400m
- アンティークグリーン　10m 50m 400m
- MS オリーブ　10m 50m 400m
- モスグリーン　10m 50m 400m
- からし　10m 50m 400m
- キャラメル　10m 50m 400m
- 赤レンガ　10m 50m 400m
- モカ　10m 50m 400m
- ブラウン　10m 50m 400m
- ココア　10m 50m 400m
- ライトチョコ　10m 50m 400m
- パールグレー　10m 50m 400m
- ダークグレー　10m 50m 400m
- ブラック　10m 50m 400m

パステルカラー
12本幅

- パステルバニラ　10m 50m 400m
- MSパステルピンク　10m 50m 400m
- パステルまろん　10m 50m 400m
- パステルモカバニラ　10m 50m 400m
- パステルグリーン　10m 50m 400m
- パステルミント　10m 50m 400m
- パステルライラック　10m 50m 400m

ランダムカラー
12本幅

- 虹　10m 50m 400m 予
- アリス　10m 50m 400m 予
- チェリーブロッサム　10m 50m 400m 予
- レイニーブルー　10m 50m 400m 予
- クラシカルセレクション　10m 50m 400m 予
- シナモンシュガー　10m 50m 400m 予
- ティラミス　10m 50m 400m 予
- ロイヤルミルクティー　10m 50m 400m 予
- 抹茶マカロン　10m 50m 400m 予
- アメリカンフラッグ　400m 予
- エンジェルフィッシュ　10m 50m 400m 予
- フレンチ　10m 50m 400m 予
- シーグラス　10m 50m
- シンフォニー　10m 50m
- パステルウェーブ　10m 50m
- ファンタジー　10m 50m
- キャンディーライン　10m 50m
- バーニーズ　10m 50m

※実物と色味が多少異なる場合がございます。

幅★★★ 12本幅（約1.5～1.6cm）、13本幅（約1.6～1.7cm） 予＝予約販売

古都 10m 50m

奏（かなで） 10m 50m

ランダムカラー
13本幅

ヴィンテージブルー 10m 50m 400m 予

ヴィンテージグリーン 10m 50m 400m 予

ビターココアサンド 10m 50m 400m 予

ミルクレープ 10m 50m 400m 予

ミックスカラー
12本幅

ネイビーミックス 10m 50m 400m 予

ブラックミックス 10m 50m 400m 予

コンポカラー
12本幅

コンポチョコ 400m 予

コンポチョコベリー 400m 予

コンポレッドアイ 400m 予

コンポチョコチャンク 400m 予

ガトーショコラ 10m 50m 400m 予

コンポピンク 400m 予

コンポブルー 400m 予

ピンクミルフィーユ 10m 50m 400m 予

スカイミルフィーユ 10m 50m 400m 予

ハーブティー 10m 50m 400m 予

カプチーノ 10m 50m 400m 予

プレミアムココア 10m 50m 400m 予

カントリー 10m 50m 400m 予

ベリーショコラ 10m 50m 400m 予

まろんショコラ 10m 50m 400m 予

まっちゃショコラ 10m 50m 400m 予

【リボン】ベリー 10m 50m 400m 予

【リボン】まろん 10m 50m 400m 予

【リボン】モカ 10m 50m 400m 予

ハーフライン・トリプルライン
12本幅

ハーフライン〈りんご〉 50m 400m 予

ハーフライン〈ネイビー〉 50m 400m 予

ハーフライン〈モスグリーン〉 50m 400m 予

ハーフライン〈ブラウン〉 50m 400m 予

ハーフライン〈ブラック〉 50m 400m 予

トリプルライン〈りんご〉 50m 400m 予

トリプルライン〈ターコイズ〉 50m 400m 予

トリプルライン〈ネイビー〉 50m 400m 予

トリプルライン〈モスグリーン〉 50m 400m 予

トリプルライン〈ブラウン〉 50m 400m 予

トリプルライン〈ダークグレー〉 50m 400m 予

トリプルライン〈ブラック〉 50m 400m 予

和風シリーズ
12本幅

きなこもち 10m 50m 400m 予

あんず 10m 50m 400m 予

元禄（げんろく） 10m 50m 400m 予

桃山（ももやま） 10m 50m 400m 予

かのこ 10m 50m 400m 予

もなか 10m 50m 400m 予

大正ロマン 10m 50m 400m 予

江戸紫（えどむらさき） 10m 50m 400m 予

芭蕉（ばしょう） 10m 50m 400m 予

【和風コンポ】ラズベリー 10m 50m 400m 予

【和風コンポ】プルシャンブルー 10m 50m 400m 予

【和風コンポ】モスグリーン 10m 50m 400m 予

【和】桃香（ももか） 10m 50m

【和】藤紫（ふじむらさき） 10m 50m

【和】弥生（やよい） 10m 50m

【和】如月（きさらぎ） 10m 50m

ステッチシリーズ
12本幅

【ステッチ】プラチナ／白 10m 50m

【ステッチ】プラチナ／黒 10m 50m

【ステッチ】シャンパンゴールド／白 10m 50m

【ステッチ】シャンパンゴールド／黒 10m 50m

クラフト&ミルク
12本幅

クラフト 10m 50m 400m

ミルク 10m 50m 400m

※実物と色味が多少異なる場合がございます。

ハード　12本幅（約2cm）

1本の縒りが太くて厚みがある、硬く丈夫なクラフトバンド。

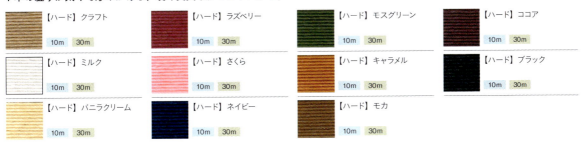

【ハード】クラフト　10m　30m

【ハード】ミルク　10m　30m

【ハード】バニラクリーム　10m　30m

【ハード】ラズベリー　10m　30m

【ハード】さくら　10m　30m

【ハード】ネイビー　10m　30m

【ハード】モスグリーン　10m　30m

【ハード】キャラメル　10m　30m

【ハード】モカ　10m　30m

【ハード】ココア　10m　30m

【ハード】ブラック　10m　30m

ダブル　24本幅（約3cm）

幅広（24本幅）のクラフトバンド。

【ダブル】クラフト　10m　30m

【ダブル】ミルク　10m　30m

【ダブル】バニラクリーム　10m　30m

【ダブル】ラズベリー　10m　30m

【ダブル】ネイビー　10m　30m

【ダブル】モスグリーン　10m　30m

【ダブル】ココア　10m　30m

【ダブル】ライトチョコ　10m　30m

【ダブル】ブラック　10m　30m

【ダブル】クラフト＆パステルバニラ　10m　30m

【ダブル】クラフト＆ブラウン　10m　30m

【ダブル】ライトチョコ＆パステルモカバニラ　10m　30m

【ダブル】ハーブライン　10m　30m

【ダブル】オペラ　10m　30m

【ダブル】シルクライン　10m　30m

【ダブル】バウムクーヘン　10m　30m

幅 ★★　12 本幅（約1.3 ～1.4㎝）　予＝予約販売

単色カラー
12本幅

- パウダースノー　10m　50m
- クリーム　10m　50m　500m　予
- レモン　10m　50m　500m　予
- ビタミンオレンジ　10m　50m　500m　予
- エレガントレッド　10m　50m　500m　予
- レッドクレイ　10m　50m　500m　予
- プラム　10m　50m　500m　予
- オリエンタルレッド　10m　50m　500m　予
- ルージュレッド　10m　50m　500m　予
- ストロベリー　10m　50m　500m　予
- クランベリーソース　10m　50m　500m　予
- 野ばら　10m　50m　500m　予
- ムースピンク　10m　50m　500m　予
- ピーチツリー　10m　50m　500m　予
- ビスケット　10m　50m　500m　予
- テラコッタ　10m　50m　500m　予
- マロングラッセ　10m　50m　500m　予
- カフェモカ　10m　50m　500m　予
- モカチョコ　10m　50m　500m　予
- リッチココア　10m　50m　500m　予
- オータム　10m　50m　500m　予
- マスタード　10m　50m　500m　予
- スモーキーリーフ　10m　50m　500m　予
- グリーンティー　10m　50m　500m　予
- ピスタチオ　10m　50m　500m　予
- ジャパニーズグリーン　10m　50m　500m　予
- インディゴブルー　10m　50m　500m　予
- クリスタルブルー　10m　50m　500m　予
- エムズブルー　10m　50m　500m　予
- サファイア　10m　50m　500m　予
- コバルトブルー　10m　50m　500m　予
- あじさい　10m　50m　500m　予
- ラベンダー　10m　50m　500m　予
- ラピスラズリ　10m　50m　500m　予
- チャコール　10m　50m　500m　予
- スペシャルブラック　10m　50m　500m　予

パステルカラー
12本幅

- パステルばにらあいす　10m　50m　500m　予
- パステルクリーム　10m　50m　500m　予
- パステルいちごみるく　10m　50m　500m　予
- パステルアイスブルー　10m　50m　500m　予
- パステルブルー　10m　50m　500m　予
- パステルグレー　10m　50m　500m　予
- パステルクッキー　10m　50m　500m　予

コンポカラー
12本幅

- ブルーミルフィーユ　10m　50m　500m　予
- ブルーベリーミルフィーユ　10m　50m　500m　予
- ショコラミルフィーユ　10m　50m　500m　予
- いちごチョコミルフィーユ　10m　50m　500m　予
- スノーフレーク　10m　50m　500m　予
- ピーチブラウニー　10m　50m　500m　予
- バイオレット　10m　50m　500m　予
- ミッドナイト　10m　50m　500m　予

ハーフライン
12本幅

- ハーフライン〈オリエンタルレッド〉　50m　500m　予
- ハーフライン〈インディゴブルー〉　50m　500m　予
- ハーフライン〈モカチョコ〉　50m　500m　予

ランダムカラー
12本幅

- しゃぼん玉　10m　50m　500m　予
- こんぺいとう　10m　50m　500m　予
- ハニートースト　10m　50m　500m　予
- セピア　10m　50m　500m　予

ステッチシリーズ
12本幅

- 【ステッチ】桃香（ももか）　10m　50m　500m　予
- 【ステッチ】藤紫（ふじむらさき）　10m　50m　500m　予
- 【ステッチ】弥生（やよい）　10m　50m　500m　予
- 【ステッチ】パステルクッキー　10m　50m　500m　予

クラフト&ミルク
12本幅

- ★★クラフト　50m　500m
- ★★ミルク　50m　500m

※実物と色味が多少異なる場合がございます。

色止め加工シリーズ
12本幅

- 【色止め加工】チーズケーキ　10m 50m 500m 予
- 【色止め加工】桔梗（ききょう）　10m 50m 500m 予
- 【色止め加工】フランボワーズ　10m 50m 500m 予
- 【色止め加工】ペールグリーン　10m 50m 500m 予
- 【色止め加工】チョコレート　10m 50m 500m 予
- 【色止め加工】カシス　10m 50m 500m 予
- 【色止め加工】四ツ葉　10m 50m 500m 予
- 【色止め加工】漆黒（しっこく）　10m 50m 500m 予

○色止め加工シリーズはクラフトバンドに色止め加工をしているため、日焼けなどで色褪せしにくくなっています。

海外製クラフトバンド　12本幅（約1.4～1.5cm）

海外の工場で加工されたクラフトバンド（原紙は日本国内で製造）。
※品質は国内加工の商品と変わりありません。

- 【海外製】ターメリック　10m 50m
- 【海外製】ベビーピンク　10m 50m
- 【海外製】新緑　10m 50m
- 【海外製】サブレ　10m 50m
- 【海外製】キャロット　10m 50m
- 【海外製】ライトブルー　10m 50m
- 【海外製】ブルーグリーン　10m 50m
- 【海外製】どんぐり　10m 50m
- 【海外製】珊瑚（さんご）　10m 50m
- 【海外製】あお　10m 50m
- 【海外製】ディープブルー　10m 50m
- 【海外製】甘栗　10m 50m
- 【海外製】ワイルドベリー　10m 50m
- 【海外製】ライトパープル　10m 50m
- 【海外製】深緑　10m 50m
- 【海外製】黒糖　10m 50m
- 【海外製】いちご　10m 50m
- 【海外製】あやめ　10m 50m
- 【海外製】ミモザ　10m 50m
- 【海外製】カカオ　10m 50m
- 【海外製】さくらんぼ　10m 50m
- 【海外製】しずく　10m 50m
- 【海外製】ソイラテ　10m 50m
- 【海外製】モダンブラック　10m 50m

○海外製クラフトバンドは製造に時間が掛かるため、品切れとなった場合は次回入荷日未定となります。

プレスバンド　12本幅（約1.4～1.5cm）

プレス加工された、薄くて表面が平らなクラフトバンド。

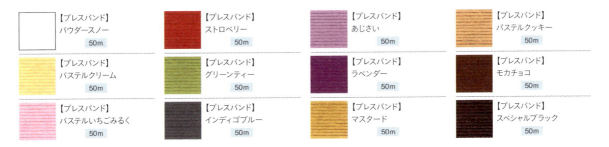

- 【プレスバンド】パウダースノー　50m
- 【プレスバンド】ストロベリー　50m
- 【プレスバンド】あじさい　50m
- 【プレスバンド】パステルクッキー　50m
- 【プレスバンド】パステルクリーム　50m
- 【プレスバンド】グリーンティー　50m
- 【プレスバンド】ラベンダー　50m
- 【プレスバンド】モカチョコ　50m
- 【プレスバンド】パステルいちごみるく　50m
- 【プレスバンド】インディゴブルー　50m
- 【プレスバンド】マスタード　50m
- 【プレスバンド】スペシャルブラック　50m

○ロットにより色合いが若干変わる可能性がございます。
○同じ種類・幅表示の商品でも、色により紐幅に多少の差がございます。
○400m巻、500m巻は検品ができませんので、つなぎ目、ボンド付着、裂け、ゆがみなどが目立つ場合がございます。
ご了承の上お買い求めいただき、返品はご遠慮ください。
○掲載商品の取り扱い及び仕様は予告なく変更となる場合がございます。
○掲載していない商品もございます。詳細はM's Factoryホームページにてご確認ください。

ループ

カラフルループ 50m
幅：2本組約3㎜、3本組約4〜5㎜

- クラフト　3本組
- パウダースノー　2本組　3本組
- パステルパウダーイエロー　3本組
- パステルいちごみるく　2本組　3本組
- ピーチツリー　2本組　3本組
- ルージュレッド　3本組
- パステルアイスブルー　3本組
- クリスタルブルー　3本組
- サファイア　2本組　3本組
- グリーンティー　2本組　3本組
- ジャパニーズグリーン　3本組
- オリーブ　2本組　3本組
- オータム　2本組　3本組
- ピーナッツ　2本組　3本組
- ビスケット　2本組　3本組
- リッチココア　2本組　3本組
- チャコール　2本組　3本組
- ブラック　2本組　3本組

エコループ 50m
幅：約4㎜

- クラフト
- ミルク
- パステルバニラ
- カスタードクリーム
- スウィートオレンジ
- さくら
- サーモン
- チェリー
- ラズベリー
- パステルライラック
- スカイ
- ネイビー
- パステルミント
- パステルグリーン
- アンティークグリーン
- モスグリーン
- キャラメル
- モカ
- ココア
- ライトチョコ
- ブラック

ループ 50m
幅：約4㎜

- パステルアイスブルー
- インディゴブルー
- スモーキーリーフ
- マロングラッセ
- チャコール

スリムループ 100m
幅：約2㎜

全 44 色
見本色：パステルまろん

○色はM's Factoryホームページにてご確認ください。

ブレードコード 10m　幅：約1.4㎝

- クラフト
- ミルク
- クリーム
- ムースピンク
- ピーチツリー
- オリエンタルレッド
- クランベリーソース
- インディゴブルー
- マロングラッセ
- モカチョコ
- パステルグレー
- スペシャルブラック
- モカチョコミックス

※実物と色味が多少異なる場合がございます。

PPバンド色見本

単色
幅：約1.3〜1.5㎝

MS クリーム	100m
MS クッキー	100m
MS 紺	100m
MS 深緑	100m
MS ミルクココア	100m
MS グレー	100m
MS オレンジ	100m
MS ピンク	100m
MS 青紫	100m
MS クリアピンク ＊	100m
MS クリアイエロー ＊	100m
MS クリアグリーン ＊	100m
黒	100m
透明＊	100m
白	100m
アイボリー	100m
黄色	100m
赤	100m
青	100m
紫	100m
緑	100m
G タイプ〈1〉	100m
G タイプ〈2〉	100m
G タイプ〈3〉	100m
G タイプ〈4〉	100m
G タイプ〈5〉	100m
G タイプ〈6〉	100m
メタリックゴールド	50m
メタリックピンク	50m
メタリックブルー	50m
メタリックグリーン	50m

○＊マークの色は半透明のPPバンドです（透け感があります）。
○Gタイプ〈1〉〜〈5〉は、表面が細かいドットのような模様になっています。
○メタリック（4種）は、金属風の光沢感があります。

Kタイプ
幅：約1.4〜1.6㎝

アップル	50m
紅	50m
パンジー	50m
ぶどう	50m
りんどう	50m
紺	50m
濃紺	50m
クリームソーダ	50m
ミント	50m
モス	50m
ベージュ	50m
れんが	50m
ブロンズ	50m
ブラウン	50m
こげ茶	50m
シャドーゴールド	50m
シャドーシルバー	50m
ボーダー／クリア ＊	30m
ボーダー／ゴールド	30m
ボーダー／シルバー	30m
ボーダー／ブラック	30m
ST ベージュ	30m
ウェーブ／黒×ゴールド	30m
ウェーブ／黒×シルバー	30m
ゼブラ／白×黒	30m
ゼブラ／黒×シルバー	30m
ラテライン	30m

○＊マークの色は半透明のPPバンドです（透け感があります）。

シルクリボンシリーズ
幅：約1.5cm

- シルクリボンシリーズ〈1〉 30m
- シルクリボンシリーズ〈2〉 30m
- シルクリボンシリーズ〈3〉 30m
- シルクリボンシリーズ〈4〉＊ 30m
- シルクリボンシリーズ〈5〉 30m
- シルクリボンシリーズ〈6〉 30m
- シルクリボンシリーズ〈7〉 30m
- シルクリボンシリーズ〈8〉 30m
- シルクリボンシリーズ〈9〉 30m
- シルクリボンシリーズ〈10〉 30m
- シルクリボンシリーズ〈11〉 30m
- シルクリボンシリーズ〈12〉 30m
- シルクリボンシリーズ〈13〉 30m
- シルクリボンシリーズ〈14〉 30m
- シルクリボンシリーズ〈15〉 30m
- シルクリボンシリーズ〈16〉 30m
- シルクリボンシリーズ〈17〉 30m
- シルクリボンシリーズ〈18〉 30m ※ゴールド
- シルクリボンシリーズ〈19〉 30m
- シルクリボンシリーズ〈20〉 30m ※シルバー
- シルクリボンシリーズ〈21〉 30m
- シルクリボンシリーズ〈22〉 30m
- シルクリボンシリーズ〈23〉 30m
- シルクリボンシリーズ〈24〉 30m
- シルクリボンシリーズ〈25〉 30m
- シルクリボンシリーズ〈26〉 30m
- シルクリボンシリーズ〈27〉 30m
- シルクリボンシリーズ〈28〉 30m
- シルクリボンシリーズ〈29〉＊ 30m
- シルクリボンシリーズ〈30〉 30m
- シルクリボンシリーズ〈31〉 30m
- シルクリボンシリーズ〈32〉 30m

○＊マークの色は半透明のPPバンドです（透け感があります）。
○シルクリボンシリーズ〈18〉・〈20〉は、金属風の光沢感があります。
○シルクリボンシリーズ〈32〉は、光の加減で色の見え方が変わります。

大理石PP
幅：約1.5cm

- 大理石〈A〉 30m
- 大理石〈B〉 30m

○大理石PPはABS素材です。プラスチック素材の紐の総称としてPPバンドと表記しています。
○折り目を付ける等、強い力を加えないでください。素材の特性上、割れたり裂けたりする場合があります。

ウッドスタイル
幅：〈M〉約1.4cm 〈W〉約3cm

- ウッドスタイル〈M〉白木 30m
- ウッドスタイル〈W〉白木 30m
- ウッドスタイル〈M〉ウォールナット 30m
- ウッドスタイル〈W〉ウォールナット 30m
- ウッドスタイル〈M〉ウッドグレー 30m
- ウッドスタイル〈W〉ウッドグレー 30m

○ウッドスタイルは素材の性質上、多少の歪みがある場合がございます。
○製品の特性上、木目の風合いを出すため表面に多少の凹凸がございます。

○ロットにより色合いが若干変わる可能性がございます。
○掲載商品の取り扱い及び仕様は予告なく変更となる場合がございます。
○材質がポリプロピレンのため、木工用ボンドでの接着ができません。接着する場合はポリプロピレン用の接着剤や両面テープをお使いください。
○掲載していない商品もございます。詳細はM's Factoryホームページにてご確認ください。

 ※実物と色味が多少異なる場合がございます。

材料についてのお問い合わせ・ご注文

Ms Factory®
KRAFT BAND ECO

株式会社エムズファクトリー
〒297-0024 千葉県茂原市八千代3-11-16　M'sビル

インターネット

https://www.shop-msfactory.com

インターネットショップにて、24時間ご注文いただけます。

FAX

0475-44-6332

FAX注文用紙をお送りしますのでお問い合わせください。用紙に必要事項（商品名・ご注文数量・お名前・ご住所・電話番号・お支払い方法・ご希望配達日時。また、お届け先がご住所と異なる場合は、お届け先のご住所と電話番号）をご記入のうえ、送信してください。

TEL

0475-26-3315

受付時間　9：00～18：00　月～金曜日（土・日・祝日休業）
こちらの電話は、ご注文専用窓口です。
作品の作り方についての質問にはお答えできかねますので、ご了承ください。

作り方についてのお問い合わせ

一般社団法人クラフトバンドエコロジー協会は、クラフトバンド・PPバンド制作技術の普及・振興を目的として活動しています。正しい知識と技術が身に付く通信教育をはじめ、クラフトバンド・PPバンド手芸の講師を育成、講師による技術の普及、さらなる発展を目指しています。

【主な事業】
- クラフトバンド・PPバンドの編み方が学べる通信講座
- 手芸教室開講
- レシピの開発・書籍の制作
- 各種学校関係や福祉施設等での教室の実施

Kraftband Ecology Association®

**一般社団法人
クラフトバンドエコロジー協会**

〒297-0024 千葉県茂原市八千代3-11-16
M'sビル3F
TEL.0475-44-6333　FAX.0475-26-3421
受付時間　10：00～17：00
月～金曜日（土・日・祝日休業）
https://www.kbea.jp

本書に関する作り方についてのお問い合わせは、一般社団法人クラフトバンドエコロジー協会までメールでお願いいたします。

info@kbea.jp

Staff

デザイン　田山円佳・石堂真菜実（スタジオダンク）
編集　常盤マキ子・林美由紀（M's Factory）、スタジオダンク
撮影　神山啓介（プロセスを除く）
スタイリング　木村柚加利

撮影協力　UTUWA、AWABEES

基本からわかる クラフトバンド&PPバンドのバッグ・かご

カラーバリエーション付き

2025年4月8日　第1刷発行
2025年6月19日　第2刷発行

著　者　松田裕美
発行人　川畑 勝
編集人　中村絵理子
企画編集　酒井靖宏

発行所　株式会社 Gakken
〒141-8416　東京都品川区西五反田2-11-8
印刷所・製本所　新灯印刷株式会社

この本に関する各種お問い合わせ先

- 本の内容については、下記サイトのお問い合わせフォームよりお願いします。
  https://www.corp-gakken.co.jp/contact/
- 作り方については　☎0475-44-6333（クラフトバンドエコロジー協会直通）
- 在庫については　☎03-6431-1250（販売部）
- 不良品（落丁・乱丁）については　☎0570-000577 学研業務センター
  〒354-0045 埼玉県入間郡三芳町上富279-1
- 上記以外のお問い合わせは　☎0570-056-710（学研グループ総合案内）